DER H. BERG.
Lestetten
Weildorf.
SALOMONS WEILER
Grasberg
Bermatingen
Leitirch.
MARCHDORF.
Berckhaim.
Weyler.
Bafendorff.
Zell.
WEISSEOW
RAVENSPVRG.
Pruchenzell.
TETNANG.
Reclen.
Berg
Spaltenstein.
Retren.
Schnetzen.
Mangell
Hofen
BVCHHORN
Fischbach.
Seefelden
MOERSPVRG
Hagnow
Kilchen
Immenstad
MEINOW
Almanstorff
PETERSHAVSEN
Wolmatingen.
BODENSEE
COSTANTZ
CRITZLINGEN
MVNSTERLINGEN
RVMMISHORN
Leißbihel
Clingen.
Milen.
STECKBOREN
Weinfelden.
Merstetten
Stainach
ARBON
PFIN
TVR GOW.
Bürglen.
SETENTRIO.
ORIENS.
OCCIDENS.
MERIDIES.
Soulgen.
Oberstain
Thur fl.
BISCHOFZEL
Spiegelberg.
Frawenfeld.
Beuren

Casimir Bumiller

HOHENTWIEL

Älteste wirklichkeitsnahe Darstellung der Festung Hohentwiel durch den Stuttgarter Hofmaler Hans Dorn anläßlich eines Erdrutsches 1588.

Casimir Bumiller

Hohentwiel

Die Geschichte einer Burg zwischen Festungsalltag und grosser Politik

STADLER

Stadler Verlagsgesellschaft mbH
Konstanz

Beiträge zur Singener Geschichte Band 20

Stadler Verlagsgesellschaft mbH Konstanz 1990
Umschlaggestaltung: Barbara Müller-Wiesinger, Freiburg
Fotosatz: Satzteam Benz & Partner, Konstanz
Druck: Druckerei Konstanz GmbH, Konstanz

ISBN 3-7977-0208-6

Inhaltsverzeichnis

Einführung

Ein neues Bild vom Hohentwiel

Wissen wir nicht schon alles über den Hohentwiel? Die Frage muß gesplittet werden. Erstens: Wer ist »wir«? Und zweitens: Was ist »alles«? Wenn »wir« heißen soll: die historische Fachwelt, die gelehrte Geschichtsschreibung, dann hat unser Wissen um die Geschichte der Burg Hohentwiel nach 150 Jahren Forschung tatsächlich einen respektablen Stand erreicht.

Das Interesse an ihrer Geschichte erwachte, als Buschwerk und Gestrüpp die 1801 von den Franzosen zerstörte Burg so richtig »romantisch« überwuchert hatten. Unzerstört geblieben war lediglich der Meierhof am Fuß der Festung und in seinem Umfeld eine evangelische Pfarrei, die bis 1837 besetzt war. Ihr letzter Seelsorger war Ottmar F. H. Schönhuth gewesen, der sich die verschiedenen Pfarrstellen, die er im Laufe seines Lebens versah, jeweils dadurch »aneignete«, daß er sich für ihre Geschichte interessierte. Diesem Interesse des Pfarrers Schönhuth verdanken wir die erste Darstellung: »Geschichte der ehemaligen Bergveste Hohentwiel« aus dem Jahr 1835 (3. Auflage 1842).

Eine Zeitlang hat dieses Werk den erwachenden historischen Wissensdurst der gebildeten Bürger durchaus befriedigt; dann wurde diese erste und heute noch lesenswerte Darstellung überholt durch die gründlichere »Geschichte von Hohentwiel«, die der württembergische Offizier Karl von Martens 1857 der Öffentlichkeit vorlegte. Dieses Werk trug bereits alle wesentlichen Quellen zusammen und stellte damit zu einer Zeit, als man die bloße Aneinanderreihung der historischen Ereignisse bereits als Geschichtsschreibung empfand, einen »modernen« Zugang zur Geschichte der Festung dar.

Genau hundert Jahre lang hat Martens »Geschichte von Hohentwiel« als Grundlage unseres Wissens gedient. Auch jüngere Darstellungen wie die von Oskar Fraas u.a., »Hohentwiel, Beschreibung und Geschichte« (1882), griffen lediglich auf Martens zurück. Fraas ist uns dennoch als Nachschlagewerk unerläßlich geblieben, weil er Texte aus dem Hohentwieler »Willkommbuch« veröffentlichte und eine genaue Beschreibung der Ruine lieferte, die bis heute ihren Wert besitzt.

Erst 1957 unternahm es der langjährige Singener Stadtarchivar und Kulturamtsleiter Herbert Berner, in einem grundlegend neuen Zugriff die Geschichte des Hohentwiel auf den neuesten Stand der Forschung zu bringen. Diese »Bilder aus der Geschichte des Berges« zeichnete nicht mehr ein einzelner, sondern sie wurden von insgesamt 19 Forschern zusammengetragen. Die Spezialisierung vermehrte das Wissen in mehreren Teilbereichen der Hohentwieler Festungsgeschichte enorm. »Der Berner« ist »das« wissenschaftliche Werk zur Geschichte des Hohentwiel geworden: In ihm ist enthalten, was wir wissen, wenn »wir« das historische Fachpublikum meint.

Nun kann man nicht behaupten, daß das Wissen der Fachwelt immer auch das Wissen des breiteren Publikums ist. Das populäre Bild vom Hohentwiel ist weniger vom »Berner« oder von Martens' Hohentwiel-Darstellung geprägt als vielmehr von einem berühmten Roman des 19. Jahrhunderts: vom »Ekkehard« des Dichters Joseph Victor von Scheffel. Mit ihm kehren wir zurück in eine »romantischere« Phase unserer Geschichte.

Das deutsche Bürgertum hatte gerade nach der gescheiterten Revolution von 1848/49 seine Schlafmütze und Pantoffeln angezogen, da legte ihm Scheffel 1854 die geeignete Feierabendlektüre in den Schoß. Ähnlich Schönhuth, der seine Geschichte des Hohentwiel in nächster räumlicher Nähe verfaßt hatte, mietete sich Scheffel damals in der Hohentwiel-Gaststätte ein, um täglich den Ort seines entstehenden Romans vor Augen zu haben. Durch das Gestrüpp drang er im Geiste in die Gemächer des verfallenen Schlosses ein und fand – nein, nicht Dornröschen, sondern die Herzogin Hadwig, und der sie wachküßte, war kein Prinz, sondern ein St. Galler Mönch namens Ekkehard. Scheffel drang in die früheste Zeit des Hohentwiel vor, sein historischer Roman lieferte ein plastisches Bild deutscher Geschichte im 10. Jahrhundert, gemalt mit den Farben des 19. Jahrhunderts. Dieses Bild, seit hundert Jahren immer wieder durch Theaterfassungen in Szene gesetzt, hat »unser« Wissen um die Geschichte des Hohentwiel geprägt.

Wie die populären Vorstellungen über den Hohentwiel von Scheffel, so ist das visuelle Hohentwiel-Bild durch gewisse historische Ansichten des Berges geprägt worden. Zum Beispiel durch die bekannten Merian-Stiche aus dem Dreißigjährigen Krieg. Die Festung bizarr überhöht oder perspektivisch verzerrt, erkennt man, daß die Abbildner Schwierigkeiten hatten mit der topographischen Wirklichkeit des Berges. Das Stadtarchiv Singen besitzt eine große Sammlung von Abbildungen des Hohentwiel aus der Zeit zwischen 1600 und 1900, alles Annäherungen an die Tatsächlichkeit des Berges. Manchmal ist es geradezu frappierend, wie »falsch« die Künstler den Berg und die Burg gesehen haben. Und doch nicht eigentlich falsch; denn aus ihrer Perspektive erschien der Hohentwiel eben düster, massig, überhöht, bedrohlich oder schutzversprechend. Ihr Verhältnis zum Berg, ihre Stimmung und Absicht bestimmten die Ab-Bildung.

Unter den zahlreichen Darstellungen ist die älteste bisher bekannte Abbildung, ein Aquarell aus dem Jahr 1588, eher unbeachtet geblieben. Eine Naturkatastrophe war Anlaß zu der Darstellung; um einen beängstigenden Erdrutsch am Hohentwiel zu untersuchen, wurde von Stuttgart aus der damals renommierteste Geograph und Kartograph, Georg Gadner, in den Hegau geschickt. Den Gelehrten begleitete einer der zahlreichen Maler, die damals am Stuttgarter Hof wirkten, Hans Dorn aus Kirchheim, nicht gerade der erste, aber auch nicht der schlechteste Maler am Hof. Um dem Herzog einen »Augenschein« von dem Ausmaß der Katastrophe zu geben, fertigte Hans Dorn mit leichten und geübten Strichen ein Aquarell des Hohentwiel an. Als Beilage zu einem amtlichen Gutachten wird es heute in einem Aktenbündel des Hauptstaatsarchivs in Stuttgart aufbewahrt.

Es ist verblüffend, wie wirklichkeitsnah dieses 400 Jahre alte Aquarell wirkt. Es könnte ein visuelles Motto für dieses Buch sein. Aus einem zufälligen Anlaß entstanden, scheinbar leichthändig hingemalt, dennoch akribisch genau, gibt es ein Interesse am Detail zu erkennen, das aus der Distanz des nur entfernt Betroffenen resultiert. Einige Schritte zurücktreten, wie der Maler von seinem Objekt, aus einer erweiterten Perspektive eine neue Hohentwiel-Geschichte schreiben, das ist die Absicht dieses Buches.

Jede Generation muß sich die Geschichte ihrer Umgebung neu erarbeiten, mit den Möglichkeiten und Methoden, die ihr zur Verfügung stehen, aus der Perspektive, die sie sich wählt. Wie könnte »unsere« Geschichte des Hohentwiel aussehen? Wo könnte sie über die bisherigen Darstellungen hinausgehen? Ich sehe drei Bereiche. Die Geschichte des Hohentwiel muß eingebettet werden in die historische Entwicklung der weiteren Umgebung, des Hegaus, des Bodenseeraumes, Südwestdeutschlands; so weit jeweils, wie die umfassenderen Verhältnisse zum besseren Verständnis einzelner Vorgänge auf der Burg nötig sind. Das wäre eine konsequente Erweiterung der bisherigen Darstellungen in die »große« Politik hinein. Zweitens sollte man jedoch nicht übersehen, daß der Hohentwiel nur »selten« in die »große« Politik hineingeriet. Die allermeisten Tage, die die Burg existierte, waren geprägt von Routine, Alltag und – bisweilen unvorstellbarer – Langeweile. Über diesen Festungsalltag wissen wir bisher recht wenig. Der Einblick in diesen Alltag, der durchaus seine sozialen, politischen und militärischen Seiten hatte, wäre der zweite Fortschritt in der Hohentwiel-Geschichtsschreibung. Schließlich soll wieder zur Form der Gesamtdarstellung aus einer Hand zurückgekehrt werden. Wenn möglich in einem Stil, der die Ergebnisse historischer Forschung populär zu vermitteln versteht. So wendet sich der Autor an ein breites Publikum, ohne den Anspruch auf Wissenschaftlichkeit aufzugeben. Aus eigener Forschung und auf der Grundlage der älteren Autoren ist dieses neue Hohentwiel-Bild entstanden.

Der Hegau ist mehr als andere Regionen ein Durchgangsland. Zwei große Handelsstraßen, die sich am Fuß des Hohentwiel kreuzten, verbanden die mitteldeutschen und die oberschwäbischen Reichsstädte mit dem westlichen Alpenraum. Der Hegau war Sammelbecken und Pforte in einem, für die Warenzüge zu den Messen in Zurzach, Genf und Südfrankreich; seit dem 14. Jahrhundert wird von derlei Handelszügen am westlichen Bodensee und auf dem Hochrhein berichtet. Und das Land profitierte davon. Durch Zölle und Geleitsrechte hatten die Herren teil an den Reichtümern; Gasthäuser, die den Handelsherren und Fuhrleuten Betten, warmes Essen und Ställe bereithielten, prosperierten entlang des Weges. Schließlich brachten nicht nur die heimkehrenden Warenzüge aus dem Süden, sondern auch die fliegenden Händler aus Savoyen und Piemont allerlei exotische Früchte und Gewürze, Stoffe und Tuche aus dem Mittelmeerraum an den Bodensee.

Der Hegau lebte von seiner Situation als Durchgangsland, er litt aber auch darunter. Gute Handelswege waren immer auch gute Heerstraßen. Schon im hohen Mittelalter wählten die deutschen Könige und Kaiser die westliche Bodenseeroute, wenn sie nach Rom zogen. Mochten diese dem Hegau noch nicht geschadet haben, so brachten jedenfalls die Rachefeldzüge aufgebrachter Reichsstädte im späteren Mittelalter Verwüstung und Zerstörung, als sie versuchten, den räuberisch gewordenen Hegauadel in seine Schranken zu weisen. Auffällig ist, daß uns von Handelszügen der oberschwäbischen oder fränkischen Reichsstädte hauptsächlich dann berichtet wird, wenn sie das Opfer spektakulärer Raubritterstreiche wurden; der Hegauer Adel hatte das Unheil, das über das Land kam, selbst zu verantworten.

Aus anderer Quelle rührte das Unheil, das im 14. und 15. Jahrhundert entstand. Der zunehmende Gegensatz der »Schwaben« und der »Schweizer«, die doch ursprünglich eines Stammes waren, verwandelte den Rhein in eine politische Grenze und den Hegau in ein Spannungsgebiet. Das entscheidende Ereignis war der Schweizerkrieg von 1499, als die Eidgenossen, die sich ihres Adels als Herrschaftsträger entledigt hatten, auf ihrem Zug durch den Hegau, von Burg zu Burg, eine Spur von Feuer und Asche hinterließen. Die deutschen Bauern, denen es bald darauf im Bauernkrieg nicht gelingen sollte, sich von der feudalen Herrschaft zu befreien, blickten fortan immer mit einer Mischung aus Spott, Neid und Anerkennung auf ihre Schweizer Brüder.

Der Schweizerkrieg gab den Anlaß für die Anfertigung der ältesten Landkarte des Hegaus (veröffentlicht 1503, siehe Abb. S. 78); darauf ist der Hohentwiel, vermutlich ohne Wirklichkeitsnähe, erstmals abgebildet. Das Interesse der selbstbewußten Schweizer an der chronikalen Aufzeichnung ihrer Siege ließ diesen originellen kartographischen Versuch entstehen. Im Verlauf des 16. Jahrhunderts schuf das humanistische Weltbild, mit der

Verselbständigung der Geographie als Wissenschaft, weitere Kartenwerke, die den Hegau ins Bild setzten; so in der Kosmographie Sebastian Münsters 1553. Die Kartographen des Späthumanismus wie Georg Gadner und seine Nachfolger fertigten ihre Karten dann im Dienst einer fortgeschrittenen Verwaltung an; so verfügen wir über eine Karte des Tuttlinger Amts sowie des Hohentwiels von 1612, die Festung und Umland recht genau abbildete.

Die zunehmende Genauigkeit der Kartenwerke im 16. Jahrhundert verweist nicht nur auf die gestiegenen Anforderungen der Verwaltung, sie belegt auch eine größere Neugier des frühneuzeitlichen Menschen an der Welt. Vom Kosmos wie von der Verortung des kleinen Raums und damit des Individuums innerhalb der göttlichen Ordnung versuchten sich die Gelehrten ein Bild zu machen. Wer sich Wissen durch Anschauung, Auf-Zeichnung und Ab-Bildung anzueignen verstand, gehörte zu den Gebildeten. Von der Beobachtung der äußeren Natur zu ihrer Be-Schreibung war nur ein kleiner Schritt. Insofern ist es kein Zufall, daß ebenfalls aus dem späten 16. Jahrhundert die ersten Reisebeschreibungen stammen, die dem Hegau galten; von 1577 etwa der Bericht des Baslers Felix Platter, wie er, nach einem Unfall verletzt, in einem *Rollbettlin* an *den Bergschlössern und hohen Hübeln des Hegaus vorüber* in seine Vaterstadt zurückkehrte. Paul Hentzner, der 1597 Süddeutschland bereiste, nahm eine knappe Beschreibung des Hohentwiel in sein 1612 erschienenes Werk auf. In der Zeit um 1600 fanden Hegau und Hohentwiel fast schon so etwas wie ein »touristisches« Interesse, und es dürfte sicher nicht nur militärischen Zwecken gedient haben, wenn 1606 ein Verzeichnis der 114 Orte angelegt wurde, die bei guter Witterung vom Hohentwiel aus zu sehen waren.

Von da an reißt die Kette der Reiseberichte über den Hegau nicht mehr ab, im 18. Jahrhundert mit zunehmender Genauigkeit in der Beobachtung landwirtschaftlicher und geologischer Details. Begleiten wir einen berühmten Reisenden; einen, der den Hohentwiel noch vor der Zerstörung sah. *... man kommt nach Welschingen, einem leidlichen Ort. Man steigt wieder stark bis gegen Weiterdingen. Es finden sich hier viel Geschiebe von farbigem Quarz mit weißen Adern, roter Jaspis, Hornblende in Quarz. Man übersieht nunmehr von Engen das schöne Tal rückwärts. In den fruchtbaren Feldern liegen weitläufige Dörfer, und jener steile Berg zeigt sich nun in seiner Würde an der linken Seite. Vorwärts liegt Hohentwiel, hinten die Graubündner Berge, im Dunste am Horizont kaum bemerklich. Man kommt nach Weiterdingen. Links ein sehr schönes Wiesental, über demselben Weinbau. Auf eben der Seite liegt Hohentwiel; man ist nunmehr mit dieser Festung in gleicher Linie und sieht die große Kette der Schweizer Berge vor sich.* So Johann Wolfgang von Goethe am 17. September 1797 im Tagebuch. Es waren oft, wie Goethe, Fremde, von außen Kommende, »Hergelaufene« – wie dies Herbert Berner so schön sagt –, die die geologische und landschaftliche Einmaligkeit des Hegaus in Worte zu fassen versuchten. Immer war es die *bizarre Kulisse schroffer Berge, der Twiel, der Stoffeln, der Krähen* (Theodor Heuß), die die Durchreisenden von der Schönheit dieser Landschaft überzeugten. Und doch waren es auch immer wieder die lockenden Alpen, *im Dunste am Horizont kaum bemerklich,* die die Reisenden, trotz der gepriesenen Schönheit, hier nicht lange rasten ließen.

Heute, da der Reisende mit Tempo 130 auf der Autobahn unterwegs ist, ist dies mehr denn je der Fall. Die Konturen von Hohenkrähen, Twiel und Stoffeln verschieben sich wie von unsichtbarer Hand bewegte, riesige Theaterkulissen in Sekundenschnelle. Der Hegau wird zu einer Landschaft, die man Richtung Bodensee oder Italien durcheilt – vielleicht ein kurzer Blick auf den Hohentwiel. Die Details, die Goethe aus seiner Kutsche noch beobachten konnte, fallen kaum noch ins Auge; die Frage nach Geschichte und Entstehung dieser faszinierenden Landschaft findet beim geschwinden Durcheilen der Gegend kaum die Zeit, sich zu artikulieren.

Das *Kegelspiel unseres Herrgotts* hat der schwäbische Dichter Ludwig Finckh den Hegau einmal genannt. Ein Spiel, das er lange Zeit nicht mehr gespielt hat – so möchte man hinzufügen. Einige der steinernen Kegel sind über der Zeit stumpf geworden, in Jahrmillionen verwittert, verletzt durch menschliche Eingriffe. Aber in der Erdgeschichte gilt eine andere Zeitrechnung als die nach menschlichem Maß.

Kleine Entstehungsgeschichte der Hegaulandschaft

Die bizarre Bergformation des Hegaus, die den Durchreisenden seit Jahrhunderten begeisterte, ist das Ergebnis einer erdgeschichtlichen Entwicklung von Jahrmillionen. Dieses Gebiet bildete vor 14 Millionen Jahren ein Festland, das sich durch die Ablagerungen eines verzweigten Flußsystems langsam, Schicht um Schicht, erhöhte. Die Ruhe dieser Urlandschaft wurde vor 13 Millionen Jahren durch vulkanische Eruptionen gestört, die ihre Ursache in einer ganz anderen Region der Erde hatten. Durch eine Nordwärtsbewegung des afrikanischen Kontinents, der wie eine Scholle auf dem flüssigen Erdinnern schwimmt, wurde Europa von Süden her zusammengestaucht; ein riesiges Gebirge, die Alpen, formte sich aus der Erdkruste. In diesem Zusammenhang entstanden an verschiedenen Stellen des Alpenvorlandes Risse und Verschiebungen in der Erdkruste. Diese Verletzungen der Erdoberfläche gaben dem Druck der flüssigen Magma aus dem Erdinneren am ehesten nach; Vulkanausbrüche warfen ungeheure Mengen an Gestein und Asche aus, die nach dem Erkalten die sogenannten Deckentuffe bildeten. Nach dem Ende dieses Vulkanismus zeigte sich der Hegau als ein sanftes Hügelland aus Deckentuff mit erloschenen Kratern und Seen.

Erneut vergingen Millionen von Jahren, in denen die Ablagerungen von

Flüssen und Seen die Reste der erkalteten Deckentuffvulkane unter einer Schicht begruben, die bis auf 900 m Höhe heutiger Messung anwuchs. Aber der Vulkanismus war noch nicht völlig erloschen; vor 10 Millionen Jahren stiegen im Erdreich nordwestlich des Hohentwiel flüssige Basaltsäulen auf, die jedoch erkalteten, bevor sie die Landoberfläche erreicht hatten. Diese unterirdischen Kraterfüllungen bildeten die Kerne der späteren Berge Hohenstoffeln und Hewen. Auf dieselbe Weise stieg vor 9 Millionen Jahren nochmals flüssiges Magma in Form von Stoßkuppen empor, ohne an die Oberfläche zu dringen: Die Bergkette des Mägdeberg, Hohenkrähen, Staufen und Hohentwiel erhielt so ihren Kern aus Phonolith (Klingstein). Dieses harte Gestein gibt beim Anschlagen in frisch gebrochenem Zustand einen klingenden Ton von sich.

Die Basalt- und Phonolithkuppen der Hegauberge kamen erst zum Vorschein, als die Flüsse und Gletscher der späteren Eiszeiten diese harten Kerne aus ihrer weicheren Umgebung herausgearbeitet und zu ihrer heutigen Gestalt »zurechtgeschliffen« hatten. Die höchsten Berge des Hegaus sind die beiden Basaltkegel des Hohenhewen mit 848 m und des Hohenstoffeln mit 844 m Höhe. Der Hohentwiel folgt an dritter Stelle mit 688 m über NN; er ragt damit etwa 250 m über die fruchtbare Aachniederung empor.

Frühe menschliche Kulturen am Hohentwiel

Nach der letzten Eiszeit, der Würmeiszeit, lag der Hegau bereit für die Inbesitznahme durch den Menschen. Als die Gletscher zu den Alpen zurückwichen, drangen vor ca. 10000 Jahren alt- und mittelsteinzeitliche Jäger bis in den nördlichen Hegau vor; am Petersfels bei Engen ist ein Siedlungsplatz ausgegraben worden. Ob sie sich bis in die weite Ebene der Aachniederung unterhalb des Hohentwiel vorwagten, ist nicht bekannt. Nachdem der Mensch als Viehzüchter und Ackerbauer seßhaft geworden war, entdeckte er auch den Hohentwiel, jedenfalls haben sich Spuren menschlicher Zivilisation in der näheren Umgebung des Hohentwiel erhalten. Die Funde sind in vorzüglicher Weise ausgestellt im modern gestalteten Singener Hegaumuseum für Ur- und Frühgeschichte.

In der Vor- und Frühgeschichte unterscheiden die Archäologen zunächst einmal danach, ob die Menschen Arbeitsgeräte und Waffen aus Stein, Bronze oder Eisen benutzten; innerhalb dieser Zivilisationsstufen gliedern sie die Kulturen teils nach typischen Schmuckformen ihrer Keramik, teils nach ihren jeweiligen Bestattungsgebräuchen. Die Bandkeramiker, die um 5000 v. Chr. die älteste Epoche der Jungsteinzeit prägten, ließen sich schon am Fuß des Hohentwiel nieder; die Archäologen haben auf Singener und Hilzinger Gemarkung bemerkenswerte Siedlungsspuren gefunden. Neben der Töpferkunst verstand diese Gemeinschaft Steingeräte herzustellen, wodurch sie Bäume fällen und Ackerland bearbeiten konnte. Es waren Bauern und Viehzüchter, was die 16 auf Hilzinger Gemarkung ausgegrabenen Langhäuser in eindrucksvoller Weise belegen. Die Bandkeramiker lebten bis etwa 4700 vor unserer Zeitrechnung im Hegau; danach siedelten dort jungsteinzeitliche Gemeinschaften der sogenannten Großgartacher Kultur, deren Spuren wiederum in Hilzingen und auf der Gemarkung »Mühlenzelgle« in Singen aufgefunden wurden. Aus der Pfyner und Michelsberger Kultur (um 3800–3600 v.Chr.) sind Tonscherben und Steingeräte beim Hohenkrähen zum Vorschein gekommen.

Seit der frühen Bronzezeit (um 2000 v.Chr.) ist der Raum Singen/Hohentwiel durchgängig von verschiedenen Kulturen besiedelt gewesen, die alle dem keltischen Kulturkreis zugerechnet werden. Die Ausgrabung eines frühbronzezeitlichen Gräberfeldes in der Singener Nordstadt läßt wegen bestimmter Dolchfunde den Schluß zu, daß diese Singener Siedlungsgemeinschaft Beziehungen sogar zur Bretagne gehabt haben muß. Die 95 Gräber, in denen die Frauen mit dem Kopf nach Süden auf ihrer rechten Seite, die Männer dagegen, den Kopf nach Norden, in linker Hockerlage bestattet wurden, fallen durch aufwendige Steineinbauten auf. Diese Steinplatten bestehen aus Phonolith, müssen also vom Hohentwiel her über den Aach-Fluß transportiert worden sein. Die Gemeinschaft war dem Berg, dessen Nähe sie gesucht hatte, offensichtlich verbunden.

Die frühbronzezeitliche Kultur endet um 1500 v.Chr. Es folgt die mittlere Bronzezeit mit der sogenannten Hügelgräberkultur, die im Singener Raum nur spärlich belegt ist. Dafür ist die späte Bronzezeit mit der Urnenfelderkultur (1200–750 v.Chr.) besser vertreten. Deren Kennzeichen ist die Totenverbrennung und die Beisetzung des Leichenbrandes in großen Urnen. Auffallend ist, daß diese Gemeinschaften gerne Bergrücken aufsuchten, um dort Höhensiedlungen anzulegen. Zwar konnten Siedlungsspuren auf dem Hohentwiel selber nicht nachgewiesen werden, dafür aber direkt unterhalb der Ruine, im Bereich der Hohentwiel-Gaststätte.

Obwohl bereits in der späten Bronzezeit gelegentlich Eisen zur Herstellung von Schwertern verwendet worden war, begann die eigentliche Eisenzeit um 750 v.Chr. mit der Hallstattkultur. Handel über weite Räume hinweg und kriegerische Auseinandersetzungen führten zu einer sozialen Differenzierung der Gesellschaft, an deren Spitze sich eine mächtige Oberschicht herausbildete. Hallstattzeitliche Fürstensitze oder -gräber sind zwar im Hegau bisher nicht nachgewiesen worden, dafür ist ein Gräberfeld in der Singener Nordstadt bekannt geworden. Diese Kultur behielt die Totenverbrennung bei; die Urnen und die Beigaben des Toten wurden jedoch in Holzsärgen unter großen Grabhügeln, ähnlich denen der mittleren Bronzezeit, bestattet. Die auf viele Gewanne der Singener Gemarkung verteilten Grabhügelfelder lassen auf eine relativ hohe Siedlungsdichte schließen.

Weniger gut belegt ist im Umfeld des Hohentwiel die sogenannte La-

Tène-Kultur der späten Eisenzeit (400–15 v.Chr.). Die La-Tène-Kultur übernahm im wesentlichen die Wirtschafts- und Gesellschaftsform der Hallstattzeit, gab aber nach und nach die exponiert gelegenen Fürstensitze zugunsten der spätkeltischen Städte (Oppida) auf. In den Großsiedlungen dominierte zunächst die Schmiedekunst mit großem Geschick; erst am Ende der La-Tène-Zeit entwickelte sich das Töpferhandwerk zu einem bedeutenden Gewerbe. Die Toten wurden in der Regel unverbrannt in Flachgräbern beerdigt. Späteisenzeitliche Siedlungsspuren sind im Gewann »Mühlenzelgle« an der Aach unterhalb des Hohentwiel nachgewiesen, Grabfunde in der Singener Nordstadt gemacht worden.

Als die Römer im Jahr 15 v.Chr. das Gebiet der heutigen Schweiz besetzten und von hier aus im Lauf des folgenden Jahrhunderts an den Neckar und die Donau vordrangen, stießen sie im Hegau auf kleine keltische Bevölkerungsgruppen, die ihnen wenig Widerstand entgegensetzten. Der Hegau war indes für die Römer von geringer strategischer Bedeutung; bisher ist im Singener Raum nur ein einziger Siedlungsplatz, vielleicht ein Gutshof, entdeckt worden. Immerhin sind an verschiedenen Stellen römische Münzen gefunden worden, so in Rielasingen, in Hausen an der Aach, an den Hängen des Mägdebergs und des Hohenkrähen und nicht zuletzt auch am Hohentwiel. Dieser Fund läßt allerdings keinerlei Rückschlüsse darauf zu, ob die Römer den Hohentwiel besiedelt haben.

Seit dem Jahr 260 n.Chr. wurde die Herrschaft der Römer in Südwestdeutschland durch die Vorstöße der Alemannen bedroht. Solange die Römer die Rheingrenze halten konnten, verzichteten die Alemannen auf feste Siedlungsplätze in deren Nähe. Bemerkenswert ist freilich der einzelne Grabfund eines reich ausgestatteten alemannischen Mannes aus dem frühen 4. Jahrhundert, unweit des Hohentwiel, auf Hilzinger Gemarkung. Feste alemannische Siedlungen entstanden erst nach dem endgültigen Zusammenbruch der römischen Herrschaft im 5. Jahrhundert; die zahlreichen Reihengräberfunde im Raum Singen deuten auf eine rasche und dichte Ansiedlung seit etwa 500. Allein im heutigen Singener Stadtgebiet sind sieben solche Ortsfriedhöfe entdeckt worden. Die Friedhöfe wurden bis ums Jahr 700 nach heidnischem Ritus angelegt: Man bestattete die Toten mit ihrer Tracht in Ost-West-Richtung mit Blick nach Osten und gab ihnen Speisen und Gegenstände ihres täglichen Lebens mit ins Grab.

Die Abkehr von diesem Brauch um die Wende vom 7. zum 8. Jahrhundert markiert die Übernahme des Christentums und also einen entscheidenden zivilisatorischen Schritt nicht nur in der Geschichte der Alemannen, sondern des Abendlandes. Diese Abkehr gilt als eines der Kriterien für den Übergang vom Altertum ins Mittelalter. Ein weiteres Merkmal dafür, daß ein neues Zeitalter anbrach, ist die Übernahme der lateinischen Schrift und Sprache durch die fränkische Reichsverwaltung, der seit dem 6. Jahrhundert auch die Alemannen unterworfen waren. Ein frühes Beispiel dieser Schriftlichkeit

Kleines Hegaupanorama mit dem Hohentwiel

stellt eine Urkunde des Klosters St. Gallen dar vom 15. Februar 787, dem 19. Regierungsjahr Karls des Großen, in der nicht nur die *villa publica,* der königliche Gerichtsort Singen, erwähnt wurde, sondern eine ganze Reihe von alemannischen Orten in der nächsten Umgebung des Hohentwiel, nämlich Schlatt unter Krähen, Mühlhausen, Ehingen, Hausen an der Aach, Weiterdingen und Welschingen. Mit dem politischen Selbstbehauptungswillen der Alemannen hängt schließlich auch die Entstehung der Burg Hohentwiel zusammen. Obwohl schon für die späte Bronzezeit und die Römerzeit eine Höhensiedlung auf dem Berg Twiel vermutet worden ist, ist eine solche erst für das Jahr 914 belegt: Mit diesem Jahr beginnt die eigentliche Geschichte des Hohentwiel.

An dieser Stelle ist eine Bemerkung zum Namen »Twiel« angebracht. Der Name begegnet erstmals im frühen 10. Jahrhundert in der deutschen Form *tuiel,* latinisiert *Duellium* oder *Duellum.* Bedeutung und Herkunft des Namens sind nicht eindeutig geklärt. Hat man früher an eine keltische Herkunft gedacht, so muß das Wort *twiel* nach den neuesten Erkenntnissen der Sprachwissenschaft wegen seines Anlauts dem alemannischen Sprachschatz angehören; mit dem Keltischen besteht allenfalls eine Urverwandtschaft. Zur Erklärung des Wortes bietet sich indogermanisch *tú oder tũo in der Grundbedeutung ›schwellen‹ an. Ohne daß den Alemannen die vulkanische Genese der Hegauberge bewußt gewesen sein dürfte, mochten sie beim Anblick dieser gewaltigen Phonolithkuppe doch die Vorstellung einer aus dem Erdinnern hervorgequollenen Masse gehabt haben. Ob mit dieser Deutung das Namensrätsel »Twiel« gelöst ist, lassen wir einmal dahingestellt. Jedenfalls begann damit, daß alemannische Adlige auf dem Twiel eine Burg errichteten, ein 900jähriger Tanz auf dem Vulkan.

Der Hohentwiel – Herzogsresidenz in ottonischer Zeit

Geschichtliche Voraussetzungen

Jahr für Jahr tauchten fremde Reiterhorden an den Grenzen des Fränkischen Reiches auf, drangen tief ins Landesinnere vor, brannten Dörfer nieder, mordeten jeden, der sich ihnen in den Weg stellte, verschleppten Frauen und Kinder und waren, ehe sich Widerstand organisieren konnte, mit Beute beladen, wieder verschwunden. Seit dem Jahr 900 häuften sich diese Überfälle der aus Asien zugewanderten Ungarn im süddeutschen Raum. Zwar konnten sie 913 einmal in einer gemeinsamen Anstrengung von Bayern und Alemannen geschlagen werden, aber noch im Jahr 926 mußten die Mächtigen tatenlos mit ansehen, wie das reiche Kloster St. Gallen von ungarischen Horden geplündert wurde.

Und die Ungarn waren nicht die einzigen, die sich an den Schätzen eines untergehenden Imperiums bereicherten. Während sie das Fränkische Reich aus dem Osten verunsicherten, bedrohten normannische Plünderer vom Norden her Klöster und Städte bis weit ins Landesinnere, und vom Mittelmeer aus drangen muslemische Völker wie die Sarazenen bis in den Alpenraum vor. Normannen, Sarazenen und Ungarn beschleunigten als äußere Faktoren den inneren Zusammenbruch des Reiches, dessen Größe und Ruhm einst Karl der Große begründet hatte.

Das Fundament des Reiches Karls des Großen lag vielleicht in dessen unablässiger Kriegsführung. In den 46 Jahren seiner Regierungszeit (768–814) gab es ganze zwei Jahre ohne einen Feldzug, die Jahre 790 und 807. Karls Kriege waren in der Regel siegreich, endeten in Eroberung und reicher Beute. So wurde der fränkische König (der seit dem Jahr 800 auch Römischer Kaiser war) nach und nach zum Großen und sein Reich zur ersten Macht des christlichen Abendlandes.

Einige wichtige Strukturelemente des karolingischen Staates erklären sich aus seinem kriegerischen Charakter. Karl der Große bedurfte für seine Eroberungskriege (z.B. gegen Aquitanien, die Langobarden und Awaren) und für seine Bestrafungsfeldzüge (gegen die Sachsen und Bayern) einer großen, ihm treu ergebenen Gefolgschaft, die bereit war, ihm Jahr für Jahr ins Feld zu folgen. In erster Linie mußte er sich der wirtschaftlich, politisch und militärisch Mächtigen seines Reiches versichern, aus denen er seine schwere Panzerreiterei – Grundlage seiner militärischen Überlegenheit – rekrutierte. Dies war aber nur möglich, wenn er sie durch die Vergabe von Ländereien an sich zu binden verstand. Und dies wieder verlangte die Eroberung immer neuer Gebiete. In der Tendenz gelang es Karl dem Großen tatsächlich, alle Großen des Reiches und ihre Gefolgsleute zu seinen Vasallen zu machen. Diese hatten am Ruhm des erfolgreichen Herrschers teil, sahen ihre Familien durch ein Lehen (lat. beneficium oder feudum) ernährt und ihren Einfluß durch ein Amt in der Reichsverwaltung (etwa als Grafen) gestärkt. Karl entwickelte damit das pyramidenförmige Herrschaftssystem des Lehnswesens oder Feudalismus, das seinem Prinzip nach für die folgenden tausend Jahre Bestand haben sollte.

Die karolingische Variante dieses Herrschaftssystems funktionierte allerdings nur so lange, wie sich das Fränkische Reich ausdehnte und die Ansprüche alter und neuer Gefolgsleute durch die Vergabe von Lehen befriedigt werden konnten. Schon unter Karls Sohn Ludwig dem Frommen (814–840), der keine Kriege mehr führte, mußte das Hausgut der Karolinger angegriffen werden, um die Vasallen weiterhin zu binden. Und als schließlich Ludwigs drei Söhne das Reich unter sich aufteilten, waren alle drei gezwungen, mit erheblich geringeren ›beneficia‹ um die Gunst der Gefolgsleute zu buhlen, deren wirtschaftliche Grundlagen und politische Macht selber inzwischen zugenommen hatten.

Dieser Rückblick in die karolingische Zeit ist wichtig, um die Ereignisse verstehen zu können, die hundert Jahre nach dem Tod Karls des Großen auf den Trümmern seines Imperiums zur Entstehung des Deutschen Reiches und in diesem Zusammenhang zur Anlage der Festung Hohentwiel geführt haben. Unter den Nachfolgern Karls des Großen, dessen Reich zuletzt das heutige Frankreich, Westdeutschland, Österreich, Ungarn und den Norden Spaniens umfaßt hatte, verfiel dieser Staat wieder in seine Bestandteile, in ein Westreich, ein Ostreich und Norditalien. Am Ende des 9. Jahrhundert hatten die Herrscher aus dem karolingischen Haus ihren königlichen Nimbus eingebüßt; in Italien, Burgund und in der Provence gründeten regionale Machthaber eigene Königreiche. Karl III. der Dicke, dem aufgrund mehrerer Todesfälle im Geschlecht der Karolinger von 885 bis 887 nochmals das Gesamtreich zufiel, verfügte über so wenig Macht, daß er 887 von den Großen abgesetzt wurde. Er starb im Jahr darauf in der Pfalz Neudingen an der Donau und wurde im Kloster Reichenau begraben. Nach seinem Tod gingen Frankreich und das deutschsprachige Ostreich endgültig getrennte Wege.

Im Ostreich war mit König Arnulf von Kärnten (887–899) und dessen Sohn Ludwig dem Kind (900–911) immerhin noch eine karolingische Seitenlinie inthronisiert worden, doch die wirkliche Macht war inzwischen auf die Herzöge der alten Stammesgebiete übergegangen. Die deutschen Stammesherzogtümer waren einst politisch ausgeschaltet und dem Fränkischen Reich gewaltsam einverleibt worden, Sachsen in einem dreißigjährigen Unterwerfungskampf (772–804) und Bayern durch die Vertreibung des Herzogs Tassilo 794; noch früher, in dem blutigen Strafgericht von Cannstatt 746, waren die Alemannen oder Schwaben ihres selbständigen Herzogtums beraubt worden. Jetzt, im Zuge des Niedergangs der karolingischen Macht, erhoben die Stämme überall ihr Haupt und wählten sich neue Herzöge. Und diese neuen Machthaber erhoben nach dem Tod des letzten Karolingers 911 aus ihrer Mitte den Herzog Konrad aus Franken zum König. Dies war, ohne daß es den Zeitgenossen bewußt gewesen wäre, vielleicht schon die Geburtsstunde des Deutschen Reiches.

Die Erneuerung des schwäbischen Herzogtums oder wie der Hohentwiel entstand

Wie erwähnt war das schwäbisch-alemannische Herzogtum – seit 746 ohne politische Vertretung durch ein Herzogshaus – im Fränkischen Reich aufgegangen. Das nahende Ende der karolingischen Dynastie weckte nun auch hier den Ehrgeiz regionaler Machthaber, an die seit 160 Jahren ruhende alemannische Herzogstradition anzuknüpfen. Es ist also kein Zufall, daß sich gerade im Todesjahr des letzten Karolingers, Ludwigs des Kindes, der Markgraf Burkhard von Rätien zum schwäbischen Herzog aufwarf. Sein Griff nach der Herzogswürde scheiterte jedoch schnell an mangelnder Unterstützung und mächtiger Gegnerschaft. Am 24. September 911 war Ludwig gestorben. Bevor am 10. November 911 der neue König Konrad gewählt wurde, war das Schicksal des Markgrafen, der Herzog werden wollte, bereits besiegelt: In einem Tumult im Umfeld eines gegen ihn stattfindenden Prozesses wurde Burkhard I. – wir wollen ihm, was die Zählung der Herzöge angeht, den Titel zugestehen – getötet.

Sein Scheitern wirft Licht auf die grundsätzlichen Schwierigkeiten, denen jeder Anwärter auf das neue Herzogsamt gegenüberstand. Die materielle Grundlage des alten Herzogtums, die herzoglichen Güterkomplexe, waren weitgehend zerschlagen worden. Jede neu zur Macht strebende Familie mußte den Sprung auf der Basis ihres eigenen Hausguts oder eines königlichen Amtsgutes antreten. Unter etwa gleich mächtigen Dynastien herrschte zudem Konkurrenz im Kampf um die Herzogskrone. Und hinzu kommt noch, daß das alte alemannische Stammesgebiet, das im Osten bis Augsburg reichte, im Norden auf der Höhe von Esslingen und Straßburg verlief, westlich des Rheins das Elsaß umfaßte und sich südlich bis weit in die Alpen hinein erstreckte, mittlerweile in drei geographisch-politische Räume zerfallen war: in das innerschwäbische Gebiet zwischen Schwäbischer Alb und Schwarzwald, ins Oberrheingebiet zwischen Schwarzwald und Vogesen und in den Bodenseeraum mit Hochrhein und Rätien. Jede Adelsfamilie, die von einem dieser Räume aus den Griff nach der Herzogskrone wagte, konnte nicht selbstverständlich mit Unterstützung aus dem ganzen Stammesgebiet rechnen.

Es ist indes bezeichnend, daß der einmal entfachte Funke der Rebellion (»rebellio« nennen zeitgenössische Chronisten tatsächlich diese Vorgänge) weiterglimmte und daß der zweite Versuch wiederum aus dem Bodenseeraum kam. Erchanger, so der Name des neuen Anwärters, war königlicher Pfalzgraf in Bodman, von wo aus er die Reichsgüter im Hegau verwaltete. Auf der Grundlage dieser mächtigen Position trat er den Kampf um die Herzogswürde an. Die Tatsache, daß er im Jahr 913 eine Schlacht gegen die Ungarn gewonnen hatte und daß sein Mitstreiter Arnulf daraufhin Herzog von Bayern geworden war, schien seinen Anspruch zu rechtfertigen.

Als weitere führende Köpfe der Erhebung werden Erchangers Bruder Berthold und ein gewisser Liutfrid genannt, denen sich schließlich noch Burkhard, der Sohn des 911 gescheiterten ersten Herzogs anschloß. Die zeitgenössische wie die spätere Berichterstattung sind allzu spröde, als daß sich ein klares Bild von den Ereignissen ergäbe. So ist nicht klar, ob sich Burkhard aus Freundschaft der Partei Erchangers anschloß oder eher aus Gründen eines Zweckbündnisses. Die entscheidenden Phasen der Erhebung lassen sich jedoch folgendermaßen rekonstruieren.

Offensichtlich rechnete König Konrad I. nach dem Sieg Erchangers über die Ungarn 913, daß dieser Anspruch auf das schwäbische Herzogtum erheben würde. Noch im selben Jahr arrangierte er seine Verehelichung mit Erchangers Schwester Kunigunde: Die Ehe sollte zum Unterpfand des Friedens werden und ihm den aufmüpfigen Schwager verpflichten. König Konrads Rechnung ging jedoch nicht auf.

Im folgenden Jahr kam es zum Konflikt zwischen Erchanger und Bischof Salomo III. von Konstanz (890–919). Salomo war als Reichskanzler ein Vorkämpfer der königlichen Zentralgewalt und energischer Statthalter des Königs in Schwaben; bei einer Wiedererrichtung des Herzogtums mußte er um seine kirchliche und politische Vormachtstellung fürchten. Als Erchanger und Berthold im thurgauischen Stammheim, möglicherweise auf Kirchengut, eine Burg errichteten, mobilisierte der Bischof gegen die Aufständischen, und so kam es im Jahr 914 zu einem folgenschweren Schlagabtausch. Zunächst gelang es den Rebellen, den Bischof zu ergreifen und gefangenzusetzen, doch dann tappte Erchanger selbst in die Falle; er geriet in die Gefangenschaft seines Schwagers, des Königs, und wurde noch im selben Jahr an einen unbekannten Ort verbannt.

Jetzt war es an seinen Genossen zu handeln. *Bald schon begann Burkhard der jüngere gegen den König zu rebellieren und sein eigenes Land zu verwüsten,*

Sturm auf eine Stadt oder Burg. Aus dem Psalterium Aureum des Klosters St. Gallen, Ende 9. Jh. Mit einer solchen Truppe dürfte König Konrad I. 915 den Hohentwiel belagert haben.

berichten die zeitgenössischen Annalen, und in diesem Zusammenhang geschah dann, was uns leider nur ein späterer Chronist mit dem lapidaren Satz überliefert hat: *Nachdem jene Männer,* (Burkhard und seine Gefolgsleute) *wie gesagt, den Bischof von sich geschickt hatten, bemühten sie sich Tag und Nacht, Proviant zusammenzubringen und den Berg Twiel zu befestigen.* Wir müssen uns für diese Tage des Jahres 914 eine fieberhafte Bautätigkeit auf dem hohen Twiel vorstellen, die den nackten Berg in eine Burg verwandelte, in eine Verteidigungsanlage, die stark genug war, im Jahr darauf einer Belagerung durch König Konrad I. standzuhalten: *Chuonradus castellum tuiel obsedit*, heißt die lapidare Mitteilung in den alemannischen Annalen. Wer die Verteidiger des Hohentwiel waren, wird nicht erwähnt, doch dürfen wir unter den Führern Burkhard oder Erchangers Bruder Berthold vermuten.

Wie Erchanger dann seinem Exil entkam, ist unklar; jedenfalls trat er noch im selben Jahr 915 gemeinsam mit Burkhard und seinen Genossen gegen die Anhänger König Konrads I. an und konnte diese bei Wahlwies nahe Bodman am Bodensee schlagen. Jetzt schien Erchanger am Ziel: Noch auf dem Schlachtfeld wurde er zum Herzog ausgerufen. Sein militärischer Erfolg über den König begründete seinen Herrschaftsanspruch nachhaltig.

Doch Erchanger saß nicht fest genug im Sattel des Herzogs, um nicht doch noch zu stürzen. Da er und seine Anhänger sich nicht nur gegen den König erhoben, sondern sich auch am Leib und Gut des Bischofs Salomo von Konstanz vergriffen hatten, wurden sie 916 auf der Synode von Hohenaltheim zunächst zu lebenslanger Buße, dann jedoch zum Tode verurteilt und am 16. Januar 917 hingerichtet. So scheiterte also auch Erchanger, der zweite Anwärter auf den schwäbischen Herzogstitel.

Nicht auf der Synode von Hohenaltheim erschienen war Burkhard, Erchangers Mitstreiter von Wahlwies und mutmaßlicher Verteidiger des Hohentwiel von 915. Unter den Großen des schwäbisch-alemannischen Raumes war das Verlangen nach politischer Vertretung in Person eines Herzogs inzwischen so stark ausgeprägt, daß Burkhard, der vom Nimbus seines quasi-herzoglichen Vaters und seiner militärischen Erfolge zehrte, von seinen Anhängern im Jahr 917 zum neuen Herzog bestimmt wurde. Und ihm sollte es nun endgültig gelingen, das junge schwäbische Herzogtum gegen König Konrad I. (911–918) und nach dessen Tod gegen König Heinrich I. (919–936) durchzusetzen. Seine Ausgangsposition war dabei keineswegs einfach.

Vergegenwärtigen wir uns, daß die neue herzogliche Gewalt bislang neben dem Hausgut des rätischen Grafen lediglich auf der gewaltsamen Aneignung königlicher Güter beruhte und daß der Hohentwiel zwar auf festem Fels, aber auf schwankender Rechtsgrundlage errichtet war, dann wird deutlich, daß sich das Königtum hier im deutschen Südwesten nicht nur gegen einen ›Rebellen‹ und insofern gegen eine politische Partikularbewegung, sondern auch gegen einen eklatanten Rechtsbruch zu wehren hatte, der die königliche Autorität zu untergraben drohte.

Noch im Jahr des Regierungsantritts von König Heinrich I. (919–936), dem ersten Herrscher aus sächsischem Haus, stand dieser Konflikt zur Entscheidung auf dem Schlachtfeld an. Heinrich bewegte sich 919 mit Heeresmacht nach Schwaben, um Herzog Burkhard II. zur Unterwerfung zu zwingen. Burkhard befand sich in einer heiklen Lage, denn er stand gleichzeitig mit König Rudolf von Burgund im Krieg. Dieser erhob Anspruch auf Rechte im schwäbisch-burgundischen Grenzgebiet und hatte sich den wichtigen Pfalzort Zürich angeeignet. Burkhard gelang es zwar, den Burgunder bei Winterthur zu schlagen. Doch seine Zwei-Fronten-Situation bewog ihn vermutlich, nicht auch noch den Kampf mit König Heinrich zu suchen, sondern sich ihm *mit allen Burgen und seinem ganzen Volk* zu unterwerfen, wie der sächsische Chronist Widukind berichtet. Burkhard suchte den Ausgleich mit dem König, indem er den relativ günstigen Moment – er hatte gerade den Pfalzort Zürich gegen Burgund und damit fürs Reich behauptet – nutzte. Für König Heinrich schien es klar zu sein, daß es nicht mehr um die Zerschlagung des jungen schwäbischen Herzogtums gehen konnte, sondern nur noch um seine Einbeziehung in die Reichspolitik.

In einer Urkunde vom 30. November 920 wird deutlich, wie der Ausgleich

Das Deutsche Reich im Zeitalter der Ottonen

zwischen Heinrich und Burkhard ausgesehen hat. Der König überließ damals einem Vasallen Burkhards, einem gewissen Babo, den Gerichtshof Singen am Fuß des Hohentwiel, den er bisher schon als Lehen innehatte, zu freiem Eigen. Es scheint, daß Herzog Burkhard seinem Vasallen Babo den königlichen Gerichtsort Singen auf nicht ganz sicherer Rechtsgrundlage übertragen hatte und daß mit dieser Urkunde König Heinrich I. die nun einmal vollzogene Lehensvergabe rechtsgültig bestätigte und zudem aufwertete. Wichtig ist, daß mit dieser Schenkung Singen aufhörte, königlicher Ort zu sein, und dies könnte darauf verweisen, daß der König hiermit auch die rechtswidrige Aneignung des nahegelegenen Berges Twiel durch Burkhard und seine Genossen nachträglich akzeptierte. Dieser Rechtsakt war also Teil des historischen Ausgleichs zwischen dem König und dem schwäbischen Herzog, der dieses Amt damit verfassungsmäßig ausübte.

Ein zweites Faktum ist wichtig an dieser Urkunde von 920. Haben uns bisher die Quellen immer nur die Namen der Anführer der Rebellion von 911 bis 917 genannt, waren ihre Mitstreiter und Anhänger, die doch nach Hunderten gezählt haben müssen, anonym geblieben, so tritt nun aus dieser Masse ein adliger Anhänger Burkhards namentlich hervor. Babo, über dessen Person und Familie wir sonst nichts Sicheres wissen, dürfte einer der engen Vertrauten des Herzogs gewesen sein. Daß er nun in Singen am Fuß des Hohentwiel Posten bezog, könnte vielleicht darauf verweisen, daß Babo einer der Verteidiger des Berges von 915 gewesen war und nun so etwas wie der *capitaneus*, der »Burghauptmann« dieser Verteidigungsanlage, bleiben sollte.

Für den Rest von Burkhards II. Amtszeit gestaltete sich das Verhältnis zum König anscheinend gut, auch wenn der Herzog durchaus eine eigenständige »Außenpolitik« betrieb. Nachdem sein Verhältnis zum König geklärt war, suchte er 922 auch den Ausgleich mit König Rudolf von Burgund, dem Nachbarn und früheren Gegner. Beide beendeten ihren Konflikt auf eine fürs Mittelalter übliche Weise: Burkhard gab Rudolf seine Tochter Berta zur Frau. Fortan sehen wir Herzog Burkhard an der Seite König Rudolfs für dessen italienische Ambitionen kämpfen. Bei einem dieser Feldzüge fand Burkhard 926 bei Novara den Tod.

Herzog Burkhard II. hatte nicht nur das schwäbische Herzogtum neben Sachsen, Franken, Bayern und Lothringen als bedeutende politische Kraft im Reich etabliert; er stiftete auch, ohne dies zu ahnen, die verwandtschaftliche Verflechtung zwischen der schwäbischen Herzogsfamilie und dem sächsischen Königshaus: Der Ehe seiner Tochter Berta mit König Rudolf von Burgund entstammte eine Tochter, Adelheid, die, Gattin Kaiser Ottos des Großen, zu einer der bedeutendsten Frauen des Jahrhunderts werden sollte.

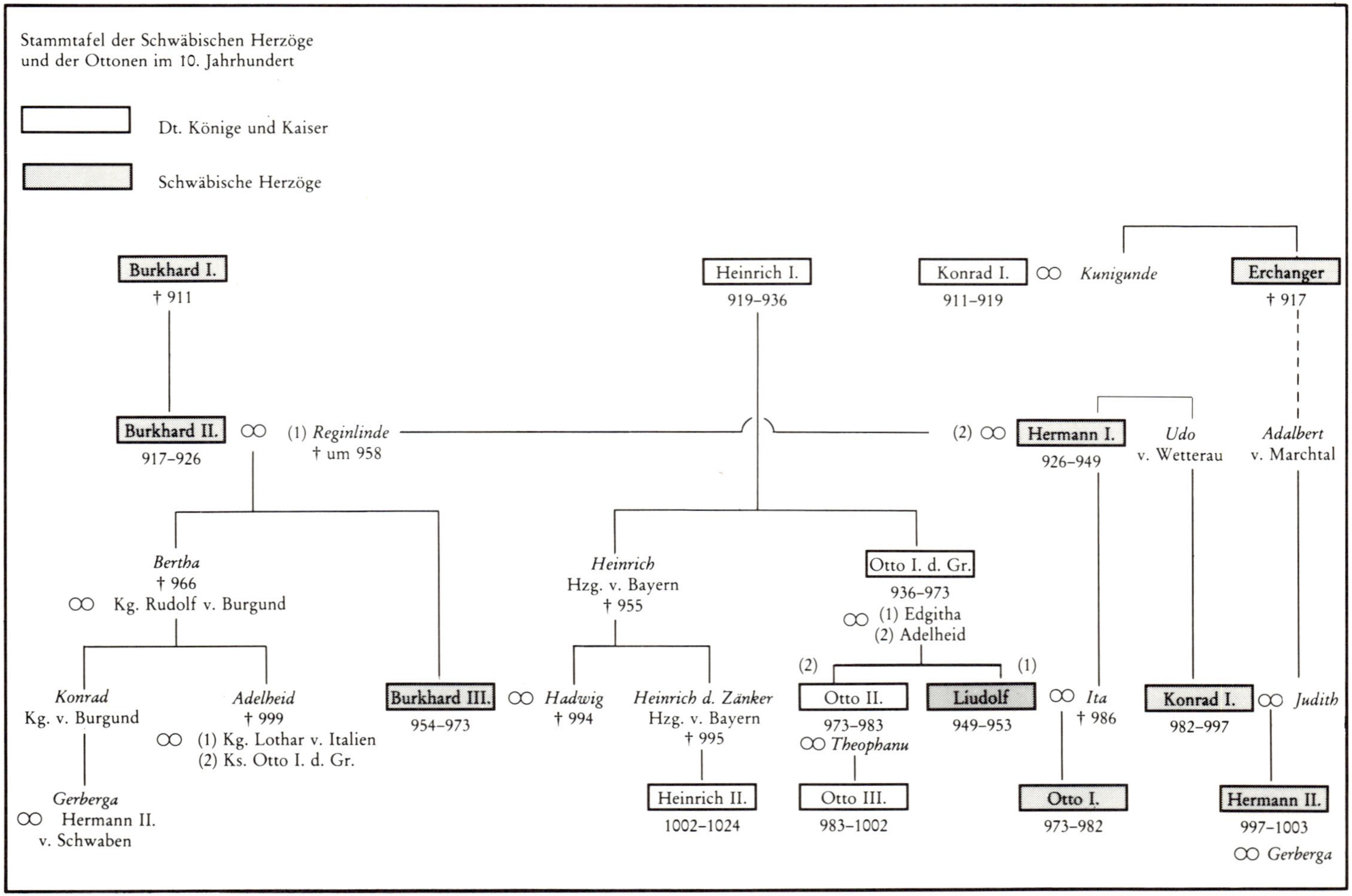
Stammtafel der Schwäbischen Herzöge
und der Ottonen im 10. Jahrhundert
Dt. Könige und Kaiser
Schwäbische Herzöge
Burkhard I.
† 911
Heinrich I.
919–936
Konrad I.
911–919
∞ Kunigunde
Erchanger
† 917
Burkhard II.
917–926
∞ (1) Reginlinde
† um 958
(2) ∞
Hermann I.
926–949
Udo
v. Wetterau
Adalbert
v. Marchtal
Bertha
† 966
∞ Kg. Rudolf v. Burgund
Heinrich
Hzg. v. Bayern
† 955
Otto I. d. Gr.
936–973
∞ (1) Edgitha
(2) Adelheid
Konrad
Kg. v. Burgund
Adelheid
† 999
∞ (1) Kg. Lothar v. Italien
(2) Ks. Otto I. d. Gr.
Burkhard III.
954–973
∞ Hadwig
† 994
Heinrich d. Zänker
Hzg. v. Bayern
† 995
(2)
Otto II.
973–983
∞ Theophanu
(1)
Liudolf
949–953
∞ Ita
† 986
Konrad I.
982–997
∞ Judith
Gerberga
∞ Hermann II.
v. Schwaben
Heinrich II.
1002–1024
Otto III.
983–1002
Otto I.
973–982
Hermann II.
997–1003
∞ Gerberga

War das schwäbische Herzogtum seit dem historischen Kompromiß von 919/20 im Reich etabliert, so zielte die weitere Politik König Heinrichs I. und noch deutlicher die seines Sohnes und Nachfolgers Ottos I. darauf ab, dieses Herzogtum, das ja im Kampf gegen das Königtum entstanden war, in die Reichspolitik einzubinden: Nicht Vertreter des alemannischen Stammes gegenüber dem König sollte der Herzog sein, sondern Statthalter des Königs in Schwaben. Dies gelang Heinrich I. zwar nicht mehr zu Lebzeiten Burkhards II., aber doch unter dessen Nachfolger. 926 bestimmte er den stammesfremden Hermann I. aus Franken zum schwäbischen Herzog.

In dieser Besetzung kommt das Prinzip der ottonischen Herzogspolitik zum Ausdruck. Der Kandidat sollte zwar vornehmster, hochadliger Abkunft sein, aber keine ererbte machtpolitische Verankerung in seinem neuen Amtsbereich besitzen. Auf der anderen Seite sollte er am herzoglichen Prestige seines Vorgängers anknüpfen, und dies gelang am besten über die verwandtschaftliche Anbindung an dessen Familie. Insofern fiel den Herzogswitwen (und überhaupt den Herrschergattinnen) im 10. Jahrhundert eine bedeutende politische Funktion zu, die ihnen in der Politik jener Zeit ein erhebliches Gewicht einräumte. Der Franke Hermann heiratete 926 Reginlinde, die Witwe Burkhards II., und trat dadurch in die Fußstapfen des Erneuerers des schwäbischen Herzogtums, zugleich Erbauers und Verteidigers des Hohentwiels.

Ein Blick auf die verwandtschaftlichen Verbindungen der schwäbischen Herzöge und der Ottonen (siehe Stammtafel) verdeutlicht übrigens, welch spannende Zusammenhänge die spröde Kunst der Genealogen zutage fördern kann. Herzogin Reginlinde war die Gattin zweier Herzöge und wurde zur Mutter eines dritten (Burkhard III.) und Schwiegermutter eines weiteren Herzogs (Liudolf). Auch ihre Tochter Ita aus der Ehe mit Herzog Hermann I. wurde Gattin eines schwäbischen Herzogs (Liudolf) und Mutter eines weiteren (Otto I). War ihre Stiefmutter Adelheid, die zweite Frau Ottos des Großen, bereits eine Enkelin von Herzog Burkhard II., so fand über Ita und Liudolf die zweite Vermählung der schwäbischen Herzogsfamilie mit dem ottonischen Kaiserhaus statt. Diese Verschwägerungen steigerten das Ansehen und die Ansprüche der schwäbischen Herzöge.

Zur Politik Ottos I. des Großen (936–973) gehörte es, wichtige weltliche und geistliche Ämter nicht nur allein mit Personen seines Vertrauens, sondern, wo immer möglich, mit Verwandten zu besetzen. So war sein Bruder Brun Erzbischof von Köln, der zweite Bruder Heinrich Herzog von Bayern, und seinen Sohn Liudolf setzte er auf den schwäbischen Herzogsstuhl, nachdem Hermann I. 949 gestorben war. So wie Ottos I. Bruder Heinrich in Bayern an die frühere Herzogsdynastie anknüpfte, indem er die Tochter Judith des früheren Herzogs Arnulf heiratete (948), so erlangte sein

Sohn Liudolf (949–953) nur über eine Verehelichung mit Ita, der einzigen Tochter Herzog Hermanns I., die schwäbische Herzogswürde. Das königliche Blut, das somit in den Adern der schwäbischen Herzogsfamilie pulsierte, befreite das aus Rebellion entstandene Herzogtum nicht nur von jedem Makel, sondern machte Schwaben zu einem bedeutenden Zentrum der Reichspolitik.

Im allgemeinen ging Kaiser Ottos des Großen Politik, wichtige Positionen im Reich mit Verwandten zu besetzen, auf, nur mit seinem Sohn Liudolf nicht. Dieser rebellierte 952 gegen seinen königlichen Vater und wurde von diesem im Jahr darauf aus Amt und Land vertrieben. Dadurch wurde – zum letzten Mal für lange Zeit – der Platz frei für einen Herzog alemannischer Herkunft: Burkhard III. Das Leben keines anderen schwäbischen Herzogs ist so eng mit der Geschichte des Hohentwiels verknüpft wie seines und das seiner Frau Hadwig.

Herzog Burkhard III.

Nachdem Herzog Liudolf von Schwaben wegen seiner Rebellion gegen den königlichen Vater 953 vertrieben worden war, gab es keinen würdigeren Anwärter auf den Herzogstitel als den heimischen Grafen Burkhard. Er war wohl der Sohn des eigentlichen Begründers des Herzogtums, Burkhard II., jedenfalls Sohn der Herzogin Reginlinde und Halbbruder der bisherigen Herzogin Ita. Machte ihn die Herkunft von dem einstigen »Rebellen« Burkhard II. vielleicht verdächtig, so empfahl er sich doch durch seine gute Verwandtschaft: Er war der Onkel von Königin Adelheid, der zweiten Frau Ottos I., und er sollte verheiratet werden mit Hadwig, der Tochter Herzog Heinrichs von Bayern und Nichte des Königs. Durch diese verwandtschaftliche Anbindung an die königliche Familie schien Burkhard die Gewähr zu bieten, ein verläßlicher Anhänger der ottonischen Politik zu werden. Und seine Lebensgeschichte sollte dies, nach allem, was wir wissen, bestätigen.

Als Burkhard III. das Herzogtum antrat, übernahm er die militärische Führung des schwäbisch-alemannischen Adels, der sich durch einen Treueid in seine Vasallität begab. An der Spitze des schwäbischen Aufgebots mußte der Herzog dem König in den Krieg folgen, und dem schwäbischen Kontingent gebührte damals das Vorrecht, bei den Feldzügen die Reichskriegsfahne zu tragen, ein Recht, dem in der adlig-kriegerischen Mentalität jener Zeit große Bedeutung zukam. Schon im zweiten Jahr seiner Regierung wurde Herzog Burkhard mit seinem Heer zu einem entscheidenden Feldzug gegen die Ungarn aufgeboten, der mit der Schlacht auf dem Lechfeld (955) siegreich endete.

Fünfzig Jahre lang hatten die ungarischen Reitervölker den deutschen Südwesten bedroht; hatten sie mit ihren Angriffen schon zum Niedergang des karolingischen Reiches beigetragen, so hatte sich auch im neuen (Deutschen) Reich der Widerstand nur mühsam formiert. Immerhin hatte bereits im Jahr 913 Burkhard I. den Ungarn eine erste Niederlage beigebracht. 933 konnte König Heinrich I. an der Unstrut ein ungarisches Heer besiegen. Aber erst jetzt, 955 auf dem Lechfeld, war König Otto I. unter maßgeblicher Beteiligung des schwäbischen Aufgebots in der Lage, die Ungarn-Gefahr für immer zu bannen. Damit war ein wichtiges Ziel der ottonischen Politik erreicht. Otto I. konnte sich nun mit größerer Gelassenheit daranmachen, die Kaiserwürde zu erlangen. Und als er schließlich 962 mit seiner Gattin Adelheid nach Rom reiste, um sich vom Papst krönen zu lassen, begleitete sie auch Herzog Burkhard von Schwaben.

Im Innern stützte sich Herzog Burkhards III. Herrschaft auf sein ererbtes Hausgut und auf sein Amtsgut, also die Aufsicht über die Reichsgüter in seinem Herzogtum. Dazu zählten königliche Pfalzen und Münzstätten wie Zürich und Breisach, dazu gehörten aber auch bedeutende Reichsklöster wie die Abteien Reichenau und St. Gallen. Da sich Burkhards Hausgut wie auch einige der wichtigsten Reichsgüter, schließlich der Bischofssitz Konstanz im weiteren Umfeld des westlichen Bodensees massierten, wurden der Thurgau südlich des Rheins und der Hegau nördlich des Rheins zu Kernlandschaften des schwäbischen Herzogtums. Die Tatsache, daß in dem genannten Raum am Ende des 10. Jahrhunderts die ältesten Marktrechte des deutschen Südwestens (Villingen, Allensbach, Konstanz, Rorschach, Zürich) aufscheinen, zeigt, daß der westliche Bodenseeraum sich im Lauf des Jahrhunderts zu einer der wichtigsten Handelsregionen zwischen dem Norden und dem Süden entwickelt hatte.

Inmitten dieses Raumes, der zentralen Landschaft des Herzogtums, erhob sich als Residenz des Herzogs der Hohentwiel, eine der wenigen Höhenburgen, die es damals im Reich gab. War sein Vater der Erbauer oder zumindest Mitbegründer dieser Verteidigungsanlage gewesen, so wurde nun Burkhard III. der eigentliche Bewohner der »Burg«. Möglich ist, daß bereits sein Stiefvater Hermann I. mit seiner Mutter Reginlinde hier residiert hatte. Von den späteren Herzögen hat jedenfalls keiner mehr hier gewohnt. Um der ursprünglichen Wehranlage den Charakter einer herzoglichen Residenz zu verleihen, mußte die Burg im Stil der königlichen Pfalzen ausgebaut werden. Nach dem Herrschaftsverständnis der Zeit, das seine Legitimation aus göttlicher Gnade ableitete, mußte ein solcher Ort überdies durch eine geistliche Institution aufgewertet werden.

In der herzoglichen Familie war es üblich, geistliche Einrichtungen zu unterstützen. Burkhards Eltern Burkhard II. und Reginlinde hatten bereits vor 926 das Margarethenkloster Waldkirch im Breisgau gegründet. Reginlinde stand später als Witwe dem Stift St. Regula und Felix in Zürich vor. Begraben liegt sie im Kloster Einsiedeln, das großzügige Zuwendungen von Seiten ihrer Familie erfahren hatte. Herzog Burkhard III. betrieb zwar eine strenge Politik gegenüber den ihm unterstellten Klöstern, gegenüber der Reichenau trat er aber auch als Wohltäter auf – dort sollte (und wollte?) er schließlich auch seine letzte Ruhestätte finden.

In seinen letzten Lebensjahren wandte sich Burkhard III. der Gründung eines eigenen Klosters zu. Eine Abtei auf dem Hohentwiel sollte seinem Herrschaftssitz die nötige sakrale Weihe verleihen. Die Gründung dieses Klosters muß um das Jahr 970 erfolgt sein. Doch durch den frühen Tod Burkhards 973 schien die Zukunft dieser Neugründung äußerst ungewiß. Das Projekt fand allerdings in der Witwe Burkhards, der Herzogin Hadwig, eine ehrgeizige Sachwalterin.

Hadwig

Hadwig wurde um 939 als Tochter des späteren Bayernherzogs Heinrich geboren. Als Zehnjährige war sie einem byzantinischen Prinzen zur Ehe versprochen worden. In der Vorbereitung auf diese Verbindung hatte man ihr die Grundlagen der griechischen Sprache und Bildung beigebracht. Doch die Verheiratung zerschlug sich aus unbekannten Gründen. Statt dessen wurde die fünfzehnjährige Hadwig 954 dem schwäbischen Herzogssohn Burkhard zur Frau gegeben, der in diesem Jahr selbst Herzog wurde. Burkhard III. war etwa 20 Jahre älter als Hadwig, und als er nach 18jähriger kinderloser Ehe 973 starb, hinterließ er eine erst 34jährige Witwe. Hadwig überlebte ihren Gatten um 21 Jahre und starb 994 etwa 55jährig. Sie bewohnte den Hohentwiel vierzig Jahre lang und ist so zur eigentlichen Hausherrin der Burg im 10. Jahrhundert geworden. Keine andere historische Gestalt ist so sehr mit der Geschichte (und der Legende) des Berges verbunden.

Schon kurz nach ihrem Tod setzte die Legendenbildung ein. Als zu Beginn des 11. Jahrhunderts, also etwa 30 bis 40 Jahre nach Hadwigs Tod, der Mönch Ekkehard IV. von St. Gallen seine Klostergeschichte niederschrieb, die berühmten *Casus Sancti Galli*, konnte er offensichtlich auf eine reiche Anekdotenüberlieferung zurückgreifen, da er Leben und Wirken von Hadwig reich ausmalte. Seine Erzählungen sind amüsant und geben ihrerseits Einblick in die Mentalität der St. Galler Mönche jener Zeit. Was Ekkehards Charakterisierung der Herzogin Hadwig angeht, so mag sein Bild einer teils strengen, von ihrer Umgebung gefürchteten, teils liebevollen und großzügigen Herzogin möglicherweise zutreffen, Vorsicht ist bei solchen Schilderungen trotzdem geboten. Von Hadwigs Gatten Burkhard zeichnete Ekkehard jedenfalls ein völlig verzerrtes Bild, wenn er ihn, der bei seiner Verehelichung Mitte 30 war, als altersschwachen Mann darstellt, der – in Anspielung auf seine Kinderlosigkeit – unfähig war, die Ehe zu vollziehen. Gleichwohl folgen ihm viele Historiker wie der sonst vorsichtige Otto Feger, der seinen *notorisch unzuverlässigen Schreiber* Ekkehard kennt, in seiner Charakterisierung Hadwigs. Wodurch, letztlich unkritisch, ein Bild der Herzogin tradiert wurde, das eigentlich aus authentischeren Quellen gewonnen werden müßte.

Im 19. Jahrhundert wurde der Dichter Joseph Victor von Scheffel auf Ekkehards *Casus Sancti Galli* aufmerksam. Die dort geschilderte Beziehung Hadwigs zu dem gelehrten St. Galler Mönch Ekkehard II. (einem Vorgänger des Geschichtenschreibers) diente Scheffel als Vorlage für seinen Roman »Ekkehard« (1854), in dem nun das Lehrer-Schülerin-Verhältnis zwischen dem Gelehrten Ekkehard und der Herzogin in eine tragische Liebesgeschichte verwandelt ist. Tatsächlich entbehrt das Leben Hadwigs nicht gewisser tragischer Züge, jedoch mit weniger romantischen Vorzeichen.

Obwohl reale geschichtliche Persönlichkeiten kaum eine Chance haben, sich gegen ihre literarischen Abbilder zu behaupten, wollen wir uns doch der historischen Hadwig zuwenden. Was der Legendenbildung sicher zugute kam: daß von der Herzogin wenig zeitgenössische Quellen überliefert sind – gerade eine Handvoll Urkunden sind uns erhalten. Die Persönlichkeit Hadwigs gewinnt freilich dadurch genauere Konturen, daß wir sie in ihrem gesellschaftlichen, politischen und verwandtschaftlichen Umfeld betrachten (siehe Stammtafel S.26).

Hadwig war die Tochter des bayerischen Herzogs Heinrich. Ihr ehrgeiziger Bruder Heinrich, später »der Zänker« genannt, war von 955 bis 976 und nochmals von 985 bis 995 Herzog in Bayern; sie selbst wurde durch ihren Mann Herzogin in Schwaben. Ihre Familie beherrschte also über Jahrzehnte hinweg die Politik im Süden des Reiches. Vieles spricht dafür, daß sie sich der Bedeutung dieser Tatsache bewußt war. Durch ihren Onkel Otto den Großen (der 973, also im selben Jahr wie ihr Mann Burkhard, verstarb) und ihren Vetter Otto II. (973–982) gehörte sie zudem zum engeren Kreis der königlichen Familie.

Hadwig stand also inmitten des verwandtschaftlichen Beziehungsgeflechts der süddeutschen Herzogsfamilien mit dem ottonischen Kaiserhaus. Und die Geschicke des Kaiserhauses waren ihr keineswegs gleichgültig. Wie später die Kaiserwitwen Adelheid und Theophanu um die Erziehung des künftigen Kaisers Otto III. wetteiferten, so versuchte Hadwig auf die Erziehung Ottos II., ihres Vetters, Einfluß zu nehmen, indem sie ihren eigenen Lehrer und Vertrauten, den Mönch Ekkehard II. von St. Gallen, als dessen Erzieher empfahl.

Auch andere wichtige Positionen nahmen Verwandte Hadwigs ein. Ein nicht näher zu bestimmender Verwandter (*nepos*) war der Bischof Gebhard II. von Konstanz, ein Vetter der Bischof Heinrich von Augsburg. Hadwigs Schwester Gerberga war Äbtissin des Klosters Gandersheim und damit Lehrerin der Nonne Hrotsvit, die als erste Dichterin der deutschen Literaturgeschichte gilt. Hadwig hatte also weitläufige Beziehungen, und wenn sie

Es gibt keine zeitgenössische Darstellung der Herzogin Hadwig. Diese von ihrem Neffen, Kaiser Heinrich II., in Auftrag gegebene Regensburger Buchmalerei zeigt eine vornehme Dame, die einen Eindruck von Aussehen und Haltung der Herzogin vermittelt.

gelegentlich ihre Verwandten besuchte: den Bischof in Konstanz, den herzoglichen Bruder in Regensburg, die Schwester im Kloster Gandersheim, die kaiserlichen Vettern in Goslar oder anderen Pfalzen, dann kann ihr Leben nicht so triste gewesen sein, wie es Scheffel darstellt. Ihr Lehrer Ekkehard war bestimmt nicht der einzige Besucher, der für Abwechslung auf der finsteren Bergfeste sorgte. Hadwig lebte nicht abgeschlossen, sie stand durchaus in der »Öffentlichkeit«, und diese war eine politische Öffentlichkeit. Jede ihrer Handlungen war immer auch ein politischer Akt. Dies war so, als sie ihren Vertrauten Ekkehard als Prinzenerzieher im Kaiserhaus einführte, und dies war so, als sie später dem Kloster Petershausen, einer Gründung des Bischofs von Konstanz, Güter am oberen Neckar zukommen ließ.

Vor diesem Hintergrund ist zu fragen, warum Hadwig es nach Herzog Burkhards Tod 973 vorzog, obwohl erst 34 Jahre alt, Witwe zu bleiben. Da ihre Ehe kinderlos geblieben war, war kein Anwärter auf die Herzogsnachfolge zu erziehen, wie dies ihre Mutter Judith für ihren Bruder Heinrich in Bayern getan hatte. Andere Frauen ihres Ranges waren zwei- oder dreimal verheiratet, so Kunigunde, Reginlinde, Ita oder Adelheid, oder sie verließen die politische Bühne, um sich als Witwen in ein Kloster zurückzuziehen – Hadwig hätte in Waldkirch ein eigenes Kloster zur Verfügung gestanden. Aber Hadwig zog sich weder in die Kontemplation zurück, noch heiratete sie wieder, sie betrieb eine andere Politik.

Nach dem Tod Burkhards III. setzte Kaiser Otto II. den Sohn seines Halbbruders, des früheren Herzogs Liudolf, als Otto I. auf den schwäbischen Herzogsstuhl (973–982). Nach den bisherigen Gepflogenheiten wäre zu erwarten gewesen, daß der neue Herzog seine Legitimation durch die Ehe mit der Herzoginwitwe erhöht hätte. Doch zwischen Otto I. und Hadwig war eine Ehe nicht möglich: Über ihren gemeinsamen Vorfahren Heinrich I. waren beide im 5. Grad (2:3 Generationsstufen) miteinander verwandt, zu nahe für eine eheliche Verbindung. Möglicherweise hatte der König mit Otto I. bewußt einen Herzog präsentiert, mit dem eine Verehelichung Hadwigs aus rechtlichen Gründen blockiert war. Dann könnte sich hinter dieser Herzogswahl eine Konfrontation des ottonischen Königshauses mit Hadwigs Ambitionen verbergen.

War durch dieses Ehehindernis eine Verheiratung Hadwigs mit dem neuen Herzog nicht möglich, so war sie auch nicht bereit, eine andere Ehe einzugehen. Über die Gründe kann man nur spekulieren. Mit jeder neuen Verheiratung unterhalb der herzoglichen Ebene hätte sie auf ihren einflußreichen Status und gewisse herzogliche Kompetenzen verzichtet, und das wollte sie offensichtlich nicht. Auffällig ist, daß Hadwig nicht nur der Nachwelt als »Herzogin« in Erinnerung blieb, sondern daß sie auch während der Amtszeit zweier legitimer schwäbischer Herzöge (Otto I. 973–982, Konrad I. 982–997) in kaiserlichen Urkunden als *dux* – Herzog (!) bezeichnet wurde – ein verfassungsrechtlich bisher nicht geklärter und vielleicht auch nicht zu klärender Widerspruch.

Möglicherweise muß man diesen Widerspruch im Zusammenhang mit den machtpolitischen Kämpfen jener Zeit betrachten. Es ist offensichtlich, daß Hadwig auch als Witwe herzogliche Befugnisse wahrnahm; sie verfügte über öffentliches Amtsgut, als wäre es ihr eigenes. Ja, man kann sogar den Eindruck gewinnen, daß sie ihren engeren Einflußbereich um den Hohentwiel herum aus der Verfügungsgewalt der legitimen Herzöge heraushalten konnte und hier aufgrund ihrer Autorität so etwas wie ein »Herzogtum« im Herzogtum schaffen konnte. Aber wieso ließ man sie gewähren, warum hielten sich Herzog Otto I. und Kaiser Otto II. heraus und hofierten sie sozusagen als *dux*? War es nur der Respekt vor einer eigenwilligen Dame, die ihre nahe Verwandte war? Oder hatte Hadwig einen mächtigen Unterstützer auf ihrer Seite? Diesen Protektor gab es in der Tat: Es war ihr Bruder Heinrich, Herzog von Bayern. Ihn müssen wir zunächst, um Hadwigs Stellung zu erklären, im Zusammenhang der Reichspolitik sehen.

Die sächsischen Ottonen waren zu Beginn des Jahrhunderts angetreten, das Reich der Karolinger und darüber hinaus das Römische Reich zu restaurieren; am Ende des Jahrhunderts, um die Jahrtausendwende, stellte sich heraus, daß sie ein neues, ein Deutsches Reich geschaffen hatten: das Heilige Römische Reich Deutscher Nation. Die Abwehr der äußeren Bedrohung – durch die Ungarn – und der Aufbau einer funktionierenden Herrschaftsstruktur – Reichskirchensystem und Einbindung der Herzogtümer in die Reichspolitik – führten seit der Mitte des 10. Jahrhunderts im ottonischen Kaiserhaus und bei seinen Anhängern zu einem Bewußtsein neuer Macht und Größe. Dieser Zustand relativ stabiler politischer Ordnung drückte sich bald in einer kulturellen Blüte aus: im Beginn der romanischen Baukunst, in der Fresken- und Buchmalerei, in der Elfenbeinschnitzerei – eine Blüte, die den politischen Glanz der Ottonen ästhetisch gestaltete und zugleich ideologisch überhöhte.

Gleichzeitig regte sich seit der Mitte des 10. Jahrhunderts Widerstand gegen die ottonische Machtkonzentration, der von der bayerischen Herzogsfamilie ausging. Herzog Heinrich der Zänker wetteiferte nicht nur in der Förderung der Buchkunst mit dem Herrscherhaus, indem er die Regensburger Buchmalerei zu einer der Reichenauer Kunst ebenbürtigen Blüte führte; sein Ehrgeiz zielte darüber hinaus auf größere politische Macht. So erhob er beim Tod Herzog Burkhards III. 973 Anspruch auf das schwäbische Herzogsamt; und diesen Anspruch machte er über seine Schwester Hadwig geltend. Zugleich opponierte Heinrich offen gegen den im selben Jahr zur Macht gelangten König Otto II., der die Vereinigung der beiden süddeutschen Herzogtümer in seiner, Heinrichs, Hand verhinderte. Der Kampf endete 974 mit der Verhaftung und Verbannung Heinrichs; im Gegenzug erhielt der junge Schwabenherzog Otto I. das Herzogtum Bayern.

Die nächsten Jahre vergingen ruhig. Doch nach dem frühen Tod des Kaisers Otto II. 983 trat Heinrich der Zänker erneut auf den Plan, jetzt zusätzlich mit dem Anspruch auf das Königtum. Zu diesem Zweck hatte er sich des kleinen Otto III., des künftigen Kaisers, bemächtigt, um als dessen Vormund königliche Politik zu betreiben. Die Auseinandersetzungen zwischen seiner Partei und den Ottonen um das Königtum und um das schwäbische Herzogtum dauerten bis 985. Heinrichs weitgehende Absichten erfüllten sich nicht, immerhin konnte er aber sein bayerisches Herzogsamt zurückgewinnen, das er bis zu seinem Tod 995 ausübte. In Schwaben hatte sich dagegen sein erbitterter Gegenspieler Konrad I. (982–997), ein treuer Parteigänger der Ottonen, durchgesetzt.

Diese Vorgänge, die hier nur angedeutet werden können, sind geeignet, das Verhalten von Heinrichs Schwester Hadwig auf dem Hohentwiel verständlicher zu machen. Sie erfüllte hier durch ihr quasi-herzogliches Auftreten eine Art Statthalterschaft für ihren ehrgeizigen Bruder. Durch Hadwigs Güter im Breisgau hatte Heinrich zeitweilig Zugang zum alemannischen Breisach, wo er sogar, wie es scheint, eine Münze prägen ließ, also herzogliche Gewalt ausübte. Hier, in Breisach, wollte er sich 984 im Zusammenhang seiner Umsturzpläne mit dem französischen König verbünden, was jedoch durch Herzog Konrad I. vereitelt wurde. Damit waren Heinrichs schwäbische Ambitionen gescheitert.

Danach dürfte Hadwigs Statthalterschaft ihren politischen Sinn verloren haben. Vielleicht wurde der Hohentwiel nun erst zum Witwensitz der Herzogin, vielleicht wurde das von ihr mitgegründete Kloster nun erst ein Ort der Gelehrsamkeit, der Besinnung und Kontemplation.

Das Hohentwielkloster St. Georg

Zur selben Zeit erwählten sich der fromme Herzog Burchard und seine Gattin Hadiwich, da sie keine Nachkommen hatten, Christus zum Erben. Sie errichteten in ihrer Burg auf dem Berge Twiel ein Kloster und stifteten zum Unterhalt der Mönche Landgüter und andere nutzbare Dinge in ausreichendem Maße. Die Begründung, die der geistliche Schreiber der Petershausener Chronik für die Entstehung des Klosters auf dem Hohentwiel gibt, entspricht dem Verständnis einer Zeit, welche die menschlichen Handlungen im Einklang mit der christlichen Heilserwartung zu deuten suchte. Im Kern mag diese Begründung durchaus der inneren Motivation des Stifterpaares Burkhard und Hadwig entsprochen haben, doch reicht das Motiv der Kinderlosigkeit sicher nicht aus zu erklären, warum es zur Gründung eines Klosters auf dem Hohentwiel kam.

Zu einem Machtzentrum, wie es der Hohentwiel in der Auseinandersetzung zwischen Herzogtum und Königsgewalt geworden war, gehörte nach der Auffassung der Zeit eine geistliche Institution, die die dort ausgeübte weltliche Macht legitimierte und ideologisch sicherte. Erst durch das Kloster wurde die Burg oder Pfalz zu einem echten Zentrum herzoglicher Macht in Schwaben.

Die Gründung des Hohentwielklosters – das heißt: einer geistlichen Gemeinschaft, die im Auftrag der Stifter die Seelsorge und die Sorge um die Seele der Stifter nach deren Tod wahrnahm – legt nahe, daß dieses Kloster als Grablege seiner Stifter gedacht war. Dem widerspricht allerdings, daß Herzog Burkhard nach seinem Tod in der Erasmus-Kapelle der Abtei Reichenau begraben wurde, und auch von Hadwig dürfen wir annehmen, daß sie in der Nähe ihres Mannes die letzte Ruhestätte fand. Da somit das Motiv der Grablege für die Errichtung des Hohentwielklosters ausgeschlossen schien, hat die Forschung unter Berufung auf das Bildungsbedürfnis der Herzogin den Sinn des Klosters lediglich in der Errichtung einer »Pfalzschule« erkennen können (Beyerle). Doch bei der Frage der Grablege müssen wir etwas länger verharren.

Nach allgemeiner Ansicht wurde das Kloster auf dem Hohentwiel um 970 gegründet. Das bedeutet aber nicht, daß wir für dieses Jahr bereits einen völlig entwickelten Klosterkomplex annehmen dürfen. Der Blick auf andere Klostergründungen des 10. Jahrhunderts zeigt, daß von der Grundsteinlegung bis zur Fertigstellung (Weihe) einer Klosterkirche Jahre und Jahrzehnte vergehen konnten. In Petershausen bei Konstanz können wir den Vorgang recht genau verfolgen: 983 wurde das Kloster gegründet, erst 992 erfolgte die Weihe durch Bischof Gebhard. Die Tatsache, daß Herzog Burkhard nicht im Hohentwielkloster bestattet wurde, beweist noch nicht, daß das Kloster nicht ursprünglich doch als seine Grablege gedacht war. Bei seinem frühen Tod 973 waren die Bauarbeiten wohl zu wenig fortgeschritten – umso weniger, je näher der grobe Gründungstermin »um 970« an Burkhards Todesjahr herangerückt werden müßte. Da man den toten Herzog schlechterdings nicht auf einer Baustelle in ungeweihter Erde zur letzten Ruhe legen konnte, wurde er in der ehrwürdigen Abtei Reichenau in der Nähe seines Stiefvaters und Amtsvorgängers bestattet. Aber das Hohentwielkloster konnte durchaus ursprünglich den Sinn einer Grablege für seine Stifter gehabt haben.

Im Verbrüderungsbuch der Abtei Reichenau sind uns die *Nomina fratrum de monasterio quod dicitur Duellum*, die Namen der Mönche aus dem Hohentwielkloster überliefert. Solche Verbrüderungsbücher wurden im Mittelalter in allen Klöstern geführt; in sie wurden Personen und Gruppen eingeschrieben, die zum betreffenden Kloster gute Beziehungen unterhielten oder zu seinen Wohltätern gehörten. Durch den Eintrag waren sie in die Gebetsverbrüderung des Konvents einbezogen. Im Reichenauer Verbrüderungsbuch finden sich auch die Namen von Burkhard und Hadwig, wodurch ihr gutes Verhältnis zu diesem Kloster bezeugt ist.

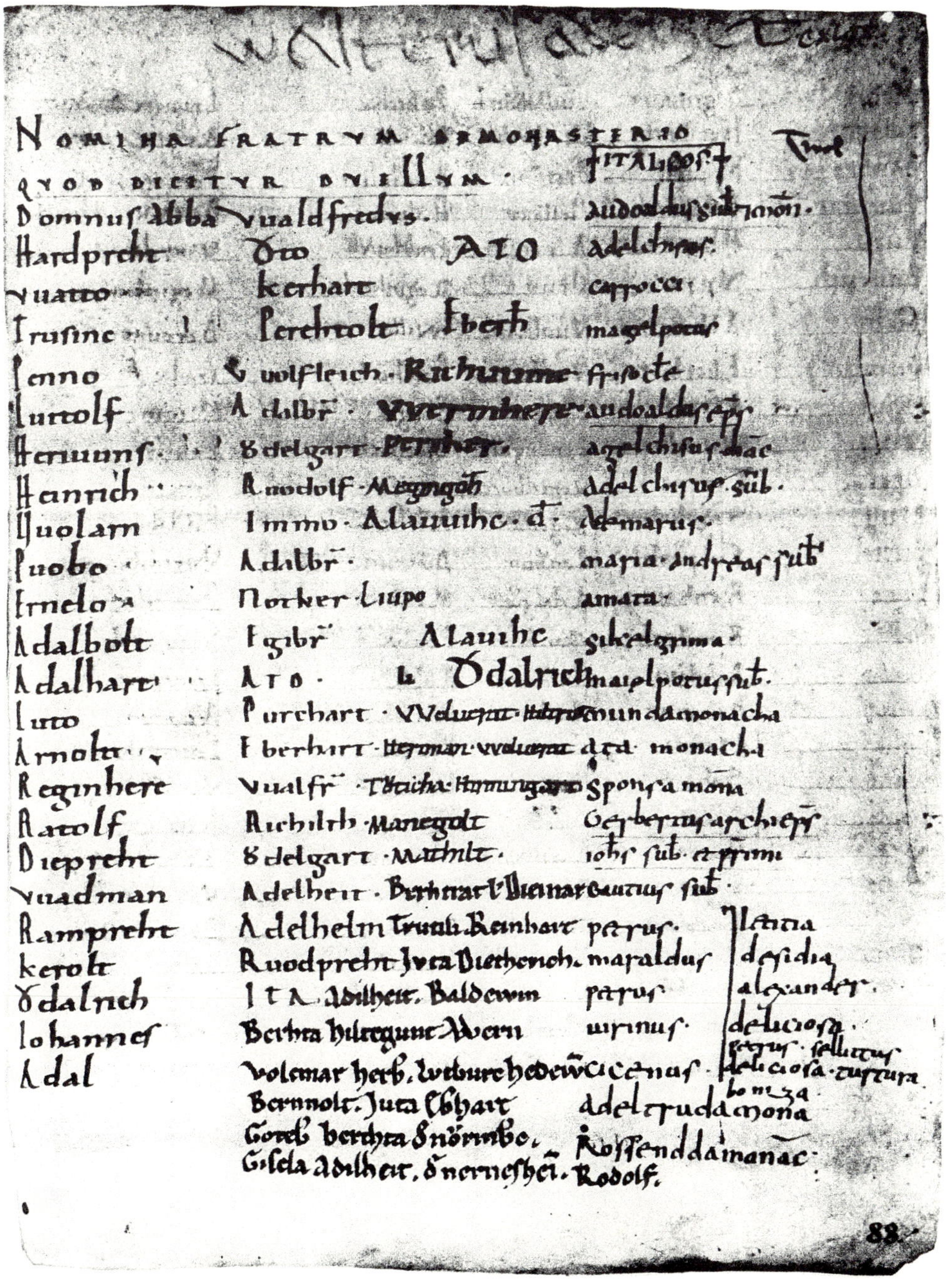

Konventsliste des Klosters St. Georg auf dem Hohentwiel im Reichenauer Verbrüderungsbuch. Die 27 Mönche sind in den beiden linken Spalten eingetragen.

Die ebenfalls dort eingeschriebene Konventsliste des Hohentwielklosters zählt neben dem Abt Waldfred 26 Fratres auf. Das ist, wenn wir voraussetzen, daß diese Liste die Mönche der ersten Stunde enthält, keine geringe Zahl – sie entspricht in etwa der Konventsstärke des Klosters Einsiedeln –; aber wenn wir wissen, daß die Reichenau zur gleichen Zeit, 972, selber 76 Mönche beherbergte, dann wird deutlich, daß wir es auf dem Hohentwiel mit einem Anfang in eher bescheidenen Verhältnissen zu tun haben.

Für eine spätere Zeit ist uns ein Abt namens Wazman überliefert, und bei Verlegung des Klosters nach Stein am Rhein, nach der Jahrtausendwende, soll ihm Abt Folrat vorgestanden haben. Es ist versucht worden zu ermitteln, woher die Hohentwieler Mönche stammten, doch die Probe, ob sie vielleicht von St. Gallen oder von der Reichenau geholt wurden, ist negativ ausgefallen. Da allerdings der dritte Abt, Folrat, von Einsiedeln stammte, wäre zu erwägen, ob nicht auch früher schon Hohentwieler Mönche von dort gekommen sein könnten. Herzog Burkhard III. unterhielt gute Beziehungen zu diesem Kloster, seine Mutter Reginlinde lag dort begraben. Auch Herzog Heinrich, Hadwigs Bruder, hatte Einsiedler Mönche nach Bayern geholt. Und schließlich rekrutierte sich auch das jüngere Kloster Petershausen aus Einsiedler Konventualen. Von Einsiedeln, das 934 gegründet worden war und von der schwäbischen Herzogsfamilie bedeutende Unterstützung erfahren hatte, ging eine starke monastische Erneuerungsbewegung aus, und es wäre genauer zu untersuchen, ob diese nicht auch das Hohentwielkloster berührt hat.

Vom Wirken der Hohentwieler Klosterschule wissen wir nur wenig. Das Kloster war dem Heiligen Georg geweiht, der Hohentwiel gilt damit als einer der frühen Orte der Georgsverehrung. Als möglicherweise einziges erhaltenes Produkt aus dem Schreibsaal des Klosters ist uns in Kempten ein Gedicht überliefert, das die Verehrung des *Ritters* St. Georg belegt. Das läßt mögliche Rückschlüsse darauf zu, daß im Umfeld des Herzogssitzes Hohentwiel bereits früh ein Ritterethos entwickelt worden war im Kampf für den christlichen Glauben.

»Castellum Tviel« – Fragen an die Burg Hohentwiel

Bisher haben wir von den Verwicklungen der Reichspolitik in ottonischer Zeit berichtet, von den Personen, die im politischen Umfeld des Hohentwiel eine Rolle spielten, aber die Burg selbst haben wir gleichsam noch nicht betreten. Der Grund ist, daß von der Burg Hohentwiel im 10. Jahrhundert selten die Rede ist, eine Beschreibung dieser Verteidigungsanlage gar ist nicht zu finden. Die wenigen Nachrichten besagen eigentlich nur, daß es eine solche gab. Die Romantisierung der mittelalterlichen Geschichte, gefördert durch Scheffels »Ekkehard« und die späteren Bühnenfassungen des

Romans, hat unsere Vorstellung vom Hohentwiel im Sinne einer hochmittelalterlichen Burg geprägt, und dieses Bild wird allzu oft unkritisch ins 10. Jahrhundert zurückprojiziert. Ja, man hat sich nicht gescheut, an der Ruine des Hohentwiel Tafeln anzubringen, die vorgeben zu wissen, hinter welchen Fenstern sich die Gemächer der Hadwig befunden hätten – und das an Gebäudeteilen, die erst aus dem 16. Jahrhundert stammen! Erst in jüngster Zeit wurde die Frage gestellt, wie man sich den Hohentwiel im frühen Mittelalter vorzustellen und ob die Burg überhaupt auf der Kuppe des Berges gestanden habe.

Zunächst einmal ist festzuhalten, daß es im 10. Jahrhundert relativ wenige Burgen gab. König Heinrich I. ließ im Osten des Reiches ein Verteidigungssystem aus Burgen gegen die Ungarn errichten, aber im Landesinneren gab es keinen ausgedehnten Burgenbau. Vom gescheiterten Herzog Erchanger und seinem Bruder Berthold wissen wir, daß sie 914 im thurgauischen Stammheim unrechtmäßig eine Burg errichteten, Erchanger selbst wurde im gleichen Jahr in einer Burg Onfridinga (die weiter nicht lokalisiert ist) gefangengehalten. Und schließlich stand auf dem Schienerberg die Diepoldsburg (später Schrotzburg), auf der Bischof Salomo gefangen saß. Der Hohentwiel war also im westlichen Bodenseeraum nicht die einzige Burg, aber als Höhenburg bildete sie doch eine extreme Ausnahme, die nur aus den geschilderten reichspolitischen Entwicklungen erklärbar wird. Die Anlage, die König Konrad I. 915 vergeblich belagerte, nennen die zeitgenössischen Alemannischen Annalen *castellum tviel*, der hundert Jahre später schreibende Ekkehard IV. von St. Gallen will wissen, man habe an ihrer Fertigstellung Tag und Nacht gebaut. Ob das *castellum* des Jahres 915 bereits eine ausgebildete, fest in Stein gefügte Burg war, wie dies Helmut Maurer, in Anlehnung an die Burg Stammheim, vorschlägt, ist eher fraglich. Daß in der Hektik der Ereignisse von 914 lediglich ein provisorisches Verteidigungswerk mit Wällen und Palisaden ohne eigentliche Wohnkomplexe erstellt wurde, ist nach Lage der Dinge wahrscheinlicher. Wenn auf der Kuppe des Berges neben dem Verteidigungsring eine Wohnanlage, eine herzogliche »Pfalz« (das Wort *palatium* ist jedoch zu keiner Zeit überliefert), entstand, dann konnte dies frühestens nach der Konsolidierung des schwäbischen Herzogtums geschehen. Burkhard II., Hermann I. und schließlich Burkhard III. könnten solche Baumaßnahmen betrieben haben; belegt sind sie nicht, und von Hadwig ist lediglich durch ihren »Biographen« Ekkehard, aus späterer Zeit also, überliefert, daß sie auf dem Twiel wohnte.

Nun hat neuerdings Günter Restle – nicht ganz zu Unrecht, aber auch nicht ganz überzeugend – in Zweifel gezogen, daß es auf der Bergkuppe in jener Zeit überhaupt eine Burganlage gab. Ihm ist es wahrscheinlicher, die Pfalz der Herzöge unterhalb der steilen Felsen, im Bereich der heutigen Gaststätte, anzusiedeln. Auch soll die spätere Klosteranlage hier, auf der sogenannten Hohentwiel-Terrasse, gestanden haben, die bekanntlich bereits in der späten Bronzezeit besiedelt war. Auf dem Berg selbst will er lediglich eine Fliehburg stehen lassen, die erst im Zuge des 12. Jahrhunderts zu einer Burg ausgebaut worden sei.

Vier Gründe sind es im wesentlichen, die Restle anführt. Zunächst ist da die topographische Situation: die Enge der Bergkuppe, die einer geräumigen Herzogspfalz plus Klosteranlage nicht genug Raum bietet. Zweitens bildeten im 10. Jahrhundert sowohl der Burgen- als auch der Klosterbau in extremer Höhenlage eine beispiellose Ausnahme. Drittens sei die unbequeme Berglage wegen der problematischen Wasserversorgung besonders für eine herzogliche Pfalz nicht angemessen gewesen. Viertens verweist Restle auf eine Urkunde Kaiser Ottos III., die am 11. Juni 1000 *sursum Dvello* ausgestellt wurde, was Restle so deutet, daß die Pfalz unterhalb der Bergkuppe gelegen habe. Lateinisch *sursum* bedeutet jedoch »oben, auf der Höhe«, und wenn man voraussetzt, daß die Urkunde vom Juni des Jahres 1000 innerhalb eines Gebäudes ausgestellt wurde, dann bedeutet *sursum Dvello* doch wohl, daß oben, auf der Höhe, ein Gebäude stand, und das spricht für die Höhenlage der herzoglichen Pfalz. Zum Problem der Wasserversorgung ist zu sagen, daß dies im frühen Mittelalter genauso gelöst wurde wie in späteren Zeiten, Esel transportierten damals wie später Wasser vom tiefer gelegenen Brunnen zu irgendwelchen Zisternen oder Behältern. Warum sollte die herzogliche Haushaltung des 10. Jahrhunderts dieses Problem nicht ebensogut bewältigt haben wie später die ritterlichen Herren von Twiel? Zur Platzfrage auf dem Berg ist zu bemerken, daß die spätere Obere Festung immerhin 2 ha 18 a ummauerte Fläche, etwa zwei Sportplätze, umfaßte; selbst wenn wir große Teile dieser Fläche wegen der Unebenheiten als unbebaubar abziehen, dürfte die Hohentwiel-Kuppe genug Raum für einen Wohnbau und ein kleines Kloster geboten haben.

Wir sehen, keines der Argumente Restles widerlegt die Vorstellung einer frühmittelalterlichen Höhenburg auf dem Hohentwiel zwingend. Auch nicht die Tatsache, daß es Burgen und Klöster in dieser Lage um jene Zeit sonst nicht gab – warum sollte der Hohentwiel nicht die berühmte Ausnahme gewesen sein? Restles Einwände zeigen indes, daß man die Dinge nicht so sehen muß, wie wir sie zu sehen gewohnt sind; er hat damit eine Frage aufgeworfen, die ohne die Hilfe der Archäologie nicht gültig zu beantworten ist. Solange uns diese nicht eindeutige Beweise für eine Pfalz *auf* oder *unter* dem Hohentwiel liefert, dürfen wir getrost davon ausgehen, daß sich Kaiser Otto III., als er sich in den Jahren 994 und 1000 *in castro Dvellum* einfand, hierzu auf den Gipfel des Berges bequemen mußte.

Ohne archäologische Nachweise wissen wir auch wenig von dem Kloster, das seit etwa 970 in der Nähe der Burg entstand. Es sei jedoch der Hinweis erlaubt, daß es die Zeit der beginnenden Romanik war. Vielleicht wurden im Hohentwielkloster bereits Stilelemente dieser neuen Architektur angewandt. Um sich von dieser Bauweise ein Bild zu machen, empfiehlt sich ein

Kaiser Otto III. im Kreis seiner geistlichen und weltlichen Berater. Er besuchte in den Jahren 994 und 1000 den Hohentwiel.

Besuch der Kirche St. Georg in Reichenau-Oberzell, die in der erhaltenen Form etwa aus derselben Zeit stammt, sie hat im übrigen vergleichbare Maße wie die Einsiedler Klosterkirche von 948, und vielleicht hätte ein Sakralbau dieser Größenordnung auch auf dem Hohentwiel Platz gefunden. Die Fresken in St. Georg-Oberzell aus der berühmten Reichenauer Malerschule vermitteln ebenso wie die etwa zeitgleichen von St. Sylvester in Goldbach bei Überlingen einen großartigen Eindruck von der fortgeschrittenen Kunstfertigkeit, vom Menschenbild und vom Gottesvertrauen der Mönche kurz vor dem Jahr 1000. Vielleicht haben solche Bilder auch das Hohentwielkloster geschmückt und die Herzogin Hadwig in ihren letzten Lebensjahren begleitet.

Das Ende der Herzogsresidenz

Als die Herzogin am 28. August 994 starb, war nicht nur das Schicksal des Hohentwiel als herzogliche Residenz besiegelt, auch das Kloster, das seine Existenz den persönlichen Anliegen von Hadwig und Burkhard verdankt hatte, blickte in eine ungewisse Zukunft. Zur materiellen Ausstattung des Klosters hatte das Herzogspaar an zahlreichen Orten Schwabens und des Hegaus umfangreiche Güterkomplexe bereitgestellt. Aber zumindest ein Teil dieser Schenkungen stammte aus öffentlichem Amtsgut, über das die beiden wie über Eigen verfügt hatten. Dadurch fußte das Hohentwielkloster auf einer rechtlich problematischen Grundlage. Wenn wir uns weiter erinnern, daß die gesamte Entstehungsgeschichte des Hohentwiel zu Beginn des 10. Jahrhunderts einer gegen das Königtum gerichteten Bewegung angehörte und die Burg selbst vermutlich auf ehemals königlichem Grund und Boden errichtet war, dann wird verständlich, daß der Tod Hadwigs die günstige Gelegenheit bot, Ordnung in die unklaren Verhältnisse zu bringen.

Bereits am 14. November 994 fand sich auf dem Hohentwiel eine illustre Gesellschaft ein, um sich Hadwigs Nachlaßangelegenheiten zuzuwenden. Da erschienen auf der einen Seite Kaiser Otto III. mit seinem Kanzler Erzbischof Willigis von Mainz und dem Herzog Konrad. I. von Schwaben: Dies war die ottonische Partei, die die königlichen und herzoglichen Rechte wahrnahm. Ihnen standen als Sachwalter der verstorbenen Herzogin deren Bruder Heinrich der Zänker und sein Sohn Heinrich gegenüber. Kaiser Otto III. saß hier seinem Entführer von vor zehn Jahren gegenüber, Herzog Konrad seinem einstigen Widersacher Heinrich, und doch war dies eine Art Familientreffen, die beiden Jüngeren waren Vettern zweiten Grades. Otto III. war gerade 14 Jahre alt und damit mündig geworden. Diese Auseinandersetzungen gehören zu den ersten selbständigen Handlungen des jugendlichen Kaisers.

Was im einzelnen verhandelt wurde, ist nicht überliefert, aber einiges läßt sich aus der späteren Entwicklung doch rückschließen. Es ging darum, daß das Königtum wieder in seine Rechte am Hohentwiel trat. Wo Burkhard und Hadwig aus herzoglichem Amtsgut Stiftungen vorgenommen und somit vollendete Tatsachen geschaffen hatten, blieb dem Kaiser nichts anderes übrig, als dies nachträglich zu sanktionieren. So bestätigte Otto III. etwa Hadwigs Schenkung eines Gutes in Epfendorf am oberen Neckar an das Kloster Petershausen. Auch Besitzstand und Existenz des Hohentwielklosters blieben zunächst unangetastet. Einige Tage nach dem Treffen auf dem Hohentwiel reisten Otto III. und sein Gefolge weiter in den Breisgau, um dort das schon von Herzog Burkhard II. vor 926 gegründete Kloster Waldkirch, das ihm Hadwig noch zu ihren Lebzeiten übertragen hatte, in Besitz zu nehmen. Damit war es zunächst einmal in einem Teil der Nachlaßfragen zu einem Ausgleich gekommen.

Weniger klar ist, was aus dem Hohentwiel selbst werden sollte. In der Forschung ist das Problem, ob der Hohentwiel auf königlichem Grund und Boden stand oder auf Eigenbesitz der Burkhardinger oder gar Erchangers, trotz vieler Bemühungen nach wie vor ungelöst. War er irgendjemandes Eigengut, dann dürfte er zuletzt der Herzogin Hadwig gehört haben und wäre von ihr, da sie keine Kinder hatte, möglicherweise an ihren Bruder Heinrich übergegangen. War er jedoch auf öffentlichem Grund und Boden errichtet, dann mußte der Kaiser nach ihrem Tod bestrebt sein, die Verfügungsgewalt über die Burg zu erlangen. Für diese zweite Möglichkeit könnte die Tatsache sprechen, daß das Treffen vom 14. November 994 ausgerechnet auf dem Hohentwiel stattfand: Mit dem Betreten der Burg machte der junge Herrscher seinen Besitzanspruch geltend. Daß sich Otto III. im Juni des Jahres 1000 nochmals einige Tage auf dem Hohentwiel aufhielt, könnte die Ansicht stützen, er habe hier eine seiner königlichen Pfalzen besucht.

Die Besitzfrage ist nicht schlüssig zu entscheiden. Die Großen jener Zeit, die Ämter der Reichsverwaltung innehatten, verfügten über Reichsgut oft wie über eigenen Besitz; zwischen ererbtem Besitz und usurpiertem Recht wurde nicht unterschieden. Der politische Zweck schuf öfters ein Recht aus eigener Kraft; zumal dann, wenn sich, wie hier, familiäre Erbansprüche und machtpolitische Interessen überlagerten.

Ob Kaiser Heinrich II. (1002–1024), der um das Jahr 1005 erneut in die Verhältnisse am Hohentwiel eingriff, dies als Kaiser tat oder als Erbe seiner Tante Hadwig, ist ebenfalls wenig klar. Jedenfalls war es ein weitreichender politischer Akt, als er damals das Kloster St. Georg auf dem Hohentwiel nach Stein am Rhein verlegte. Indem die Mönche die zugigen Höhen des Berges Twiel verließen, war die ehemalige herzogliche Residenz ihrer sakralen Stütze beraubt. Das Symbol für die Eigenständigkeit der herzoglichen Politik war damit auf eine bloße Verteidigungsanlage reduziert. Der Hohentwiel war zu einem Ort geworden, der für die schwäbischen Herzöge künftig keinen Belang mehr hatte. Der Versuch, den Hohentwiel zu einem

Kaiser Heinrich II., der Neffe Hadwigs, verlegte um 1005 das Hohentwielkloster nach Stein am Rhein.

Machtzentrum des Herzogtums Schwaben zu machen, war nach etwa 90 Jahren gescheitert.

Wem der Hohentwiel nach dem Jahr 1000 gehörte, bleibt Vermutung; wer ihn bewohnte, liegt völlig im dunkeln. Die Chronisten der Zeit nahmen vom Berg Twiel für 70 Jahre keinerlei Notiz.

Von der Herzogsresidenz zur Adelsburg

Neue Machtträger im Hegau

Nachdem das Kloster St. Georg um das Jahr 1005 vom Hohentwiel nach Stein am Rhein verlegt worden war, wurde die ehemalige Herzogsresidenz für viele Jahrzehnte nicht mehr erwähnt. Es scheinen sich dort keine Ereignisse abgespielt zu haben, die irgendeinen aufmerksamen klösterlichen Beobachter hätten zur Feder greifen lassen. Das heißt aber nicht, daß es eine geschichtslose Zeit war. Im Gegenteil – mit dem Jahr 1000 trat die wirtschaftliche und gesellschaftliche Entwicklung des christlichen Abendlandes in eine überaus spannende Phase.

Im Hegau wie in anderen Landschaften des Reiches drückte sich dies an der politischen Oberfläche zunächst einmal in einer Neuordnung der Herrschaftsverhältnisse aus: Neue Machtträger, neue Namen traten auf. Aber hinter den neuen Namen verbargen sich durchaus alte Herrschaftstraditionen. So ist zwar bisher eine genaue genealogische Herleitung der Grafen von Nellenburg nicht gelungen, aber die teilweise Besitzidentität und die Vorliebe dieses Hauses für den Namen Burkhard macht es wahrscheinlich, daß dieses Grafengeschlecht von der alten Herzogsfamilie der Burkhardinger abstammte.

Mußte man die herrschenden Familien des 10. Jahrhunderts als weitläufige Sippen und Verwandtschaftsverbände ansprechen, die sich trotz aller Familienkonflikte politischer Natur als blutsmäßig zusammengehörig betrachteten, so verengte sich nach der Jahrtausendwende der adlige »Familien«-Begriff auf das Geschlecht, auf eine Dynastie der näheren Verwandtschaft, die sich mit einem festen Wohnsitz identifizierte. Die Jahre um 1050 waren die Zeit, da sich der Adel »von ...« zu nennen begann. Die Orte, an denen solche Geschlechter wohnten, gaben ihren Familien Namen. Die adligen Wohnsitze befanden sich oft noch in Dörfern, aber zunehmend als Burgen auf den nächstgelegenen Anhöhen. Und man kann sagen, daß die Entstehung von Höhenburgen als exponierte Adelswohnungen die Ausbildung des neuen Geschlechterbewußtseins zusätzlich gefördert hat.

Nach dem Jahr 1050 erhielt der Hohentwiel, bisher weitgehend allein in solch luftiger Höhe, ganz allmählich Nachbarschaft und Konkurrenz durch andere Höhenburgen. Ein frühes Beispiel ist etwa die Nellenburg bei Stockach – 1056 erstmals genannt –, die eben den Grafen von Nellenburg ihren Namen gab. Die Nellenburger wurden, gestützt auf dieses Herrschaftszentrum, in der folgenden Zeit zu einer der beherrschenden Hochadelsfamilien des Raumes, der uns interessiert.

Die Nellenburger mochten einen Teil des Burkhardinger Erbes angetreten haben, am Hohentwiel waren sie indes nicht beteiligt. Nachdem Kaiser Heinrich II., der Neffe Hadwigs, um 1005 zuletzt eingegriffen und sich damit als »Handlungsberechtigter« ausgewiesen hatte, läßt sich die Besitzfrage des Hohentwiel für lange Jahrzehnte nicht mehr verfolgen. Was dann zum Vorschein kommt, als der Hohentwiel am Ende des 11. Jahrhunderts sozusagen aus der »Geschichtslosigkeit« auftaucht, ist allerdings eher dazu angetan, dem Historiker neue Probleme zu schaffen als alte Fragen zu beantworten.

Im Jahr 1079 starb auf dem Hohentwiel Adelheid, die Frau des schwäbischen Herzogs und Gegenkönigs Rudolf von Rheinfelden (1057–1080). Daraus hatte man früher voreilig den Schluß gezogen, der Hohentwiel müsse dem Rheinfeldener gehört haben. Seine Familie gehörte zu den neuen politischen Kräften am Hochrhein, seit 1057 Herzog von Schwaben, war er, durch die Unterstützung seiner politischen Freunde, etwa der Nellenburger, so mächtig geworden, daß er es als erster in der deutschen Geschichte wagen konnte, gegen einen gewählten König, den Salier Heinrich IV., anzutreten. Wie Rudolf allerdings in den Besitz des Hohentwiel gekommen sein sollte, blieb rätselhaft.

Eine Nachricht aus dem Jahr 1086 führt uns auf eine andere Spur. In diesem Jahr eroberten Truppen des Abtes Ulrich von St. Gallen den Hohentwiel aus der Hand Bertholds von Zähringen. Von ihrem Zentrum im Breisgau nahe Freiburg aus versuchten die Herzöge von Zähringen auch im Hegau Einfluß zu gewinnen. Schon zu Beginn des Jahrhunderts, möglicherweise noch unter Kaiser Heinrich II. (also vor 1024), waren sie zu Vögten, zu Schutzherren eben über das Kloster St. Georg in Stein am Rhein bestellt worden. Daraus ergibt sich eine mögliche Antwort auf die Frage, warum der Hohentwiel bis 1086 in der Hand Bertholds von Zähringen war: Als die Zähringer die Vogtei über St. Georg in Stein am Rhein erhielten, wurde ihnen möglicherweise der Hohentwiel überlassen, damit sie diesen Schutz auch wirksam ausüben konnten. Berthold von Zähringen (1078–1111) lebte mit den Grafen von Nellenburg in gutnachbarlichen Beziehungen. Wie die Rheinfeldener stammte er von Herzog Konrad I. (†997) von Schwaben ab, mehr noch, er war der Schwiegersohn des Herzogs und Gegenkönigs Rudolf von Rheinfelden. Und so wäre denn erklärt, warum König Rudolfs sterbenskranke Frau Adelheid, die in den militärischen Auseinandersetzungen der

Zeit von einer sicheren Burg am Rhein zur nächsten gebracht wurde, schließlich 1079 auf dem Hohentwiel ihrer Krankheit erlag.

Der Investiturstreit

Doch die Ereignisse um 1079 und 1086, die beiden einzigen Nachrichten vom Hohentwiel im 11. Jahrhundert, sollten wir nicht allzu schnell übergehen. 1079: Herzogin Adelheid stirbt auf dem Hohentwiel; 1086: Abt Ulrich von St. Gallen entreißt Herzog Berthold von Zähringen den Hohentwiel – Schlagzeilen, deren Hintergründe es näher zu beleuchten gilt. Die Recherche führt uns mitten hinein in eines der spannendsten Kapitel mittelalterlicher Geschichte, in den Investiturstreit.

Um das Jahr 1050 wurden einige Fragen an der Schnittfläche der geistlichen und der weltlichen Sphäre, die bisher wenig interessiert hatten oder bereits als gelöst galten, zum Problem. Gelehrte Männer der Kirche erhoben sich und wetterten in scharfen Streitschriften gegen die Priesterehe und Simonie (den Kauf geistlicher Ämter), damit allgemein gegen den Einfluß von Laien in kirchlichen Angelegenheiten. Besonders augenfällig erschien dieser Eingriff von Laien bei der Investitur, der Einsetzung der Bischöfe und Äbte durch den Kaiser. Und so wurde der Streit um die Investitur zum Ausdruck eines viel tiefer liegenden Konflikts: Es begann der Kampf um die Vorherrschaft zwischen Kaiser und Papst, *imperium* oder *sacerdotium*. Da mit der Ablehnung der Laieninvestitur das gesamte von Otto dem Großen geschaffene Reichskirchensystem in Frage gestellt wurde, war in dieser vordergründig theologisch geführten Auseinandersetzung ein politischer Machtkampf ersten Ranges angelegt.

Die Zentren der kirchlichen Reformbewegung waren die Klöster, die von den Ideen des französischen Klosters Cluny inspiriert waren. Im südwestdeutschen Raum gewann das Reformmönchtum in der Spielart der Hirsauer Reform einen bedeutenden Einfluß. Neben Hirsau (neugegründet 1075) zählten die Klöster St. Blasien im Schwarzwald (nach 1070 reformiert), Allerheiligen in Schaffhausen (1079–81 reformiert) und St. Georgen (1083 gegründet) zu den wichtigen Zentren dieser Bewegung.

Es ist bezeichnend für die Kraft dieser Bewegung, daß in der zweiten Hälfte des 11. Jahrhunderts nur noch Mönche französischer und lothringischer Reformklöster zu Päpsten gewählt wurden. Der Papst mit dem kompromißlosesten Reformprogramm war Gregor VII. (1073–1085), der zum großen Gegenspieler Kaiser Heinrichs IV. (1056–1106) wurde. Den Auftakt zur heißesten Phase des Investiturstreits bildete der sogenannte *Dictatus Papae*, eine Streitschrift, in der der Papst als unumschränkter Leiter der Universalkirche geschildert wurde. Er dürfe nicht nur Bischöfe, sondern auch den König absetzen, der in der rechten Ordnung der Welt unterhalb

Investiturstreit: Kaiser Heinrich IV. setzt Guibert von Ravenna als Gegenpapst ein und vertreibt Papst Gregor VII. aus Rom.

des Papstes rangiere. Der sakrale Charakter des Königtums wurde bestritten.

Da sich mit dieser Schrift 1073 der Streit um den sakralen Charakter des Königtums zur politischen Machtprobe entwickelte, war der Adel des Deutschen Reiches und waren die regionalen Machtträger zur Entscheidung aufgefordert. Obwohl der Investiturstreit ein Kampf gegen den Einfluß von Laien in kirchlichen Belangen war, wurden damals gerade auch Laien, Adlige und Bauern, von der Reformidee erfaßt. Es ging vielen um eine geistige Erneuerung, eine Spiritualität, die sich aber, wie so oft, bald ganz nüchtern und profan auf dem Schlachtfeld ausleben sollte.

Der deutsche Adel spaltete sich in zwei politische Lager, in eine päpstlich gesinnte Reformpartei und in eine kaisertreue Fraktion. Führer der Reformpartei in Südwestdeutschland waren eben die Grafen von Nellenburg, Berthold von Zähringen und Rudolf von Rheinfelden. Und der Hohentwiel war in jenen Jahren, zusammen mit anderen Herrschaftszentren im westlichen Bodenseeraum, eine der weltlichen Bastionen der gregorianischen Reform.

Als Papst Gregor VII. im Jahr 1076 Kaiser Heinrich IV. exkommunizierte und für abgesetzt erklärte, schlug der ideologische Streit um in kriegerische Auseinandersetzung. Die Reformpartei im deutschen Adel rief Rudolf von Rheinfelden in Forchheim zum Gegenkönig aus. Die Folge waren, da sich Heinrich IV. dem päpstlichen Verdikt nicht fügte, erbitterte bürgerkriegsähnliche Kämpfe im Reich, die mit dem Tod Rudolfs von Rheinfelden in der Schlacht bei Hohenmölsen 1080 endeten. Der Gegenkönig und Führer der Reformpartei hatte somit seine Frau Adelheid, die im Jahr davor auf dem Hohentwiel gestorben war, nur kurze Zeit überlebt.

Diese Niederlage der Reformpartei beendete die erste Phase des Investiturstreites. Heinrich IV. hatte Spielraum gewonnen, um persönlich in Italien einzugreifen. Er setzte Wibert von Ravenna als Gegenpapst auf den Stuhl Petri; Gregor VII. mußte Rom verlassen und starb 1085 im Exil. Der König hatte für dieses Mal über den Papst triumphiert. Doch die Kämpfe im Reich gingen weiter.

Bürgerkrieg am Bodensee

Die Chronisten der historischen Ereignisse jener Zeit lassen uns nicht nur oft im Stich, was die politischen und persönlichen Hintergründe bestimmter Auseinandersetzungen angeht; durch spärliche und vielfach widersprüchliche Überlieferung wird die Deutung der jeweiligen Mitteilung oft überaus schwierig. Infolgedessen gibt es fast ebensoviele Interpretationen über das damalige Schicksal des Hohentwiel, wie sich Forscher mit dieser Frage befaßt haben. Eines ist indes eindeutig: Es herrschte Aufruhr am Bodensee in jenen Jahren des Investiturstreits.

Der Bodenseeraum war zwar eine Hochburg der antikaiserlichen Reformpartei, trotzdem hatte Kaiser Heinrich IV. hier auch einen treuen und energischen Vertreter seiner Politik: Abt Ulrich von St. Gallen (1077–1121). Dessen direkter Gegenspieler war Abt Ekkehard von der Reichenau (1073–1088), mit dem er seit 1077 in Fehde lag. Da die Äbte der großen Reichsklöster samt und sonders hochadligen Dynastien entstammten, wurden die politischen Streitigkeiten des Adels öfters, und während des Investiturstreites in besonderem Maße, in die Klöster hineingetragen. Ekkehard von Reichenau gehörte nämlich dem reformfreundlichen Grafenhaus von Nellenburg an, Abt Ulrich von St. Gallen hingegen dem Kärntner Geschlecht von Eppenstein, das die kaiserliche Position unterstützte.

Was zunächst wie eine lokale Fehde zweier verfeindeter Abteien, St. Gallen und Reichenau, aussieht, erhält im Zuge der Ereignisse einen weiterreichenden politischen Charakter. Auf einer Romreise 1078 geriet Abt Ekkehard in die Gefangenschaft seiner Gegner. Kaiser Heinrich IV. nutzte die Gelegenheit, das Kloster Reichenau Abt Ulrich von St. Gallen zu übertragen, der nun als Vorsteher von zwei großen Reichsklöstern einen bedeutenden Machtzuwachs erfahren hatte. Dies konnten die Gegner des Kaisers nicht tatenlos geschehen lassen. 1079 traten der Herzog Welf und der Herzog Berthold von Zähringen auf den Plan und verwüsteten die Besitzungen St. Gallens im Breisgau, am oberen Neckar und in Oberschwaben. Nach der Rückkehr Abt Ekkehards aus Italien nahm er selbst Rache an seinem Gegner Ulrich: Viermal im Lauf der Jahre 1080 und 1081 bestürmte er die Abtei St. Gallen, nicht ohne die nähere Umgebung des Klosters nachhaltig zu verheeren.

Man muß an dieser Stelle vielleicht erwähnen, daß dieses der christlichen Nächstenliebe an sich widersprechende Kriegshandwerk der Mönche im Mittelalter durchaus üblich war. Da die Bischöfe und Reichsäbte seit karolingischer Zeit mit weltlichen Funktionen ausgestattet waren, verfügten sie über adlige Schutzherren und ritterliche Dienstmannen, mit denen sie ihren Reichsheeresdienst leisteten. Diese Militärmacht befähigte sie zur Verteidigung ihres Klosters, aber auch zu den hier beschriebenen Rachefeldzügen. Daß sich in solchen Kriegszügen gelegentlich die Äbte selbst an die Spitze ihrer Streitmacht stellten, bildet (vielleicht) ein theologisches Problem, mit dem wir uns nicht zu befassen haben.

Die erste Phase der bürgerkriegsähnlichen Kämpfe endete, wie gesagt, mit dem Tod des Gegenkönigs Rudolf von Rheinfelden 1080. Doch die Auseinandersetzungen waren damit nicht beigelegt. Wenige Jahre später entflammten die Kämpfe von neuem in einem Konflikt, bei dem reichspolitische Verwicklungen von privaten Rivalitäten nicht leicht zu scheiden sind.

Die Zähringer waren, nachdem sie in ihrem Anspruch auf das schwäbische Herzogtum übergangen worden waren, 1061 mit dem Herzogtum Kärnten belehnt worden, doch die Herren von Eppenstein hinderten sie an der Inbesitznahme Kärntens. So schmückten sich die Zähringer zwar mit dem Titel eines (kärntischen) Herzogs, aber das Land, auf das sich der Titel bezog, blieb ihnen verwehrt. Und nun saß ausgerechnet ein Angehöriger des verhaßten Eppensteiner Geschlechts auf dem Abtstuhl von St. Gallen! Ein Gegengewicht konnten die Zähringer schaffen, als es ihnen 1084 gelang, Gebhard von Zähringen, den Bruder Bertholds, als Bischof von Konstanz durchzusetzen (1084–1110). Bischof Gebhard sollte nach dem Tod des Reichenauer Abts Ekkehard von Nellenburg 1088 die geistige Führung der Reformpartei am Bodensee übernehmen. Aber auch der Gegner Ulrich von St. Gallen erfuhr eine weitere Stärkung, als er 1086 zum Patriarchen von Aquileja in Italien ernannt wurde.

So standen die Dinge, als Heinrich IV., seit 1084 mit dem Kaisertitel gestärkt, im Jahr 1086 seinen Feldzug begann, um die im vorangegangenen Krieg dem Königtum entfremdeten Güter wieder einzuziehen. Weit davon entfernt, sich mit seinem neuen Machtzuwachs in Italien zufriedenzugeben, griff Ulrich von St. Gallen noch im selben Jahr im Hegau ein. Es gelang ihm offensichtlich kampflos, die Besatzung des Hohentwiel zur Übergabe der Festung zu bewegen. Damit hatte er nicht nur für die kaiserliche Partei eine wichtige Bastion erobert, sondern auch einen persönlichen Sieg über Berthold von Zähringen errungen, der bis dahin über den Hohentwiel geherrscht hatte.

Die Motive dieser Eroberung des Hohentwiel durch den St. Galler Abt sind nicht restlos zu klären. Sicher machte der Abt königliche Ansprüche geltend, denn Berthold von Zähringen hatte als Abtrünniger seine Rechte verwirkt. Hans Jänichen hat zusätzlich darauf aufmerksam gemacht, daß die

Der König schickt seine Truppen in den Kampf: Kriegsszenen aus dem 11. Jahrhundert.

Eppensteiner möglicherweise als Nachkommen des früheren schwäbischen Herzogs Hermann II. († 1003) Erbansprüche auf die Festung haben konnten. So sind die politischen und die persönlichen Gründe dieser Eroberung schwer zu trennen.

Jedenfalls war die Position der Zähringer im Hegau durch den Verlust des Hohentwiel schwächer geworden. Es sieht auch nicht so aus, als hätten sie versucht, die Burg zurückzugewinnen, obwohl Berthold von Zähringen noch im selben Jahr in einem Rachefeldzug vor St. Gallen gezogen ist. Nach dem unglücklichen Ende dieser Auseinandersetzungen verfolgte Berthold eine andere Politik. Seit 1092 strebte er den schwäbischen Herzogstitel an, um dadurch in der Nachfolge seines Schwiegervaters Rudolf von Rheinfelden die Vormacht in Schwaben zu erlangen. Nachdem jedoch seine Bemühungen gegen Herzog Friedrich I. (1079–1105) nach Jahren der Konfrontation in einer fruchtlosen Patt-Situation gemündet waren, ließ er sich 1098 auf einen Vergleich mit dem Staufer ein: Er erkannte Friedrich als Herzog von Schwaben an, und dieser überließ Berthold den südwestlichen Teil Schwabens als zähringische Interessensphäre. Berthold wandte sich fortan dem Ausbau seiner Macht am Oberrhein und in Burgund zu. Durch seinen Bruder, den Bischof Gebhard III. von Konstanz, war er jedoch weiterhin im Hegau präsent.

Schaffhausen 1087

Die geschilderten militärischen Auseinandersetzungen hatten die Anhänger der kirchlichen Reformbewegung erst richtig aneinander gebunden, sie erst zu einer »Partei« gemacht. Doch die Kämpfe von 1077 bis 1086 hatten die Kräfte erschöpft, und durch das Erstarken Kaiser Heinrichs IV. waren ihre Erfolgsaussichten in Frage gestellt. Nachdem 1086 der Hohentwiel, militärische Bastion der Reformpartei, gefallen war, trat diese nicht zum militärischen Gegenschlag an, sondern schritt zur – sagen wir: inneren Sammlung. Am 2. Juni 1087 fand in Schaffhausen eine denkwürdige Versammlung statt. Graf Burkhard von Nellenburg erneuerte an diesem Tag seine Schenkungen an das Kloster Allerheiligen und bestätigte dessen Freiheiten. Als Zeugen für diesen Rechtsakt bot er nicht weniger als vierzig Vertreter aus Adel und Geistlichkeit auf.

Das Kloster Allerheiligen bei Schaffhausen war 1050 von den Vorfahren Burkhards von Nellenburg als Eigenkloster gegründet worden. Mit seiner Hinwendung zu den Ideen der Hirsauer Reformbewegung hatte Burkhard das Kloster durch Abt Wilhelm von Hirsau persönlich zwischen 1079 und 1081 reformieren lassen. Schließlich hatte er es aus seiner persönlichen Verfügung in die Freiheit entlassen: ernstgenommener Anspruch eines Laien, sich aus den inneren Angelegenheiten einer geistlichen Gemeinschaft

Klosterkirche Allerheiligen, erbaut um 1087

herauszuhalten. Allerheiligen wurde damit zum geistigen Zentrum der Reformbewegung im westlichen Bodenseeraum und war somit geeigneter Treffpunkt für alle, die es mit der Reform der kirchlichen Verhältnisse im Reich ernst meinten.

Die illustre Schar versammelte sich an diesem Frühsommertag 1087 im Schatten einer der größten Baustellen, die es damals im weiten Umfeld gab. Denn das erst 36 Jahre alte Kloster war bereits zu klein geworden, täglich waren hier 300 Menschen zu speisen; und der Anspruch auf Erneuerung des klösterlichen Lebens im Sinne der gregorianischen Reform erforderte ein neues Bauwerk, das die Ideen dieser Reform ausdrückte. Und so sahen die Teilnehmer jenes Treffens auf die romanischen Säulen und Mauern eines gewaltigen Klosterbaus, jenes Klostergebäudes, das noch heute die Altstadt Schaffhausens überragt und das einen eigenständigen Platz einnimmt in der sakralen Architektur jener Zeit. Zur gleichen Zeit entstanden anderswo weitere Denkmäler der Reformbewegung: die Bischofskirche in Konstanz (1089 geweiht), die Peter-und-Pauls-Basilika in Hirsau (1091 geweiht), die Klosterkirche Alpirsbach (1099 (?) geweiht), das zweite Münster in St. Blasien (1104 geweiht).

Die sich da vom architektonischen Denkmal ihrer eigenen Bestrebungen überzeugen konnten, waren der Bischof Gebhard von Konstanz, die Äbte Wilhelm von Hirsau, Siegfried von Allerheiligen, Heinrich von St. Georgen und Dietrich von Petershausen, ferner die Herzöge Berthold von Rheinfelden (der Sohn Rudolfs war 1079–90 schwäbischer Gegenherzog), Welf und Berthold von Zähringen, schließlich weitere 32 adlige Herren aus dem weiten Umkreis des Bodensees. Sie bestätigten hier vordergründig den Besitzstand und die Freiheiten des Klosters Allerheiligen, aber die Zusammensetzung der Gesellschaft zeigt, daß es sich um eine Versammlung der Reformpartei handelte. Welche Gedanken ausgetauscht wurden, wie etwa der Verlust des Hohentwiel im vorausgegangenen Jahr bewertet wurde, ist nicht überliefert. Es scheint aber so, als wäre mit dieser Versammlung ein Schlußstrich unter die militärischen Auseinandersetzungen gezogen worden.

Die Interessen der in Schaffhausen Versammelten waren durchaus nicht homogen; allen gemeinsam dürfte allenfalls die geistig-kirchliche Erneuerung gewesen sein. Die Bereitschaft zu militärischen Unternehmungen lag dagegen einseitig nur im Interesse der politisch Ambitionierten wie der Zähringer. Und diese wurden, da sie im Streben um lokale Machtvorteile wieder in Konkurrenz zu anderen standen, nicht von allen unterstützt; besonders die kleineren Adligen hatten in den immerwährenden Kämpfen kaum etwas zu gewinnen, aber alles zu verlieren. Hinzu kommt, daß der Investiturstreit nach dem Tod des Papstes Gregor VII. (1085) etwas versöhnlichere Formen annahm. Papst Urban II. (1088–1099) versuchte schließlich die zerstrittenen Parteien durch seinen Aufruf zum Kreuzzug 1095 auf ein

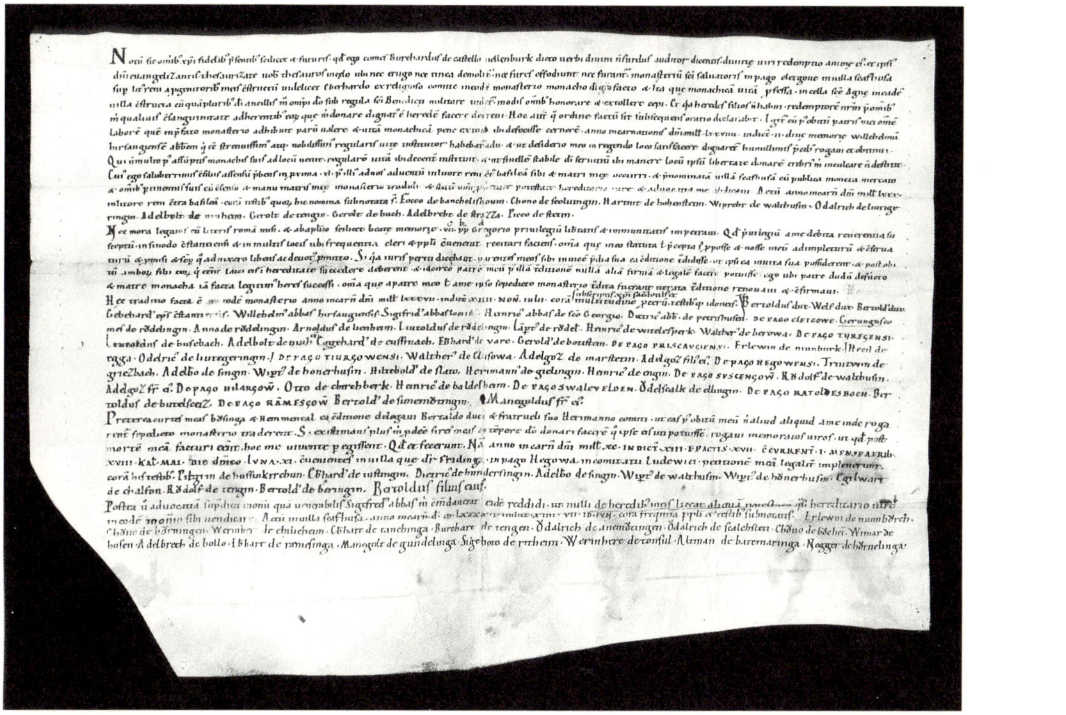

Sammelurkunde mit Privilegien der Grafen von Nellenburg für das Kloster Allerheiligen in Schaffhausen. In der Mitte die Urkunde von 1087 mit denTeilnehmern der Schaffhauser Versammlung, darunter Adelbero von Singen. Original im Staatsarchiv Schaffhausen.

fremdes, allen gemeinsames Ziel zu lenken und eröffnete damit dem abendländischen Adel tatsächlich einen Weg, sich dem Machtgerangel in der Heimat zeitweilig zu entziehen. Der Streit um das Verhältnis von Papsttum und Königtum wurde indes mit der spitzen Feder fortgeführt und sollte erst nach Jahrzehnten im Wormser Konkordat von 1122 zu einer Lösung kommen.

Die Herren von Singen und Twiel

An dem Schaffhausener Treffen vom 2. Juni 1087 nahm auch ein gewisser Adelbero von Singen teil. Der Schreiber der Urkunde, die dort ausgestellt wurde, hielt seinen Namen neben anderen Vertretern des Hegauadels fest. Adelbero ist der älteste (uns bekannte) Angehörige des Adelsgeschlechts der Herren von Singen, die uns von nun an häufiger, aber leider nicht häufig genug in den Quellen begegnen. Die Nachrichten sind zu spärlich, als daß eine Stammtafel der Familie angefertigt werden könnte, und die kurze Geschichte des Geschlechts ist insgesamt mit zahlreichen offenen Fragen behaftet. Jedenfalls kehren wir mit Adelbero von Singen wieder zurück in die nähere Umgebung des Hohentwiel.

Das Auftreten der immer zahlreicher werdenden Adelsgeschlechter um die Mitte des 11. Jahrhunderts verdeutlicht die Zunahme an lokalen adligen Machtträgern, die zueinander in immer stärkere Konkurrenz traten. Jeder bedeutendere Ort »entwickelte« im Lauf der folgenden Jahrzehnte einen eigenen Adel, und die betreffenden Ortsnamen wurden zuerst zu Herkunftsbezeichnungen, dann zu Familiennamen der entsprechenden Geschlechter. Indem man nun die Geschlechter von A, B und Z als getrennte Familien voneinander scheidet, übersieht man andererseits leicht, daß sie in der Zeit vor der doppelten Namensführung (vor 1050) möglicherweise über einen gemeinsamen Großvater verwandt sein können. Man kann generell voraussetzen, daß all jene Adelsgeschlechter des 11. Jahrhunderts, die sich wie die Herren von Singen als »nobiles«, als Edelfreie, bezeichnen, genealogisch irgendwie vom Hochadel der ottonischen Zeit abstammen, ohne daß wir die Abstammungslinien im einzelnen immer verfolgen können. Oft sind es Seitenlinien alter Grafenhäuser, die, ohne die herrschaftlichen Befugnisse ihrer gräflichen Verwandten, zusätzlich durch Erbteilungen in ihren wirtschaftlichen Grundlagen beschränkt, zu nur lokalen Machtträgern wurden. (Eine solche Vorgeschichte zeichnete Eberhard Dobler etwa für die Herren des unweit des Hohentwiel gelegenen Ortes Friedingen nach, die sich letztendlich von der Herzogsfamilie der Burkhardinger herleiten lassen.)

Die Herkunft der Herren von Singen liegt im dunkeln, sie waren allerdings mit verschiedenen Familien des freien Adels im Hegau verwandt oder verschwägert. Eine Verwandtschaft mit den Herren von Engen ist wegen der gemeinsamen Vorliebe für den Namen Adelbero und wegen einer Besitznachbarschaft im Dorf Wiechs am Randen wahrscheinlich. Hans Jänichen hat wegen des gleichen Vornamenbestandes sogar eine Verwandtschaft der Herren von Singen mit den Eppensteinern erwogen, und damit sind wir mitten in der Problematik um die Singener Ortsherren.

Wenn die Herren von Singen tatsächlich in den Verwandtenkreis der Grafen von Eppenstein gehörten, dann machte ihr erstes Auftreten in Singen 1087 – ein Jahr nach der Einnahme des Hohentwiel durch den St. Galler Abt Ulrich von Eppenstein – Sinn; ihnen war durch diese Eroberung ein Betätigungsfeld eröffnet worden. Dieser Deutung steht allerdings entgegen, daß die Singener mehrfach in ihrer Geschichte (1087, 1100 und 1102) in Schaffhausener Urkunden neben den Zähringern vorkommen, die wieder erbitterte Gegner der Eppensteiner waren. Nach Ausweis dieser Urkunden waren die Herren von Singen, vorsichtig formuliert, Gönner des Klosters Schaffhausen und damit der kirchlichen Reformbewegung wohlgesonnen. Doch zum »politischen Flügel« dieser Bewegung zählten sie offensichtlich nicht;

lange Zeit sind sie, was die Parteiungen im Investiturstreit angeht, als neutral einzustufen. Erst nach Beendigung des Investiturstreits (nach 1122) befindet sich ein Eberhard von Singen einmal eindeutig in der Gesellschaft zähringischer Parteigänger; erst danach kann man die Singener, am östlichen Rand der zähringischen Interessensphäre, zu deren Gefolgschaft rechnen. So mag schon das Auftreten der Herren von Singen zusammen mit den Reformern eine Verwandtschaft mit den kaisertreuen Eppensteinern fragwürdig machen.

Die politischen Ereignisse, die sich am Ende des Investiturstreits um St. Gallen und den Hohentwiel abspielten, komplizieren die Einschätzung der Rolle der Herren von Singen noch zusätzlich. 1121 war der alte Kontrahent der Zähringer, Abt Ulrich von St. Gallen, gestorben. Als Nachfolger hatte er einen Mitbruder namens Heinrich von Twiel aufgebaut, von dem er wußte, daß er seine kaisertreue Politik fortführen würde. Heinrichs Wahl zum Abt im Jahr 1122 wurde auch sogleich vom Kaiser bestätigt, doch sein Glück währte nicht lange. Schon bald nach der Wahl rückte Herzog Konrad von Zähringen (1111–1152) mit einem Heer von 600 Mann vor St. Gallen und präsentierte dem Kloster seinen Günstling Manegold von Mammern als Gegenabt. Der St. Galler Konvent war gespalten, angesichts der waffenstrotzenden Argumente wurde Manegold zum Abt gewählt, während Heinrich von Twiel über den Bodensee auf die Burg Zeil in Oberschwaben floh.

Dieser Abt Heinrich von Twiel stellt die Forschung vor ein Problem. Wir wissen, daß die Herren von Singen nach dem Jahr 1122 Herren von Twiel wurden: Eberhard und Adelbero nannten sich bis 1122 »von Singen«, später »von Twiel«. Der Grund dürfte eine Wohnsitzverlagerung der Familie vom Dorf Singen auf die Burg Twiel sein, die dem Geschlecht den neuen Namen gab. Problematisch wird nun die Zuordnung des vertriebenen St. Galler Abtes Heinrich von Twiel. Entweder gehörte er der Familie von Singen an, die seit etwa 1122 auf dem Twiel residierte: als aus der Art geschlagener Sproß eines Geschlechtes, das sonst pro-zähringisch war (diese Ansicht vertritt Jänichen). Oder er gehörte nicht zu dieser Familie, sondern zu einem kaisertreuen Geschlecht, das bis etwa 1122 unter dem Schutz der Eppensteiner auf dem Twiel saß und dann, nach dem Eingreifen der Zähringer, durch die Herren von Singen ersetzt wurde (so sieht es Karl Schmid). Daran wäre allerdings merkwürdig, daß wir von diesem früheren Geschlecht von Twiel außer in der Person des unglücklichen Abtes Heinrich keine Kunde hätten.

Wie dem auch sei, irgendwann nach 1122 packten die Herren von Singen in ihrem befestigten Hof, der sich möglicherweise in Niedersingen, dem späteren Niederhofen, befand, ihre Truhen, um etwa 250 Meter höher auf dem Hohentwiel Quartier zu beziehen. Ein Umzug, der für die Singener Ortsherren vermutlich einen gesellschaftlichen Aufstieg bedeutete, für ihren Wohnsitz aber, die Feste Hohentwiel, einen Bedeutungsverlust. Zum ersten

Mal sind die Hausherren nicht mehr Adelige mit reichspolitischem Einfluß, sondern mit nur lokaler Machtfülle und Reichweite.

Völlig ungeklärt ist, mit welchem Rechtsstatus die Herren von Singen auf dem Twiel wohnten. Wenn Jänichen recht hat, der die Besitzabfolge der Burg eher privatrechtlich sieht und der die Herren von Singen als Verwandte der Eppensteiner betrachtet, dann wäre der Hohentwiel jeweils als Eigengut von Herzog Hermann II. († 1003) über die Eppensteiner als dessen Teilerben schließlich an die Herren von Singen-Twiel gelangt. Diese Sicht vernachlässigt – abgesehen von der unbewiesenen Verwandtschaft Eppenstein-Singen – die reichsrechtlichen Ansprüche auf die Burg. Es hat eher den Anschein, als sei der Hohentwiel seit dem Tod Hadwigs 994 immer in der Verfügungsgewalt des Königtums gewesen; die Zähringer hätten ihn dann bis 1086 lediglich als Reichslehen, nicht als Eigengut besessen. Seine Einnahme durch Abt Ulrich von St. Gallen 1086 kann man problemlos als Einzug eines verwirkten Reichslehens im Auftrag des Königs interpretieren. Daß unterhalb dieser reichsrechtlichen Ebene private Erbansprüche im Spiel waren, daß also die Eppensteiner wußten, sie könnten aufgrund naher Verwandtschaft zu früheren Inhabern des Berges ebensogut auf dem Twiel sitzen als die Zähringer, das mag immer als zusätzliches Motiv dazugekommen sein. Wichtig ist jedenfalls, daß die Zähringer 36 Jahre lang (von 1086 bis 1122), nichts gegen die Einnahme des Hohentwiel durch Ulrich von Eppenstein unternahmen, was verwundern würde, wenn ihnen die Burg tatsächlich als Allod, als freies Eigen, gehört hätte.

Erst 1122 rächte Konrad von Zähringen die Niederlage seines Vaters Berthold von 1086. Möglicherweise erlangten die Zähringer wieder Einfluß auf den Hohentwiel, nachdem die kaisertreuen Parteigänger im Kloster St. Gallen beseitigt waren. Vielleicht bahnte sich eine Lösung des Konflikts im Sinne eines Kompromisses an: Weder die Eppensteiner noch die Zähringer sollten den Hohentwiel innehaben, sondern ein Adelsgeschlecht, das eher neutral geblieben war in den Auseinandersetzungen, wenn auch mit einer gewissen Annäherung an die zähringische Partei. Damit hätten sich die Zähringer einen gewissen Einfluß auf den Gang der Dinge im Hegau bewahrt. Der Hohentwiel könnte im Zuge dieses Kompromisses sogar in das Eigentum des Herren von Twiel entlassen worden sein; da seit dem Jahr 1000 kein König oder Kaiser mehr auf der Feste abgestiegen war, scheint das Reich kein Interesse mehr an ihr gehabt zu haben. Ganz von der Hand zu weisen ist eine solche Lösung nicht; zu erinnern wäre an das Beispiel Singens fast genau 200 Jahre zuvor: Im Jahr 920 hatte, wie oben geschildert, König Heinrich I. auf Bitten Herzog Burkhards II. den königlichen Gerichtsort Singen in das Eigentum eines gewissen Babo entlassen. Könnte sich eine vergleichbare Allodisierung von Reichsgut nach 1122 nicht auch auf dem Hohentwiel abgespielt haben? Aus der späteren Entwicklung jedenfalls ist wahrscheinlich, daß die Herren von Twiel die Burg zu freiem Eigen besaßen.

Das Jahr 1122 erlebte noch einen anderen Kompromiß, einen von weltgeschichtlicher Bedeutung: Im Wormser Konkordat fand der Investiturstreit seinen Abschluß. Durch die scholastische Unterscheidung von *Temporalia* (das sind die verliehenen weltlichen Güter eines geistlichen Würdenträgers) und *Spiritualia* (das sind seine geistlichen Würden) einigten sich Kaiser Heinrich V. und Papst Calixt II. auf einen Ausgleich in der Frage der Investitur. Der König verzichtete fortan auf die Investitur mit Stab und Ring; er sollte bei der Abtswahl nur anwesend sein und dem Kandidaten zwischen Wahl und Weihe die Temporalia durch das Szepter verleihen. Heinrich von Twiel übrigens wurde 1122 als erster Abt eines Reichsklosters nach den Bestimmungen des Wormser Konkordats investiert. Seine Vertreibung durch Konrad von Zähringen belegt indes, daß auch nach dem Konkordat Realpolitik anderen Regeln folgte als denen mühsam errungener Kompromisse.

Die Burg Twiel im hohen Mittelalter

Für das hohe Mittelalter die Frage nach dem Aussehen der Burg Twiel zu stellen, heißt sich erneut einzugestehen, daß wir darüber kaum etwas Gesichertes wissen. Nicht nur daß wir keinerlei beschreibenden Bericht von der Burg haben, der Hohentwiel als Gebäude im weitesten Sinn wird in den ersten 400 Jahren seines Bestehens (zwischen 915 und 1300) insgesamt nur ganze fünf Mal (!) überhaupt erwähnt: 915 als *castellum tviel*, 1000 als *castrum quod dicitur Duellum*, 1079 als *castellum Duellum*, 1086 als *munitium Tivela* und, indirekt, als *urbs*, 1300 schließlich als *burg*.

Diese dürftigen Belege zeigen zwar, daß es seit dem frühen Mittelalter eine burgartige Anlage namens Tviel gab, lassen aber bei nüchterner Betrachtung eine Vielzahl von Fragen zu, etwa die von Günter Restle aufgeworfene, ob diese Anlage von Anfang an eine Höhenburg war oder sich nicht vielmehr ursprünglich in bequemerer Hanglage am Fuß des Berges befunden haben könnte. Sind wir oben schon einigen Argumenten Restles entgegengetreten, so ist hier der Ort, sich mit einem weiteren Argument auseinanderzusetzen.

Für Restle ist die Umbenennung der Herren »von Singen« in Herren »von Twiel« zwischen 1122 und 1135 Indiz für die Neuanlage einer Höhenburg dieses Namens. Und die Zeitverhältnisse scheinen zunächst Restles Ansicht zu stützen. Das 12. Jahrhundert ist eine Zeit des Burgenbaus, viele Geschlechter erhoben sich damals über ihre Dörfer und errichteten auf den nächstgelegenen Bergen Burgen. So wurden die Herren »von Geisingen« zu Herren »von Wartenberg« (um 1090) und die Herren »von Engen« zu Herren »von Hewen« (um 1170). Nur gilt diese Analogie nicht für den Hohentwiel, insofern es auf dem (oder am) Hohentwiel seit 914 tatsächlich – im Gegensatz etwa zum Hohenhewen – einen Verteidigungs- und Wohnkomplex gab, der Twiel hieß. Der Namenswechsel der Herren »von Singen« in »von Twiel« war nötig, weil diese ihren Wohnsitz vom Dorf Singen auf (oder an) den bereits befestigten Twiel verlegt hatten. Ein zwingendes Argument für die Neuanlage einer Burg Twiel in Höhenlage ist damit noch nicht gewonnen.

Schwerer wiegt da Restles Beobachtung, daß die älteste Bausubstanz, die man in den heutigen Ruinen findet, ins 12. Jahrhundert, also gerade in die Zeit des »Aufstiegs« der Herren von Twiel, zu datieren ist; diese mittelalterliche Bausubstanz »sichtbar« gemacht zu haben, ist Restles Verdienst. Doch selbst wenn seine Beobachtungen eines Tages durch eine archäologisch-baugeschichtliche Analyse gesichert und zeitlich präzisiert werden, hätten wir noch immer keinen Beweis, daß eine solche Anlage des 12. Jahrhunderts die erste gewesen wäre, die je auf dem Gipfel des Hohentwiel gestanden hätte. Wie wir aus der frühmittelalterlichen Siedlungsarchäologie wissen, wurden »Häuser« in der Regel alle 30 bis 40 Jahre verändert; jede Generation richtete sich nach ihren jeweiligen Bedürfnissen und Möglichkeiten neu ein. Das trifft sogar auf Sakralbauten zu (wir haben gesehen, daß das Kloster Allerheiligen bei Schaffhausen nach nur 36 Jahren schon durch einen Neubau ersetzt wurde). Und das gilt natürlich auch für Burgen. Es ist durchaus wahrscheinlich, daß die Herren von Singen, bevor sie den Twiel bezogen, diesen ihren Bedürfnissen entsprechend und im Stil der Zeit erneuert haben. Es ist letztlich das Dilemma von Restles Hypothese, daß sie aufgrund der vorhandenen Quellen schlechterdings weder zu beweisen noch zu widerlegen ist. Solange uns jedoch die Archäologie keine klärenden Erkenntnisse an die Hand gibt, hindern uns Restles Argumente nicht, an der Vorstellung festzuhalten, die Höhenburg Twiel habe von Anfang an bestanden.

Was läßt sich nun über die Burg Twiel im 11. Jahrhundert, zur Zeit der Zähringer sagen? Das *castellum* Twiel, das die Herzogin Adelheid 1079 aufsuchte, muß so ausgestattet gewesen sein, daß es einer der ersten Frauen des Reiches sicheren Schutz und angemessenen Komfort bot. Die Wohnverhältnisse dürften damals nicht schlechter gewesen sein als hundert Jahre zuvor, zu Zeiten der Herzogin Hadwig. Den zuverlässigen Wehrcharakter dieser Anlage scheinen die Nachrichten des Jahres 1086 zu beschreiben, wenn vom Hohentwiel als der *munitio* Bertholds von Zähringen die Rede ist, also von seiner Befestigung oder »Festung«. Die Tatsache, daß Abt Ulrich von St. Gallen die Burghut durch List oder Überredungskunst zur Übergabe des Twiel bewog, mag vielleicht andeuten, daß er eine militärische Einnahme der Anlage für schwierig hielt. Die Leute, die ihm die Burg übergaben, werden *urbani*, Burgbewohner genannt, wobei das lateinische Wort *urbs* damals eine ziemlich ausgedehnte Verteidigungsanlage bezeichnete. Damit haben wir zugleich erstmals einen Hinweis auf eine Besatzung des Hohentwiel.

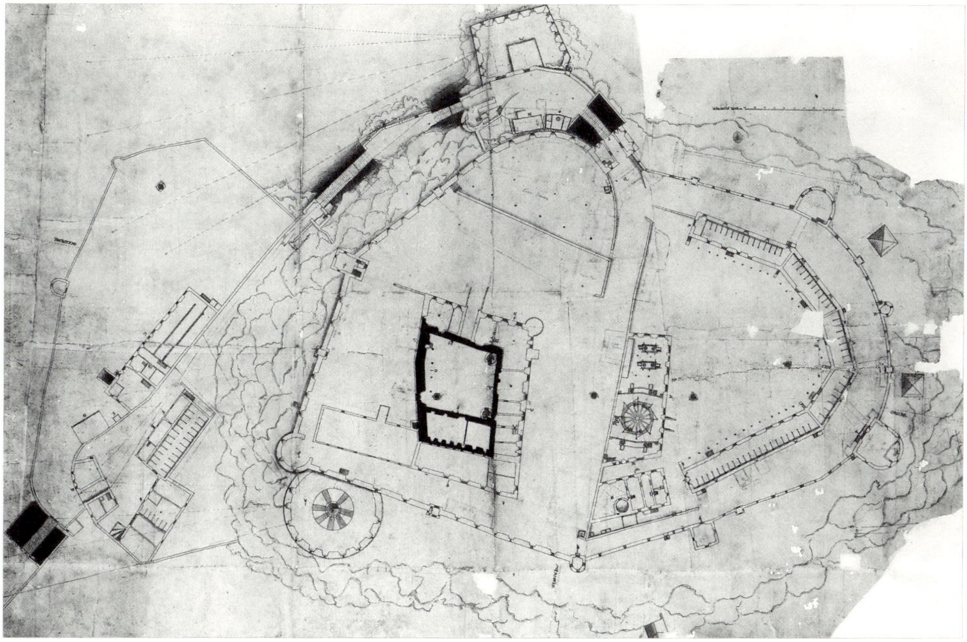

Vermutlich ältester Baubestand der Burg Hohentwiel, hervorgehoben im Schickhardtschen Grundriß von 1591.

Wie der Hohentwiel dann 50 Jahre später, zur Zeit der Herren von Twiel, aussah, davon können wir uns endlich eine recht genaue Vorstellung machen. Die Burg des 12. Jahrhunderts bestand (nach Restle) aus einer unregelmäßigen, rechteckigen Anlage von etwa 30 × 23 m, die wenigstens zwei Geschosse hoch aufragte. Die so beschriebene Anlage mit ihren bis zu 2,50 m starken Mauern bildete wohl während des gesamten Mittelalters den Kern der Burg Hohentwiel; im 16. Jahrhundert ist sie dann in der württembergischen Herzogsburg aufgegangen, die sie zu einem dreiflügeligen Renaissanceschloß erweiterte. Daß die mittelalterliche Burg keinen Bergfried hatte, mag vielleicht damit erklärt werden, daß sie auf dem höchsten Felsplateau des Berges errichtet war und somit genügend Aussicht bot; ohne einen solchen Turm machte der Hohentwiel indes nicht den Eindruck jener typischen stauferzeitlichen Burgen, wie sie im Lauf des 12. Jahrhunderts überall auf den Höhen des Landes entstanden.

Die Burgenlandschaft Hegau entsteht

Wenn der edle Heinrich von Twiel – sagen wir im Jahr 1200 bei schöner Fernsicht Anfang September um die Mittagszeit – den oberen Wehrgang seiner Burg bestieg, sah er Burgen, soweit das Auge reichte. Gab es im 10. Jahrhundert nur wenige königliche oder herzogliche Burgen im Land, so begannen um die Mitte des 11. Jahrhunderts mächtige Grafenfamilien erste Höhenburgen zu errichten: Die Nellenburg wird 1056 erstmals erwähnt. In einem gewissen zeitlichen Abstand folgen einflußreiche edelfreie Herren ihrem Beispiel. Die Herren von Geisingen sind um 1090 auf den Wartenberg gestiegen. Die Tudoburg bei Honstetten, der Hohenstoffeln und der Turm bei Aach (um 1100) sind die ältesten Adelsburgen der näheren Umgebung. Nach der Mitte des 12. Jahrhunderts geht es dann Schlag auf Schlag. Die nahe Homburg ist 1162 erstmals belegt. Die Herren von Engen beziehen vor 1174 den Hohenhewen. Um dieselbe Zeit entstehen weiter entfernt der Fürstenberg (1175 genannt) und in größerer Nähe Burg Langenstein (1174 genannt). In der nächsten Nachbarschaft sehen die Hohentwielbewohner vor 1190 den Hohenkrähen aus dem Felsen wachsen; zu ihm und seinen Bewohnern, den Herren von Friedingen, mußte der Hohentwiel zwangsläufig in eine gewisse schicksalhafte Beziehung treten, die uns noch beschäftigen wird. Ebenfalls noch ins späte 12. Jahrhundert fallen die Anlagen der Nachbarburg Staufen oberhalb des Dorfes Hilzingen und der Burg Hohenklingen über Stein am Rhein. Diese beiden Burgen sind wohl Gründungen der Zähringer und dienten somit im 12. Jahrhundert wie der Hohentwiel zur Absicherung von deren Interessen im Hegau. Zu Beginn des 13. Jahrhunderts gesellten sich schließlich noch zwei weitere Burgen in diesen Reigen von Befestigungsanlagen, die Burg Mägdeberg über Mühlhausen und das Friedinger Schlößle. Der Hohentwiel befand sich damit bis zum Ende der staufischen Epoche in (nicht immer) guter Nachbarschaft von wenigstens 14 Burgen, die dem Hegau den Charakter einer Adelslandschaft ersten Ranges verliehen.

Aber was ist aus den Herren von Twiel und ihrer Burg in dieser Zeit geworden? Ihr Ende ist so mysteriös wie ihr erster Auftritt auf der politischen Bühne 150 Jahre zuvor. Ja, es ist nicht einmal sicher, daß jene Träger des Namens »von Twiel«, die wir im 13. Jahrhundert kennen, noch dem früheren Geschlecht der Herren von Singen-Twiel angehören. Im 12. Jahrhundert begegnet uns letztmals ein Eberhard von Twiel 1152 im Umfeld der Zähringer, dann tritt eine 50jährige Überlieferungslücke ein. Um 1200 kennen wir dann einen weiteren Eberhard, 1212 einen Heinrich und 1214 einen Gebizo von Twiel. Mag sein, daß die Twieler Herren bis in diese Zeit zum Gefolge der Zähringer zählten, ihre Aktivitäten betreffen allerdings nur die nähere Umgebung um den Hohentwiel. Vielleicht bedeutete das Ende der Zähringerdynastie 1218 auch einen Wendepunkt in der Geschichte des Geschlechts. Ein edler Heinrich von Twiel, vielleicht derselbe wie 1212, begegnet uns 1230 als Bürger des nahegelegenen Städtchens Dießenhofen, darin könnte sich eine allmähliche Loslösung dieser Familie vom Hohentwiel anzeigen. Eberhard Dobler identifiziert diesen Heinrich sogar mit einem gewissen Heinrich von Rosenegg und vermutet, daß die Twieler in dem Rittergeschlecht von Rosenegg fortlebten, das sich auf einem kleineren Nachbarberg des Hohentwiel um die Mitte des 13. Jahrhunderts eine Burg errichtet hat.

Was inzwischen aus dem Hohentwiel geworden war, zeigte sich erst einige Jahrzehnte später, als sich ein Junker Ulrich von Klingen 1267 in einer Urkunde als »von Twiel« zu erkennen gab. Wie die Herren von Klingen in den Besitz des Twiel kamen, ob durch Verschwägerung mit den Herren von Twiel und damit durch Erbschaft oder etwa durch Kauf, bleibt im dunkeln. Interessant ist immerhin, daß die Klingener ebenfalls im Dienst der Herzöge von Zähringen gestanden hatten und deren Nachfolger in der Vogtei über das Kloster Stein am Rhein wurden. Insofern mußten die Klingener schon im 12. Jahrhundert aus »dienstlichen« Gründen mit den Herren von Twiel Kontakt gehabt haben. Und dieser gesellschaftliche Verkehr könnte sie in die Lage gesetzt haben, sich beim Niedergang des Twieler Herrengeschlechts in den Besitz des Hohentwiel zu bringen. Ob dies schon beim Aussterben der Zähringer um 1218 geschah oder später, ist aufgrund der lückenhaften Urkundenüberlieferung jener Zeit nicht zu klären.

Wichtig ist für uns jedenfalls die Information, daß den Herren von Klingen der Hohentwiel als freies Eigen gehörte. Dies erfahren wir nämlich im Jahr 1300, als Ulrich von Klingen seine Burg Twiel um 940 Mark Silber an Albrecht von Klingenberg weiterverkaufte.

Stammtafel der Herren von Klingenberg (Auszug)

- *Heinrich* 1220/1254
  - *Ulrich* Landrichter im Thurgau 1236/† 1274
    - *Heinrich* Bischof von Konstanz, Abt der Reichenau, Kanzler des Reiches 1283/† 1306
    - *Albrecht* Ritter, Reichsvogt in Konstanz, Erwerber des Twiel 1300, 1274/† vor 1308
      - *Albrecht* gen. von Twiel, Ritter 1308/1316
        - ⋯ *Heinrich* Ritter, 1331/† Churwalden 1352 ∞ Margarethe von Vaihingen
          - *Albrecht* zu Twiel, Ritter 1355/† Lombardei 1380 ∞ Elisabeth von Friedingen
          - *Hans gen. Schoch* Vogt in Radolfzell, Chronist 1365/† Schlacht bei Näfels 1388 ∞ Euphemia von Gundelfingen
            - *Hans* zu Twiel, Ritter 1388/† Schlacht am Stoß 1405 ∞ Sophie Malterer
            - *Caspar* zu Twiel, Ritter, Hauptmann St. Georgenschild, Kaiserlicher Rat, 1388/† 1439 ∞ Margaretha Malterer
              - *Albrecht* zu Twiel, Ritter 1414/1444 ∞ Margaretha von Grünenberg
                - 6 weitere Kinder (3 Töchter)
                - *Heinrich* 1446/1482 ∞ Margarethe von Hallwil
                  - *Caspar* Amtmann Hornberg 1482/1520 ∞ Margarethe von Weitingen
                  - *Bernhard* 1482/1520
                  - *Hans Heinrich* 1490/† 1540 ∞ 1. Susanna von Rotberg 2. Agnes v. Almshofen
                    - *Hans Caspar* zu Aach 1506/1567, verk. Hohentwiel 1538
                - *Caspar* 1453/† 1499 bei Rielasingen ∞ Margarethe von Wartenberg
              - *Hans* zu Stein, Ritter, Landvogt im Thurgau 1433/† 1462 ∞ Walburga von Waldburg
                - *Eberhard* zu Twiel 1457–1511 ∞ Ursula Mötteli
                - *Caspar* 1457/1506 ∞ Klara von Stein
                - *Albrecht* Österreichischer Rat, Ritter 1457/† 1525 ∞ 1. Margarethe Zobel 2. Dorothea von Ottingen
                  - *Margaretha* ∞ 1537 Johannes Stecher aus Biberach
                - 10 weitere Kinder (7 Töchter)
    - *Ulrich* Ritter, Vogt in Konstanz 1274/† 1314
      - *Johann* Ritter, Chronist 1308/† Crécy 1346
    - *Konrad* Bischof von Freising 1274/1325
  - *Heinrich* Dompropst Konstanz, Zürich † 1279

Der Hohentwiel – eine Ritterburg im Herbst des Mittelalters

Die Herren von Klingenberg erscheinen im Hegau

Am Dienstag, dem 16. Februar des Jahres 1300 trafen sich zwei ritterliche Herren in der Stadt Konstanz, um miteinander einen Vertrag zu schließen. Ulrich von Klingen verkaufte an Albrecht von Klingenberg seine *burg ze Twiel* und andere Güter um die stattliche Summe von 940 Mark Silber. Die unscheinbare Pergamenturkunde, die ein anonymer Schreiber in deutscher Sprache abfaßte, bildet in der Geschichte des Hohentwiel einen wichtigen Markstein, den es eingehender zu untersuchen gilt.

Zum ersten Mal in der damals fast 400jährigen Geschichte der Burg sehen wir durch diese Urkunde etwas klarer, wie die Besitzverhältnisse waren. Es ist da keine Rede mehr von irgendeinem übergeordneten Besitzrecht des Reiches oder irgendwelcher Fürsten. Die Burg war bis zu diesem Datum freies Eigen Ulrichs von Klingen und ging als solches in den Besitz Albrechts von Klingenberg über. Und tatsächlich sollte von nun an für weitere sieben Generationen, über das ganze späte Mittelalter, der Hohentwiel im Besitz der Herren von Klingenberg bleiben.

Der Besitzwechsel fiel in eine Zeit des allgemeinen gesellschaftlichen Wandels. Damit einher ging eine Veränderung der historischen Überlieferung. Mußten wir uns für das frühe und hohe Mittelalter mit relativ wenigen Nachrichten zur Geschichte des Hohentwiel zufrieden geben, so beginnen um diese Zeit die Quellen reicher zu fließen. Die Urkunden, die sich erst wenige Jahrzehnte zuvor zaghaft von der lateinischen Sprache emanzipiert hatten, nehmen jetzt in einem solchen Maße zu, daß nicht nur unser Bild von der spätmittelalterlichen Gesellschaft insgesamt bunter wird, wir erfahren nun endlich auch mehr über den Hohentwiel und seine Bewohner.

Es beginnt der »Herbst des Mittelalters«, ein Begriff, der nicht unumstritten ist, betont er doch die Tendenzen des Niedergangs, des Absterbens eines Zeitalters, worüber er die Entstehung neuer Entwicklungen wie Humanismus und Renaissance zuwenig beleuchtet. Doch für unseren Zusammenhang drängt sich das Bild vom »Herbst des Mittelalters« geradezu auf; bald schon

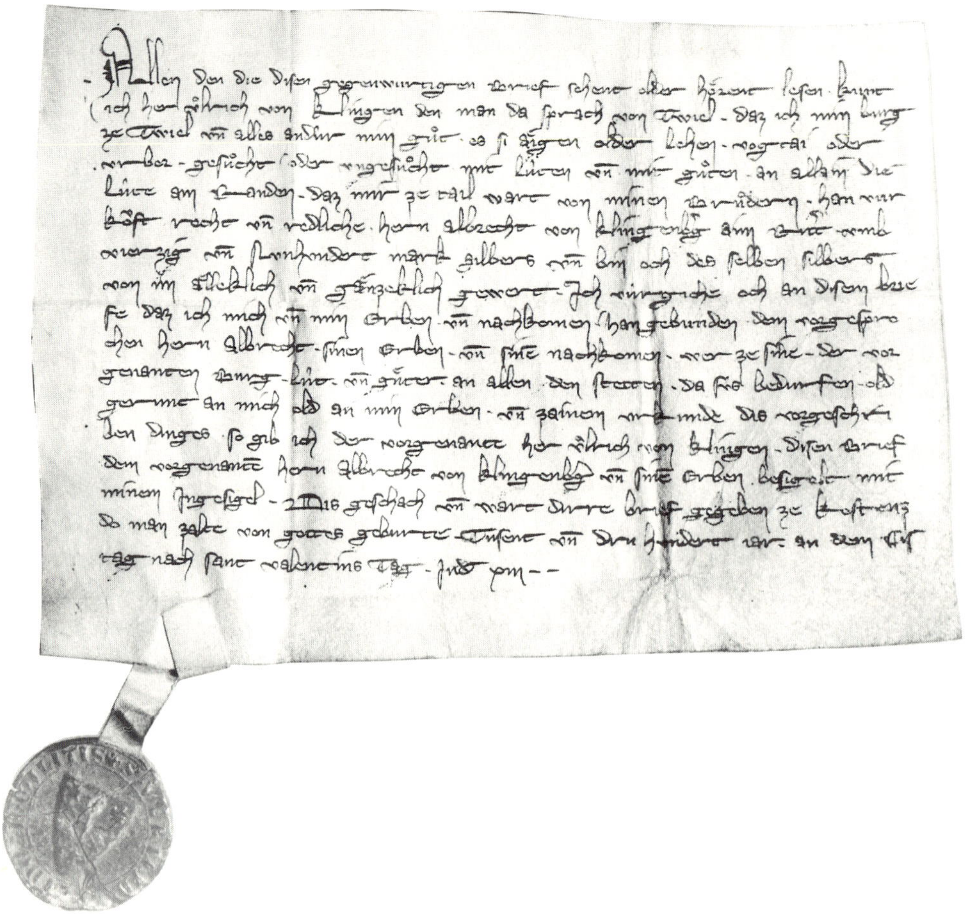

Mit dieser Urkunde vom 16. Februar 1300 ging der Hohentwiel von Ulrich von Klingen an Albrecht von Klingenberg über.

werden wir beobachten können, wie die Blätter am Baum der Herren von Klingenberg zu welken beginnen.

Im Jahr 1300 befand sich dieses Adelsgeschlecht im Zenit seiner Macht. Daß der Kauf des Hohentwiel ausgerechnet in Konstanz besiegelt wurde, ist kein Zufall. Albrecht von Klingenberg bekleidete dort das Amt des Reichsvogts, garantierte also den kaiserlichen Schutz der Reichsstadt. Sein Bruder Ulrich von Klingenberg versah dort ebenfalls hohe Ämter, und der dritte Bruder, Heinrich, war Bischof von Konstanz, Abt der Reichenau und Kanzler des Reiches. (Fast überflüssig zu erwähnen, daß der vierte Bruder schließlich, Konrad, Bischof von Freising war.) Die Reichsstadt Konstanz mit ihrem bedeutenden Bischofssitz war damals also beinahe so etwas wie die Stadt derer von Klingenberg, und es war insofern selbstverständlich, daß die Rechtshandlungen der Familie innerhalb der Konstanzer Mauern besiegelt wurden. Es war die Regierungszeit der ersten Habsburger Könige. 1273 beendete der Graf Rudolf von Habsburg das Interregnum, die sogenannte kaiserlose Zeit; seit 1298 regierte sein Sohn Albrecht. Dies zu wissen ist nicht unwichtig, denn die Klingenberger verdankten ihre Ämter und Würden den habsburgischen Herrschern, ja der Aufstieg des Geschlechts erklärt sich aus seiner Nähe zu den Habsburgern. Als deren Dienstleute partizipierten sie am Aufstieg ihrer Herren: Nachdem diese die deutsche Königskrone erworben hatten, rückten die Klingenberger in bedeutende Reichsämter auf. Diese traditionelle Nähe der Klingenberger zum Haus Habsburg bestand während des ganzen Spätmittelalters.

Die Herkunft der Herren von Klingenberg ist wie bei den meisten Adelsgeschlechtern nicht ganz leicht zu erhellen. Möglicherweise waren sie ursprünglich Ministerialen der Herren von Klingen, jedenfalls hatten sie bei Wigoltingen im Thurgau ihren Stammsitz. Der Begriff der Ministerialität ist zu erläutern. Haben wir zuvor für die Herren von Singen darauf verwiesen, daß viele jener adligen Familien, die um 1050 in das Licht der überlieferten Geschichte traten, Zweige alter Hochadelsgeschlechter waren, so ist damit nicht das ganze Spektrum des mittelalterlichen Adels beschrieben. Neben diese edelfreien Familien hochadliger Herkunft gesellten sich im Hochmittelalter ursprünglich unfreie Geschlechter, die sich aus verwaltenden Funktionen im Dienst des Hochadels emporarbeiteten. Aufgrund ihrer Verdienste aus der Unfreiheit entlassen, gelang es ihnen oft, in herrschaftliche Positionen aufzurücken; sie wurden in das ritterliche Gefolge eines Grafen aufgenommen und mit einer kleinen Burg belehnt. Auf diese Weise hoffähig geworden, traten sie dem alten freien Adel mit dem Selbstbewußtsein der Emporkömmlinge entgegen und beanspruchten die Teilhabe an dessen gesellschaftlichen Privilegien.

Wenn wir bei den Herren von Klingenberg eine solche ministeriale Herkunft voraussetzen, dann bleibt es erstaunlich, daß uns das erste bekannte Mitglied der Familie, Konrad von Klingenberg, gleich im Rang eines Abtes von Allerheiligen in Schaffhausen (1149–1156) begegnet. Ein so hohes geistliches Amt war zu jener Zeit an eine hohe gesellschaftliche Herkunft gebunden. Das sollte uns warnen, eine allzu niedere soziale Herkunft der Familie anzunehmen.

Wie dem auch sei, die Herren von Klingenberg bieten ein geradezu klassisches Beispiel für das gesellschaftliche Auf und Ab adliger Familien im Mittelalter. Um das Jahr 1300 befanden sie sich, wie gesagt, vielleicht im Zenit ihrer Macht. Sie verkehrten am Hof des Königs, gingen an Bischofssitzen ein und aus, kurzum: pflegten Umgang mit den wichtigsten Fürsten und Herren. Die gesellschaftlichen Beziehungen, die das Haus um diese Zeit knüpfen konnte, wirkten sich noch Generationen später auf die Heiratsverbindungen der Klingenberger aus; die Frauen der Klingenberger kamen aus wohlklingenden Grafen- und Herrengeschlechtern: von Vaihingen, Württemberg, Lupfen, Waldburg oder Tengen.

Dem gesellschaftlichen Aufstieg der Klingenberger korrespondierte der Abstieg derer von Klingen. Noch im 13. Jahrhundert hatten die Klingenberger gelegentlich im Dienst der Klingener gestanden. Dieses alte edelfreie Geschlecht übte die Vogtei über das Kloster St. Georg in Stein am Rhein aus und bewohnte dort die mächtige Burg Hohenklingen. War es der Familie noch um die Mitte des 13. Jahrhunderts gelungen, ihre Herrschaft um den Hohentwiel zu erweitern, so war Ulrich von Klingen nun im Jahr 1300, am Ende seines Lebens, gezwungen, eben diesen Besitz zu verkaufen. Es ist wie eine Ironie des Schicksals, daß ausgerechnet ein Klingenberger der Käufer war. So bezeichnet die Hohentwieler Urkunde vom 16. Februar 1300 den Schnittpunkt zweier adliger Familienschicksale mit entgegengesetzter Entwicklungstendenz. Und es klingt eine gewisse Wehmut aus jener Zeile der Urkunde, in der der alte Herr Abschied von seiner Burg nahm: *ich Herr Ulrich von Klingen, den man da sprach von Twiel.*

Grundlagen und Grenzen der Klingenberger Herrschaft

Mit dem Erwerb des Hohentwiel im Jahr 1300 kündigte sich eine Verlagerung der Klingenberger Herrschaft an: in den Hegau, nördlich des Rheins, auch wenn ein Zweig der Familie noch bis um 1360 auf der thurgauischen Stammburg lebte. Der Begriff von der ›Herrschaft‹ der Klingenberger muß indessen veranschaulicht werden. Da im 14. Jahrhundert in der Regel nicht einmal die großen und mächtigen Fürsten des Reiches geschlossene Territorialherrschaften ausgebildet hatten, so dürfen wir auch bei den kleinen Adelsgeschlechtern keine flächendeckenden Herrschaftsgebilde erwarten. Adlige Herrschaft bedeutete im Mittelalter: weit verstreuten Besitz an Grund und Boden einschließlich weiterer Rechtstitel über leibeigene Leute, Zehnten, Gewerbebetriebe, Vogteirechte über Kirchen und Klöster. Adlige Herrschaft hieß: hier eine Burg mit Zubehör, dort ein halbes Dorf, in den übernächsten Orten ein, zwei oder drei Höfe, in einem weiteren Dorf den Zehnten aus der Kirche und vielleicht das Recht, den Pfarrer einzusetzen, dazu eine bestimmte Anzahl frondienstpflichtiger Leibeigener, die die Herrschaft auf ihre Äcker befehlen konnte.

An jedem dieser Rechtstitel – Grundherrschaft, Leibherrschaft, Gerichtsbarkeit, Zehntrechte, Kirchensatz, Vogteien usw. – hingen festgesetzte Einkünfte in Geld und Naturalien. Das hieß: Je größer der Grundbesitz, je ausgedehnter der Sprengel an Leuten, Rechten und Gütern war, desto reicher und mächtiger war ein adliger Herr. Er mußte aber auch ständig bestrebt sein, seine Herrschaft zu erhalten oder zu erweitern, um im zunehmenden Gerangel um Besitz und Macht konkurrenzfähig zu bleiben. Auf diesem

»Markt« der adligen Güter, Herrschaftsrechte und vollständigen Herrschaftskomplexe herrschte damals nämlich eine unvorstellbare Fluktuation, und die Schreiber und Notare waren im späten Mittelalter oft damit beschäftigt, adligen Besitzwechsel wie jenen von 1300 zu beurkunden.

Bis zum Beginn des 15. Jahrhunderts wuchs die Herrschaft der Klingenberger durch Zukauf und günstige Heiraten erstaunlich an. Sie umfaßte den Hohentwiel mit den nahen Orten Arlen und Worblingen, die Städtchen Blumenfeld, Möhringen und Dettigkofen; einzelne Güter und Zehntrechte verteilten sich auf den ganzen Hegau, den Thurgau und bis in die Gegend von Überlingen. Im selben Sprengel verfügte die Familie auch über leibeigene Untertanen. Als Pfandbesitz standen ihr die Reichssteuern von Ravensburg, Memmingen, Biberach, Kaufbeuren, Buchhorn und Leutkirch zu; die Familie war in der Lage gewesen, dem König Geld zu leihen, und konnte dafür, als Pfand, gewisse Reichssteuern einziehen.

Aber nicht genug damit. In den Jahren 1419 und 1433 erwarb Caspar von Klingenberg, in zwei Schritten, die Herrschaft Hohenklingen mit der Stadt Stein am Rhein und der Vogtei über das Kloster St. Georg aus der Hand der Herren von Klingen, die nun, nachdem sie schon 1300 den Hohentwiel zu verkaufen gezwungen waren, einen weiteren bedeutenden Herrschaftskomplex an die Klingenberger verloren. Mit diesem Herrschaftswechsel in Stein war gleichzeitig eine traditionelle Verbindung wiederhergestellt: Der Besitzer des Hohentwiel, Caspar von Klingenberg, war Schutzherr über das St. Georgenkloster, das einst auf dem Hohentwiel gestanden hatte. Und Caspar von Klingenberg scheint diese Verbindung bewußt gewesen zu sein, denn unter seiner Vogtei entstand um 1437 im Kloster Stein ein Fresko, das die Gründung des Klosters auf dem Twiel durch Hadwig und Burkhard darstellt. Dieses Wandgemälde bildet ein wichtiges Indiz für das Traditionsbewußtsein der Klingenberger.

Unter Caspar von Klingenberg erlebte das Geschlecht seinen letzten Höhepunkt. Caspars glanzvolle soziale Position äußerte sich darin, daß er ein angesehener Rat unter König Sigismund (1410–1437) war. Und derlei Beamtenstellungen, die die Adligen bis zu einem gewissen Grad unabhängig von den schwankenden Einkünften ihrer Grundherrschaft machten, wurden in zunehmendem Maß zu einer wichtigen Einnahmequelle und für viele Familien sogar existenzsichernd. Denn die wirtschaftlichen Grundlagen adliger Herrschaft wurden seit dem 14. Jahrhundert von zwei Entwicklungen bedroht. Die Gesellschaft litt zum einen noch unter dem beträchtlichen Bevölkerungsrückgang, der von einer verheerenden Pestepidemie, dem Schwarzen Tod von 1348/50, ausgelöst worden war und der eine latent bestehende Agrarkrise zugespitzt hatte. Durch das große Sterben und die anschließende Landflucht der Überlebenden blieben viele Felder brachliegen, der Getreidepreis verfiel. Viele adlige Herrschaften wurden so durch den Verlust an leibeigenen Leuten und durch den Wertverlust ihrer natura-

Herzog Burkhard und Hadwig stiften das Hohentwielkloster. Spätmittelalterliches Fresko im Kloster Stein am Rhein um 1437.

len Einkünfte in ihrer Existenz gefährdet und sanken sozial ab. Dieser »Abstieg« wurde noch zusätzlich durch die Praxis der Erbteilungen beschleunigt, die in den Adelsfamilien üblich war.

Resultierte die gesunde wirtschaftliche Situation und die glanzvolle Stellung Caspars von Klingenberg aus dem ungeteilten Besitz seiner Herrschaft, so veränderte sich die Lage bereits für seine Kinder. Nach Caspars Tod 1439 wurde das Erbe an seine Söhne Albrecht und Hans aufgeteilt; aber noch hielten beide mit dem Hohentwiel bzw. mit Hohenklingen recht einträgliche Herrschaftskomplexe in Händen. Kritischer wurde es, als in der folgenden Generation acht Kinder Albrechts und 13 Kinder von Hans Erbansprüche stellten, dies umso mehr, als Hans bereits 1459 gezwungen war, die Herrschaft Hohenklingen mit Stein am Rhein zu verkaufen. Somit richteten sich die Ansprüche auf den Hohentwiel und die übrigen Besitzungen. Wenn auch letztlich von den 19 Kindern dieser Generation nur fünf am Hohentwiel beteiligt wurden – einige Kinder starben früh, die Töchter wurden

»ausgesteuert« –, so war doch die wirtschaftliche Lage jedes einzelnen spätestens um 1460 eher prekär.

Alle fünf am Hohentwiel »beteiligten« Vettern von Klingenberg versuchten folgerichtig, durch Dienstverträge mit Österreich oder Württemberg ihre Einkommen aufzubessern. Heinrich von Klingenberg ging einen anderen Weg, sich Geld zu beschaffen: 1455 nahm er bei dem Juden Eberlin im nahen Rheinstädtchen Diessenhofen ein Darlehen von 106 Gulden auf. Er sollte es nie zurückzahlen können, die Schuld vererbte er seinem Sohn Bernhard, wie andererseits der Schuldschein an den Juden Salman in Schaffhausen weiterging. Als dieser die Schulden eintreiben wollte, sah Bernhard sich gezwungen, Dienst bei mächtigeren Herren zu nehmen. Graf Eberhard von Württemberg gab Bernhard von Klingenberg 1486 eine Ratsstelle und versprach, seine Schuld bei dem Schaffhausener Juden auszulösen.

Die württembergischen Dienstverträge einiger Klingenberger am Ende des 15. Jahrhunderts bedeuteten einen Bruch der Familientradition, war doch die Politik der Klingenberger bis dahin auf Habsburg/Österreich ausgerichtet gewesen. Dahinter verbarg sich eine wachsende und folgenschwere Entfremdung zwischen den Angehörigen des Geschlechts. Der berühmte Burgfrieden, den die fünf Vettern – Heinrich und Caspar einerseits, Eberhard, Caspar und Albrecht andererseits – am 4. Oktober 1475 miteinander schlossen, spiegelt das wechselseitige Mißtrauen wider: Um das Schloß Twiel sicher zu machen, sollten die Torschlösser geändert werden. Jede Partei sollte zu einem Schloß einen Schlüssel erhalten, den die andere nicht hat, damit keine Seite ohne Wissen der anderen Besucher ein- und auslassen konnte. Es wurde in dem Vertrag sogar der Fall ins Auge gefaßt, daß unter den Bewohnern des Hohentwiel *krieg, spänn und tzwayung* entstehen könnten.

Und so kam es dann. Nach 1500 lebten auf dem Hohentwiel zwei feindliche Parteien. Da der österreichische Rat Albrecht von Klingenberg und sein jüngerer Vetter Hans Heinrich, der Württemberg zugetan war, ihre persönliche Verfeindung mit der politischen Spaltung vertieften, öffneten sie die Festung den Interessen ihrer Dienstherren. Den Wettlauf um den Zugriff auf die Burg gewann Württemberg: Am 23. Mai 1521 überließ Hans Heinrich von Klingenberg den Hohentwiel, von dem er zuvor seinen Vetter Albrecht verdrängt hatte, dem Herzog Ulrich von Württemberg.

Die Eidgenossen kommen oder das Rittertum in der Krise

Kehren wir noch einmal zur Hohentwiel-Urkunde vom 16. Februar 1300 zurück und wenden uns einem weiteren Aspekt adligen Lebens zu. Vergegenwärtigen wir uns die Titel, mit denen in der Urkunde Käufer und

Verkäufer angesprochen werden: »Herr« Ulrich von Klingen verkaufte darin seine Burg Twiel an »Herrn« Albrecht von Klingenberg. Die Anrede »Herr«, heute jedermann geläufig, wurde im Mittelalter keineswegs beliebig gebraucht. Sie stand den geistlichen Herren zu und in der adligen Sphäre nur den Rittern. Mit der Titulatur »Herr« ist also ausgesagt, daß sich in diesem Rechtsakt von 1300 zwei kampferprobte ältere Herren gegenübertraten.

Der Rittertitel war eine Auszeichnung, womit der Träger seine militärische Erfahrung, seine Teilnahme an Schlachten und Kriegen herausstellte. Dies war in einer kriegerischen Welt, die männliche Tugenden wie Mut und Kraft förderte, ein Mittel sowohl zur Steigerung des persönlichen Ranges als auch zur Idealisierung des kollektiven adligen Selbstbewußtseins. Die Schwertleite, den Ritterschlag, erhielt der junge Herr, der »Junker«, gewöhnlich im Anschluß an eine Schlacht. Dieser Aufnahmeritus schloß eine militärische Ausbildung ab, die nach dem Ideal der mittelalterlichen Gesellschaft zur Erziehung des jungen Adligen gehörte.

Betrachten wir einmal die Stammtafel der Herren von Klingenberg S. 64, so finden wir bei allen weltlichen Angehörigen des Geschlechts bis zur Mitte des 15. Jahrhunderts den Rittertitel. Dies ist beachtlich und zeigt schon an, daß sich die Klingenberger den kriegerischen Auseinandersetzungen ihrer Zeit nicht entzogen. Daß der Rittertitel bei den Klingenbergern der letzten Generationen fehlt, bedeutet hingegen nicht gleich, daß diese im Waffenhandwerk nicht mehr geschult waren; dies gehört vielmehr zu den Begleiterscheinungen der militärischen Entwicklung, die den Niedergang des Rittertums vollendete. Anhand der Familiengeschichte der Klingenberger kann man diese Entwicklung gut nachzeichnen.

Unter den 21 weltlichen Klingenbergern unseres Teilstammbaums, die vor 1500 geboren wurden, verloren sieben ihr Leben auf dem Schlachtfeld. Einige dieser Schlachtenorte sind zu Meilensteinen für die fortschreitende Unzulänglichkeit der ritterlichen Kriegstechnik geworden. Um gleich mit Crécy zu beginnen, wo am 26. August 1346 Johann von Klingenberg gefallen ist: Crécy ist ein Ort in der Picardie, wo in den Auseinandersetzungen des Hundertjährigen Krieges ein französisches Ritterheer vom englischen Heer unter maßgeblicher Beteiligung der berühmten Bogenschützen eine verheerende Niederlage hinnehmen mußte. Eine ähnliche Bedeutung erlangten die Schlachten bei Sempach 1386 und Näfels 1388: In beiden Fällen überwand eidgenössisches Fußvolk mit seinen charakteristischen Langspießen gut ausgerüstete, aber schwerfällige Ritterheere. Bei Näfels 1388 verlor Hans von Klingenberg, genannt Schoch, sein Leben, bei Sempach zwei Jahre zuvor war Martin Malterer aus Freiburg, der reiche Schwiegervater seines Sohnes Caspar, gefallen. Bei Sempach wurde auch der Freund Walther von Klingen erschlagen, dessen Grabplatte uns erhalten ist und ihn in der vollen Ritterrüstung jener Zeit zeigt; auch ein Sigmund von Klingenberg soll in dieser Schlacht gefallen sein. Sie waren weder die ersten noch die letzten aus der

Die Grabplatte Walthers von Klingen, gefallen in der Schlacht von Sempach 1386, zeigt ihn in der vollen Ritterrüstung seiner Zeit.

Familie, die in den Auseinandersetzungen mit den Eidgenossen bittere Erfahrungen machen sollten.

Es war etwas Unerhörtes, was da am Fuß der Alpen vor sich ging. Nicht nur daß diese Bauernsöhne dem deutschen Ritteradel eine neue Kampftechnik aufzwangen, ihre Taktik war die militärische Fortsetzung einer Politik, die der feudalen Ordnung der Gesellschaft geradezu zuwiderlief. Als freie Bauerngemeinden, mit kaiserlichen Schutzbriefen ausgestattet, widersetzten sich die Orte Uri, Schwyz und Unterwalden seit dem 13. Jahrhundert der Unterordnung unter habsburgisch-österreichische Oberhoheit. Als Rudolf von Habsburg 1273 selbst das Königtum erlangt hatte, garantierte er den drei Orten weiterhin ihre Freiheiten, doch nach seinem Tod 1291 gaben sich die drei Waldstätten, um bedrohlichen Entwicklungen vorzubeugen, ihren ersten berühmten Bundesbrief; das war die Geburtsstunde der Eidgenossenschaft. Als die Habsburger unter Rudolfs Sohn Albrecht (1298–1308) und unter Herzog Leopold von Österreich die Freiheiten der drei Orte, die einige der wichtigsten Alpenübergänge kontrollierten, nicht mehr anerkannten, weitete sich der an sich lokale Konflikt nach und nach auf das gesamte westliche Alpengebiet aus. Der Zusammenstoß der österreichischen Herzöge mit den unbotmäßigen »Schweizern«, wie sie bald genannt wurden, war Teil des grundlegenden Kampfes zwischen dem feudalen und dem republikanischen Prinzip. Dabei zeigte sich, daß die drei Urkantone den feudalen Machtansprüchen nicht nur militärisch gewachsen waren, sondern daß ihr Freiheitskampf auch auf die benachbarten Regionen ausstrahlte.

1315 besiegten die Eidgenossen erstmals ein habsburgisches Aufgebot bei Morgarten; 1353 erweiterte sich der Bund auf acht Orte, darunter die Städte Zürich, Bern und Luzern, und nach dem Sempacherkrieg 1386/88 waren die Eidgenossen zu einer eigenständigen politischen Kraft im Süden des Reiches geworden, mit der zu rechnen war. An all diesen Kämpfen hatten Angehörige der Familie Klingenberg auf der Seite Habsburgs teilgenommen, und der Tod mehrerer Klingenberger – Heinrichs 1352 in Churwalden, Sigmunds 1386 in Sempach, Hans Schochs 1388 in Näfels – schürte in der Familie den Haß auf die Eidgenossen und erhöhte ihre Bereitschaft, deren weiteres Vordringen im Verein mit dem süddeutschen Adel zu verhindern.

Welchen Eindruck die Kriege mit den Eidgenossen auf die Klingenberger gemacht haben, dafür haben wir ein Zeugnis. Mehrere Angehörige des Adelsgeschlechts hielten nämlich die historischen Ereignisse in ihrer Umgebung fest oder ließen sie aufzeichnen. So entstand, was wir die Klingenberger Chronik nennen. Als Chronisten gelten Johann (†1346), Hans genannt Schoch (†1388) und Hans von Klingenberg (†1462), dem wir vermutlich die Schilderung der Schlacht bei Näfels 1388 verdanken, deren nüchterne Darstellung doch die persönliche Anteilnahme und Betroffenheit nicht verbergen kann: *Und da war es am neunten Tag im April auf einen Donnerstag, da zog dasselbe Volk* [das Heer des Herzogs von Österreich] *von Wesen nach*

Glarus mit aller Macht und mit Gewalt und gewannen die Letzi zu Näfels und erschlugen viele, die da warteten ... Also wichen die von Glarus von der Letzi an einen Berg und zogen die Herren und das Kriegsvolk in das Land zu Glarus und verbrannten die Häuser und verwüsteten, was sie vermochten ... Also ritten ihnen die Herren auch nach, wohin sie geflohen waren, und also warfen die von Glarus mit Steinen gegen die Herren, daß die Rosse darüber scheu wurden, also riefen die Herren hinter sich zu ihrem Fußvolk, sie sollten hinweg weichen, daß sie nicht todgeworfen würden mit den Steinen. Also wichen sie zurück und drängten die von Glarus nach und kam eine Flucht in das Volk, daß kaum jemand aufrecht blieb. Also eilten ihnen die von Glarus nach über ein großes Ried bis nach Wesen und erstachen ihrer vier oder fünfhundert ... Hienach stehen geschrieben ein Teil der Namen, die zu Glarus umgekommen sind: Herr Hans von Klingenberg Ritter. Hans Sunthuser, Hans Faiss, Hans Vetter, alle des von Klingenbergs Diener ... In der gemeinsamen Nennung Hans von Klingenbergs und seiner drei Diener wird übrigens sichtbar, daß ein schwerbewaffneter Ritter nur mit mehreren Fußknechten zusammen eine funktionsfähige militärische Einheit bildete. Diese hielten jenen durch geschickte Unterstützung kampffähig; fiel aber der Ritter, so bedeutete das meist auch den Tod für seine Knechte.

Mit Näfels war der Vormarsch der Schweizer keineswegs abgeschlossen. Als sich zu Beginn des 15. Jahrhunderts die Appenzeller Bauern der eidgenössischen Bewegung anschließen wollten, waren Österreich und der gesamte schwäbische Adel erneut auf den Plan gerufen. 1405 wurden sie in der Schlacht am Stoß vernichtend geschlagen. Wieder befand sich unter den Toten ein Herr vom Hohentwiel, Hans von Klingenberg, der Bruder des schon erwähnten königlichen Rats Caspar. Zwar gelang es Österreich, den Siegeszug der Appenzeller 1408 aufzuhalten, doch aus den Appenzeller Ereignissen zog der Adel damals eine wichtige Konsequenz. Im Bewußtsein, als gesellschaftlicher Stand bedroht zu sein – wirtschaftlich angeschlagen, militärisch in Frage gestellt, politisch von den Fürsten benützt und nun von den frechen *Kuhschweizern* verhöhnt –, schloß sich der schwäbische Adel im Umfeld des Appenzeller Krieges zu einer Standesorganisation, der Rittergesellschaft mit St. Georgenschild, zusammen. Dieser Gesellschaft fiel im Laufe des 15. Jahrhunderts eine bedeutende reichspolitische Rolle zu. Einer der ersten Hauptleute dieses Ritterbundes war 1408/09 kein anderer als Caspar von Klingenberg.

Die beabsichtigte Erneuerung des ritterlichen Standesbewußtseins drückte sich darin aus, daß sich der Bund das Bild vom Drachentöter St. Georg aufs Banner malte. Neben dem Hl. Mauritius war Georg der eigentliche Ritterheilige; schon an der Entstehung des Ritterideals im 11. Jahrhundert hatte die Georgslegende einen bedeutenden Anteil. Es sei in diesem Zusammenhang noch einmal daran erinnert, daß uns vom Wirken des St. Georgsklosters auf dem Hohentwiel um das Jahr 1000 nichts überliefert ist als

Der Ritterheilige St. Georg an einer Kassettendecke des Klosters Stein am Rhein.

vielleicht ein Vers auf diesen Heiligen »Ritter«. Vierhundert Jahre danach wurde St. Georg erneut aufs Banner gehoben, um eine deklassierte Ritterschaft moralisch aufzurüsten. Und der Burgherr des Hohentwiel, der einige Jahre später Schutzherr des Klosters St. Georg in Stein werden sollte, stand an der Spitze der Bewegung.

Die Gesellschaft mit St. Georgenschild gab der Ritterschaft im Hegau zwar eine Organisationsform, konnte den Siegeszug der Eidgenossen jedoch nicht aufhalten. Am Ende des 15. Jahrhunderts wurden die Herren von Klingenberg ein letztes Mal in diese Auseinandersetzungen hineingezogen. Der Reichstag von Worms hatte 1495 unter Kaiser Maximilian I. unter anderem zwei wichtige Beschlüsse gefaßt: die Verabschiedung eines allgemeinen Landfriedens und die Einrichtung eines zentralen Reichskammergerichts. Die Eidgenossen, die damals schon einen großen Teil der heutigen Schweiz beherrschten, formell aber dem deutschen Reich angehörten, wurden aufgefordert, sich dem Landfrieden anzuschließen und das Reichskammergericht als oberstes Gericht anzuerkennen. Als sie beides, durch ihre Erfolge ermutigt, ablehnten, war der Konflikt programmiert: Der »Schweizerkrieg« bzw. »Schwabenkrieg« stand bevor. In dieser Situation, da mit einem Übergreifen der Schweizer auf rechtsrheinisches Gebiet gerechnet werden mußte, fanden sich die einander entfremdeten Besitzer des Hohentwiel, Eberhard, Caspar und Bernhard von Klingenberg, noch einmal zusammen und verbündeten sich 1497 zum gemeinsamen Schutz ihres Schlosses.

Im Jahr darauf tauschten Bernhard und sein Onkel Caspar, der bisher in Möhringen lebte, ihre Wohnsitze – für Caspar, wie sich herausstellen sollte, eine folgenschwere Entscheidung.

Anfang 1499 war ein Krieg unausweichlich. Der Schwäbische Bund, ein Zusammenschluß der Fürsten, Städte und Adligen, befahl ein Heer nach Engen, um einem Einfall der Schweizer in den Hegau entgegentreten zu können. Am 17. Februar trafen sich die Eidgenossen mit mehr als 5000 Mann bei Diessenhofen und Schaffhausen, wo sie den Rhein überquerten. Zwischen dem 19. und 28. Februar zogen sie in zwei Gruppen raubend und brennend durchs Land. Die Besatzung auf dem Twiel und Caspar von Klingenberg (sofern er sich nicht im Lager bei Engen aufhielt) mußten von ihrer Hohen Wacht aus mitansehen, wie die Dörfer Ramsen, Rielasingen, Singen, Friedingen und Steißlingen in Flammen aufgingen und die Burg Randeck gestürmt wurde. Auch Gottmadingen stand in Flammen, ebenso Hilzingen. Dort hatte *der wirt daselbs an sin nüw hus einen Swytzer mit einer kuo und schantlichen rimen gemalt.* Den Schweizern gefielen diese schändlichen Reime wohl nicht.

Die benachbarten Schlösser Randeck, Friedingen, Roseneck, Staufen und Homburg waren geplündert oder verbrannt worden, doch an den Hohentwiel hatten sich die Schweizer nicht herangetraut. Sie waren so schnell verschwunden, wie sie gekommen waren. Der in Engen stationierte Adel hatte tatenlos zugesehen. Konrad von Schellenberg hatte am 21. Februar an den Hauptmann Graf Sigmund von Lupfen geschrieben: ... *yedoch sind wir rattig wordenn, das wir still steen wellenn, dann wir sind inn nitt gnůg machtig, wann sy ligen mit hers krafft ime Hegow vnnd prennen allenthalben vnd ziehen mächtiglich vmb, auch haben sy by acht dorfern ... verprennt ... Deßhalb vnnser meinung ist, ditzmals sy nitt zů slachenn.* Die Eidgenossen berichteten denn fast erstaunt und übermütig aus ihrem Lager bei Hilzingen am 25. Februar an ihre Obrigkeit: *Wir können unsere Feinde nirgendwo treffen noch vernehmen, was uns leid ist; wir wären ganz begierig, uns mit ihnen zu schlagen. Wir verstehen nicht, daß keinerlei Sammlung von Reisigen oder Fußknechten gegen uns geschieht; alle Welt flieht vor uns und fürchtet sich vor uns. Gott sei das gelobt. Wir fanden zu Friedingen im Schloß etliche Briefe, die Herr Hans Jacob von Bodman, Ritter, seinem Hauptmann geschrieben hat, woraus wir entnehmen, daß er nirgendwo Hilfe wüßte ..., und ist er doch oberster Hauptmann des Bunds ... Wir sind guter Dinge. Es ist eine Lust, uns bei einander in der Ordnung zu sehen ...*

Bei einem zweiten Einfall im Mai 1499 waren die Burgen und Städte besser vorbereitet. Die Eidgenossen zogen diesmal erfolglos im Hegau hin und her, und als sie sich zurückzogen, verirrte sich eine Nachhut von 600 Mann in der Nähe von Mühlhausen unterhalb des benachbarten Hohenkrähen. Dieser Trupp wurde von den nahegelegenen Burgen aus entdeckt, in seinen Bewegungen beobachtet und schließlich verfolgt; bei Rielasingen wurde er ge-

Szene aus dem Schweizerkrieg 1499 mit dem Hohentwiel am unteren Bildrand. Holzschnitt des Meisters P. W.

stellt, es kam zu einem Gefecht. Unter Verlusten nur konnten die Schweizer mit Hilfe der »Igelordnung« entkommen: Sie vereinigten sich zu einem Geviert und deckten sich ringsum mit ihren Langspießen. Noch auf dem Rückzug fügten sie ihren adligen Verfolgern Verluste zu; unter den Toten war Caspar von Klingenberg.

Fehden und Raubritterstreiche

Kämpften die Klingenberger auf den Schweizer Schlachtfeldern um übergeordnete Standesinteressen und reichs- oder territorialpolitische Ziele, so betrieben sie unabhängig davon auch eine Hauspolitik, die zwar einem engeren Familieninteresse gehorchte, aber die jeweiligen Machtkonstellationen der Nachbarschaft wie der großen Politik zu berücksichtigen hatte.

Bereits das Auftreten der Herren von Klingenberg im Hegau durch den Erwerb des Hohentwiel 1300 brachte eine Veränderung der Kräfteverhältnisse in diesem Raum mit sich. Ein neuer Rivale beteiligte sich nun am Wettbewerb um Güter, Rechte und Vorteile. Vom Hohentwiel aus kontrollierten die Klingenberger zugleich ein Stück des überregionalen Handels und waren so mit den Interessen der Reichsstädte, die auf diesen Straßen ihren

Reichtum mehrten, konfrontiert. Die Schweizerstraße von Rottweil nach Schaffhausen führte direkt am Fuß des Hohentwiel vorbei. Eine andere Straße zweigte von hier über Stockach nach Ulm und Nürnberg ab. Bei Singen überquerte sie die Aach auf einer alten Brücke, die schon in der Zeit des Investiturstreits als *Singerbrucho* erwähnt ist.

Für die altansässigen Adelsfamilien im Hegau kam es darauf an, die Neuankömmlinge zu beobachten: Würden sie sich als Konkurrenten oder als Mitstreiter um gemeinsame Interessen erweisen? Würden sie sich zu guten Freunden oder streitsüchtigen Nachbarn entwickeln? Auch für die Klingenberger war es wichtig, gute Nachbarschaft zu pflegen und die Standesgenossen der Region, bei allem Mißtrauen, als Freunde zu gewinnen. Dem allernächsten Nachbarn, den Herren von Friedingen, die auf dem Hohenkrähen wohnten, verpflichteten sich die Klingenberger durch eine Ehe Albrechts von Klingenberg († 1380) mit Elisabeth von Friedingen und stifteten damit eine familiäre Verbindung, die noch hundert Jahre später tragfähig sein sollte.

»Freundschaft« und »Feindschaft« wurden im Beziehungsgeflecht der Adelsgeschlechter und ihrer verschiedenen Zweige im späten Mittelalter zu einem überaus wichtigen Begriffspaar. »Freundschaft« war weit mehr als ein moralischer Begriff, sie bedeutete Sicherheit und Unterstützung gegen Feinde. Wer die Feindschaft »angesagt« bzw. die Freundschaft »abgesagt« bekam, war vor Nachstellungen und Angriffen nicht mehr sicher. »Freundschaft« und »Feindschaft« wurden so zu rechtlichen Fachausdrücken im Fehdewesen des Spätmittelalters. Die Fehden, die es in der mittelalterlichen Adelsgesellschaft zu allen Zeiten gegeben hatte, nahmen im »Herbst« des Mittelalters zu, als der Existenzkampf der zahlreichen verarmenden Geschlechter erbitterter wurde. Die Fehde war ein rechtlich durchaus zulässiges Mittel in der Auseinandersetzung um strittige Rechtsansprüche; nur mußte sie bestimmten Formen genügen. Hierzu zählte die offene Kampfansage: Der Kläger mußte dem Beklagten in einem sogenannten Absagebrief (Aufkündigung der Freundschaft) die Fehde ansagen.

Wir wissen nicht, ob immer solche offenen Fehden vorlagen, jedenfalls finden wir die Klingenberger schon eine Generation nach dem Erwerb des Hohentwiel im Krieg mit ihrer Umgebung. Um das Jahr 1330 ist nach der Chronik Johanns von Winterthur ein Herr von Klingenberg (vermutlich der Ritter Albrecht, belegt zu 1308 und 1316), den er als tadellosen und mutigen Kriegsmann schildert, von Bürgern der Stadt Rottweil getötet worden; der Hintergrund dieses Zusammenstoßes wird nicht deutlich. Ebenso unklar bleibt der Anlaß jener Fehde, als Johann von Klingenberg 1335 die Güter und Dörfer der Herrschaft Bodman am Bodensee verwüstete. Diese Feindschaft war allerdings nur vorübergehend, in späteren Zeiten herrschte zwischen den Herren von Bodman und den Klingenbergern eine gute, ja freundschaftliche Beziehung.

Für die folgenden hundert Jahre sehen wir die Herren von Klingenberg nicht mehr in Fehden verwickelt, in denen sie ihre eigenen Interessen verfolgten. Was allerdings danach geschah, rückte das angesehene Geschlecht bedenklich in die Nähe des Raubrittertums. Wir wissen, daß die Klingenberger nach dem Tod des kaiserlichen Rats Caspar von Klingenberg, 1439, wirtschaftlich ins Strudeln gerieten. Vielleicht war diese prekäre wirtschaftliche Lage der Grund, daß seine Söhne Albrecht und Hans räuberische Unternehmungen in ihrem Umfeld zumindest billigten. Auch hatte sich um die Mitte des 15. Jahrhunderts das Verhältnis zwischen dem Adel und den schwäbischen Reichsstädten aufs äußerste angespannt.

Wie sich der schwäbische Adel seit 1408 zur Rittergesellschaft mit St. Georgenschild zusammengeschlossen hatte, so bestand auch traditionell ein Bund zwischen den schwäbischen Reichsstädten unter Führung der Stadt Ulm. Die Absicht von Kaiser Friedrich III. (1440–1493) und der weitsichtigen Kräfte, die beiden Bünde zum Zweck und als Garanten eines allgemeinen Landfriedens zu vereinigen, scheiterte aufgrund einer sehr verworrenen Interessenlage der jeweiligen Mitglieder. Die Städte hatten sich seit längerem im Schwarzwald, im fränkischen und im ostschwäbischen Raum gewisser Raubritter zu erwehren; die Angriffe nahmen zu, als 1440 die Einigungs- und Landfriedensverhandlungen gescheitert waren. Der bedrohlichste Feind erwuchs den Städten eben im Hegau, bildete dieser doch für die städtischen Handelszüge die Pforte zwischen Oberschwaben und den Messen in Genf und Südfrankreich.

Eine regelrechte Gesellschaft zur planmäßigen Durchführung von Raubzügen war dort gegründet worden. An ihrer Spitze stand kein geringerer als Graf Heinrich von Lupfen; als weiterer Anführer trat Hans von Rechberg hervor, der uns noch beschäftigen wird. Ihren großen Schlag führte die illustre Gesellschaft am 19. Mai 1441 aus. Am Kattenhorn östlich von Stein am Rhein überfielen die Adligen zwei Schiffe mit Waren von vorwiegend Ulmer Handelsleuten, die von der Genfer Messe zurückkamen. Den kleineren Teil der Waren im Wert von etwa 20000 Gulden, zu deren Transport 50 Bauern und 200 Pferde eingesetzt werden mußten, verbrachten die Räuber auf Heinrichs von Lupfen Burg Hewen, den größeren Teil im Wert von 100000 Gulden schafften sie zunächst nach Stein am Rhein. Um den Verdacht der Komplizenschaft von sich zu wälzen, hatten Albrecht und Hans von Klingenberg, denen die Stadt gehörte, und 200 Bauern alle Hände voll zu tun, die »heiße Ware« nach Konstanz zu bringen.

Der Gegenschlag ließ nicht lange auf sich warten. Unter der Führung von Ulm schlossen sich nach längeren Beratungen am 9. Oktober 1441 nicht weniger als 22 Reichsstädte zu einem Bestrafungsfeldzug zusammen. Am 29. Oktober rückte das städtische Heer mit mehr als 6000 Mann Fußvolk und 1000 Reitern von Überlingen heran. Das erste Ziel war die Schrotzburg auf dem Schienerberg, wo sich Werner von Schienen mit 100 Mann verschanzt hatte. Diese flohen vor der Übermacht und steckten ihre Burg selbst in Brand. Nachdem die »Städter« die Burg geschleift hatten, verbrannten sie das Dorf Horn, das Hans von Rechberg gehörte, und am 10. November verbrannten sie den Turm der Herren von Randegg in Hilzingen. Weiter plünderten sie das ganz in der Nachbarschaft des Hohentwiel gelegene Schloß Staufen, das zu einem Teil dem Rechberger gehörte, um sich dann nach Engen zu wenden. Nachdem der Stadtherr Sigmund von Lupfen einen rechtlichen Vergleich anbot, ließen sie Engen liegen, um die Wasserburg in Honstetten anzugreifen, die Claranna von Reischach, die Frau Veits von Asch, vergeblich mit sechs Leuten verteidigte. Danach zogen die »Städter« zum Abschluß ihres Feldzuges nach Stein am Rhein, wo es Hans und Albrecht von Klingenberg nur mit Mühe gelang, ihre »Unschuld« am Raubritterstreich vom Kattenhorn zu beschwören. Bei einem zweiten städtischen Straffeldzug im Frühjahr 1442 mußten sie es dann doch dulden, daß die Ortschaften in der Nähe ihres Städtchens Tengen niedergebrannt wurden. Erst auf Vermittlung König Friedrichs III. endete die Fehde mit einem Vergleich am 19. April 1445 in Konstanz.

Hatten sich Hans und Albrecht von Klingenberg 1441 noch mit Not dem Verdacht des Raubrittertums entziehen können, so machten sich ihre Söhne zwanzig Jahre später eines offenen Raubes schuldig. 1463 wurden auf dem Bodensee bei Hagnau Nürnberger Kaufleute überfallen, und das geraubte Gut fand dieses Mal seinen Weg direkt auf den Hohentwiel. Ob dieser Überfall bereits im Zusammenhang mit der bevorstehenden Werdenberger Fehde stand, ist so wenig geklärt, wie die politischen Hintergründe dieser Auseinandersetzung im dunkeln liegen. Vielleicht war an dem Überfall auch Hans von Rechberg beteiligt, der Eberhard von Klingenberg in seiner Fehde mit den Grafen von Werdenberg beistand.

Die politischen Verhältnisse waren inzwischen komplexer geworden, und soviel ist sicher, daß es in der Werdenberger Fehde von 1463–65 um weiterreichende Interessen ging, als die bisher bekannt gewordenen Quellen zugeben. Gestalten wie Hans von Rechberg oder Eberhard von Klingenberg spielten dabei eine tragische Rolle, weil sie ihr strenger Ehrenkodex, verbunden mit dem Streben nach Selbständigkeit, in einen aussichtslosen Kampf trieb mit den Kräften einer sich ändernden Zeit. Im Kampf gegen die reichen Städte, die das Geld hatten, das dem Adel fehlte, waren die großen Landesherren und die Ritter noch auf derselben Seite. Daß sich indessen die Interessen der mächtigen Grafen und Fürsten längst nicht mehr mit denen des landsässigen Adels deckten, gehörte zu den bitteren Erfahrungen vieler Adelsfamilien. Die Fürsten benutzten ihre adligen Gefolgsleute zum Ausbau ihrer Landesherrschaften; und Adlige, die die Zeichen der Zeit verstanden, konnten es dabei zu erstaunlichen Laufbahnen bringen. Ansonsten waren die kleinen Herren den Landesfürsten eher eine lästige Konkurrenz. Selbst in der Rittergesellschaft mit St. Georgenschild, an deren Spitze anfänglich hervorragende Vertreter des niederen Adels gestanden hatten, übernahmen allmählich mächtigere Herren die Führung; in den Jahren 1463 und 1464 etwa waren die Grafen Johann und Georg von Werdenberg die Hauptleute der Gesellschaft.

Dies war die Situation, als es im Jahr 1464 zum Konflikt zwischen Eberhard von Klingenberg und Graf Johann von Werdenberg kam. Dieser hatte aus uns unbekannten Gründen drei Knechte Eberhards, darunter Konrad Rauber genannt Guttelin, gefangengesetzt und gefoltert. Als Eberhard daraufhin dem Grafen die Fehde ansagte, bedeutete dies, da Werdenberg derzeit Hauptmann der Gesellschaft mit St. Georgenschild war, zugleich eine Kampfansage an die gesamte Ritterschaft im Hegau. Nachdem es dieser gelang, die Grafen von Württemberg, die Klingenberg für neutral gehalten hatte, auf ihre Seite zu ziehen, befanden sich Eberhard und seine Helfer Hans von Rechberg und Wolf von Asch auf verlorenem Posten.

Wie »eigenwillig« die politischen Konstellationen geworden waren, offenbart sich darin, daß Eberhard von Klingenberg 1463 Bürger der Stadt Luzern geworden war. Zwei Jahrhunderte lang hatten die Klingenberger an der Seite Österreichs, gemeinsam mit dem schwäbischen Adel, gegen die Eidgenossen gekämpft. Als Eberhard von Klingenberg nun mit dem mächtigen Grafen in Fehde lag, versicherte er sich der Freundschaft der Schweizer, und tatsächlich gewann er, neben schwäbischen Söldnern, eidgenössische Reisläufer, so Hans von Winterthur, Benedict Meyger von Bern, Jos Vigenbucz und Uly Walther von Bern für sich.

Nachdem im Verlauf des Jahres 1464 Versöhnungsversuche unabhängiger Vermittler gescheitert und Angebote zu gerichtlichem Austrag des Streits ausgeschlagen worden waren, schlossen die Werdenberger und die Gesellschaft mit St. Georgenschild am 25. September 1464 einen Vertrag mit den Grafen Ulrich und Eberhard von Württemberg, in dem die Belagerung der gegnerischen Burgen geplant wurde. Die Württemberger sollten Hans von Rechbergs Burgen Schramberg im Schwarzwald und Schalksburg auf der Schwäbischen Alb einschließen, der Georgenbund zog gegen den Hohentwiel. Anfang Oktober muß die Belagerung begonnen haben, am 11. Oktober waren die gegnerischen Truppen jedenfalls in Hilzingen versammelt. Militärischer Stützpunkt der Angreifer war die benachbarte Burg Staufen, wohin von zahlreichen schwäbischen Klöstern in den folgenden Tagen annähernd 120 Ochsen zur leiblichen Versorgung der Belagerer geliefert wurden. Die Söldner »bedienten« sich, wie eine Beschwerde der Stadt Stein am Rhein belegt, allerdings zusätzlich aus den Handelszügen, die gerade am Fuß des Hohentwiel mit Waren für den Steiner Markt unterwegs waren. Dies war, soweit wir wissen, die erste Belagerung des Hohentwiel seit 915, und sie wäre vermutlich genauso erfolglos geblieben wie jene König Konrads I., hätte die Werdenberger Fehde nicht eine unerwartete Wendung genommen.

Belagerung einer Burg aus einer Schwäbischen Chronik 1486. Der Holzschnitt aus zeitlicher Nähe zur Werdenberger Fehde zeigt die zunehmende Bedeutung der Fußknechte und den Einsatz schwerer Feuerwaffen.

Im fernen Schramberg hatte Hans von Rechberg am 11. November 1464 einen Ausfall von seiner mächtigen Burg gewagt und war dabei vom Pfeil eines Belagerers getroffen worden. Zwei Tage später war er seiner Verwundung in Villingen erlegen. Als Eberhard von Klingenberg in einem Brief Hans von Reischachs vom 14. November vom Tod seines Fehdegenossen erfuhr, wußte er, daß seine Sache verloren war. Er wandte sich um Vermittlung an Herzog Sigmund von Österreich, und mit dessen Hilfe kam am 28. Januar 1465 in Biberach der Friede zwischen den Klingenbergern und der Gesellschaft mit St. Georgenschild zustande. Eberhard und sein Vetter Heinrich von Klingenberg wurden wieder in die Rittergesellschaft aufgenommen. In einem separaten Vertrag vom 12. Januar 1465 waren beide mit ihrem Schloß Twiel auf Lebenszeit zu Dienern des Herzogs von Österreich geworden. Es war in dieser Zeit der sich formierenden Landesherrschaft für den Adel nicht mehr möglich, unabhängig zu bleiben.

Damit waren die Fehden im Umfeld des Hohentwiel keineswegs beendet. Mit der Einbindung der Burg in die Interessensphäre Österreichs gerieten die Händel der Klingenberger leicht in größere politische Verwicklungen. Zwar ging es noch an, wenn Eberhard von Klingenberg 1476 im Streit mit Stefan von Ow und dessen Frau Margarethe von Friedingen ihnen vorübergehend die Burg Staufen und den Ort Hilzingen wegnahm, derlei lokale Händel waren durchaus noch an der Tagesordnung und blieben es wegen ihrer begrenzten Wirkungen. Anders dagegen die Fehde, in die die Klingenberger wenige Jahre später hineingezogen wurden.

1479 stürzten sich die Herren von Friedingen auf Hohenkrähen in ein politisches Abenteuer, ähnlich wie die Klingenberger 1464. Sie zerstritten sich mit den Grafen von Württemberg, denen in unmittelbarer Nähe die Burg Mägdeberg gehörte. Nichtiger Anlaß dieser Fehde war der Streit um die Besteuerung von gemeinsamen Leibeigenen in Mühlhausen. Der Fehde schlossen sich auf Seiten der Friedinger Eberhard und Albrecht von Klingenberg an; 1480 fielen alle Klingenberger wegen dieser Kriegsteilnahme in die Acht des kaiserlichen Hofgerichts. Als sich Österreich einmischte, das einen alten Anspruch auf die Burg Mägdeberg geltend machte, wuchs sich die Fehde zu einem Krieg zwischen Württemberg und Österreich aus, der 1481 in einem Ausgleich zwischen den beiden großen Territorialherren geschlichtet wurde. Dieser von den Friedingern angezettelte Krieg bildete einen der gefährlichsten Konflikte in der Geschichte des deutschen Südwestens im 15. Jahrhundert; er endete mit dem historischen Ausgleich zwischen Österreich und Württemberg und begründete so eine neue Phase gemeinsamer Geschichte, auf die später noch eingegangen werden soll.

Kaum war auf der großen politischen Bühne Friede, setzten die armen Ritter ihren Kleinkrieg an der Handelsfront fort. 1486 beklagten sich die Eidgenossen in Luzern über Räubereien, die vom Hohenkrähen und vom Hohentwiel aus die Handelszüge bedrohten. So gelangte der Hohentwiel im

»Herbst« des Mittelalters in den Ruf, nichts als ein Raubritternest zu sein. Eine letzte Fehde, in die Hans Heinrich von Klingenberg verwickelt war, führte 1512 zur Belagerung und Zerstörung des Hohenkrähen durch den Landesherrn Österreich, der damit diesem Raubnest der Herren von Friedingen ein Ende bereitete. Benedict von Friedingen war damals zum Fehdehelfer eines Kaufbeurener Bürgers geworden, dessen Verlobte auf Veranlassung Kaiser Maximilians mit einem seiner Schreiber verheiratet wurde. Da somit der Fehdegegner der Friedinger letzten Endes der Kaiser persönlich war, mußte dieses Unternehmen in einer Katastrophe enden. Hans Heinrich von Klingenberg konnte vom Twiel aus beobachten, wozu solch allzu freche Ritterherrlichkeit letztlich führte. Ritterfehden und Raubüberfälle hatten am Ende des Mittelalters so überhandgenommen, daß das Reich, die Städte und die Landesherren seit dem Wormser Reichstag von 1495 nicht mehr bereit waren, sie weiter zu dulden. Führte die Zerstörung des Hohenkrähen 1512 den Klingenbergern das drastische Ende einer Ritterburg vor, so war dem Hohentwiel wenige Jahre später ein ganz anderes Schicksal beschieden.

Das Leben auf der spätmittelalterlichen Burg Twiel

Vom 16. November 1464 ist uns die schriftliche Beschwerde eines Heinrich Beck, Knechts des Heinrich von Klingenberg, erhalten: Er sei von den Belagerern, als er sein Pferd am Brunnen vor der Burg tränken wollte, beschossen worden, obwohl doch sein Junker Heinrich sich gar nicht in Fehde befinde und *der krieg uns och nit angaut*. Die Episode ist geeignet, den problematischen Rechtsstatus der Feste als Miterbenburg zu beleuchten. Die Fehdeansage an die Ritterschaft des St. Georgenbundes war allein von Eberhard von Klingenberg formuliert worden, dem nur eine Hälfte der Burg gehörte. Wie, so ist zu fragen, hätten die Belagerer dem Heinrich Beck aber ansehen können, daß er nicht zur fehdeführenden Partei gehörte? Und wie hätten sie nur eine Hälfte der Burg belagern sollen? Wenn verschiedene Familienzweige eine unterschiedliche Politik betrieben, beeinträchtigte dies das friedliche Nebeneinander auf der Burg. Wieviele Familienzweige jeweils auf dem Twiel lebten, läßt sich aus dem vorhandenen Urkundenmaterial nicht ganz genau ermitteln. Sicher ist jedenfalls, daß spätestens seit 1460 jeweils mindestens zwei Parteien auf der Bergfeste nebeneinander wohnten. Die Tatsache, daß am Burgfrieden von 1475 fünf Vettern von Klingenberg beteiligt waren, bedeutet indes nicht zwangsläufig, daß auch alle fünf dort lebten; in dieser Urkunde drückt sich ein Rest Klingenbergischer Familientradition aus, da man sich der gemeinsamen Verantwortung für den Hohentwiel als Herrschaftsmittelpunkt bewußt war.

Es gibt Anzeichen dafür, daß die Burg besitzrechtlich tatsächlich nur in zwei Hälften geteilt war gemäß der von Hans († 1444) und Albrecht († 1462) ausgehenden Familienzweige. Innerhalb dieser Linien scheint der jeweilige Twielanteil so etwas wie Gemeinbesitz geblieben zu sein. Wer aus der (männlichen) Geschwisterreihe dort wohnen blieb, dürfte sich aus den individuellen Lebensumständen der Geschwister ergeben haben. Wir kennen sogar einen Fall von Wohnungstausch: als Caspar von Klingenberg 1498 angesichts der Schweizer Gefahr den Twiel bezog und seinem Neffen Bernhard auf sechs Jahre Möhringen an der Donau überließ. – Wie sich aber das Zusammenleben mehrerer Adelsfamilien konkret gestaltete, läßt sich erst beantworten, wenn wir wissen, wie der Hohentwiel am Ende des 15. Jahrhunderts gebaut war. Was von dem, was der heutige Besucher der Festungsruine sieht, bildete im 15. Jahrhundert das *sloss* oder die *vesty* Twiel, wie es in den Klingenberger Urkunden immer wieder heißt?

Zwei Quellen sind es hauptsächlich, die uns Einblick in die Verhältnisse der Burg gewähren: der schon erwähnte Burgfrieden von 1475 und ein Inventar aus dem Jahr 1521. Beide Dokumente belegen, daß es gewisse bauliche Elemente der späteren Festung bereits im Mittelalter gab und daß wir insofern durchaus von einer Kontinuität von der mittelalterlichen Ritterburg zur württembergischen Festung sprechen können. Da ist zunächst einmal der Vorhof (1475, 1521) erwähnt, in den man durch ein *torhuß* (1475) gelangte. Von dort aus erreichte der Besucher über *brugken* und *steg* (1475) den *vssern torren* (äußeren Turm, 1521), der den Zugang zum eigentlichen *sloß* sicherte. Das Schloß, die obere Burg, dürfte im Kern noch immer aus der von Restle beschriebenen hochmittelalterlichen Anlage bestanden haben, die heute in den Innenmauern des späteren Schloßhofes sichtbar ist und ein unregelmäßiges Rechteck von ca. 30 × 23 m bildete (vgl. oben S. 61). Der darin enthaltene Wohnkomplex ist in seinem heute noch anstehenden Mauerwerk bis in eine Höhe von zwei Stockwerken zu beobachten, war aber möglicherweise höher. Dafür könnte auch das Inventar von 1521 sprechen, das uns durch zahlreiche Räume führt.

Vom 23. Mai 1521 stammt der erste Verkaufsbrief Hans Heinrichs von Klingenberg an Herzog Ulrich von Württemberg. Am 21. Juni desselben Jahres fertigten vermutlich württembergische Beamte ein Inventar des Hausrats an, des Mobiliars und der Vorräte mit Veranschlagung der Werte. Das Inventar beschreibt also den Zustand der Burg unter Albrecht und Hans Heinrich von Klingenberg. Dem Dokument ist zwar kein architektonischer Plan beigegeben, aber man kann doch einige Räume unterschiedlichen Stockwerken zuweisen, so daß sich andeutungsweise eine Raumverteilung ergibt.

Folgen wir den Beamten bei ihrer Inventur, so führen sie uns zunächst in eine niedere Kammer (1) mit Vorkammer (2), dann in eine große Kammer (3) und in das Frauenzimmer (4), weiter in eine Jungfrauenkammer (5) und über den Gang in die Stube (6). Es folgen die Bubenkammer (7), ein Raum vor der Bubenkammer (8) und die Brunnenkammer (9). Ein weiterer Rundgang beginnt ganz oben *vff dem Umbgang vff der Wacht* (10), also auf dem Wehrgang; von da geht es in die Pfaffenkammer (11), in eine große Kammer (12) und eine kleinere davor (13), schließlich in die Briefkammer (14, wohl das Archiv). Mit Respekt betreten wir nun Herrn Albrechts Kammer (15) mit Frauenzimmer (16), seine gute Stube daneben (17), schließlich ein kleines Kämmerlein (18) und die Kunkelkammer (19, die Spinnstube). Wir sind auf unserem Rundgang weder in die Küche gekommen noch in die Burgkapelle. Daß es auf dem Hohentwiel eine Küche gab, ist selbstverständlich (das Kochgeschirr wird später auch erwähnt), und von einer Kapelle wissen wir aus dem Burgfrieden von 1475; die Pfaffenkammer des Inventars von 1521 deutet sogar darauf hin, daß man Wert darauf legte, einen Seelsorger in den Mauern beherbergen zu können.

Bei nochmaliger Betrachtung wird erkennbar, warum die Inventaristen Küche und Kapelle übergingen: Ihnen kam es in erster Linie auf ein Verzeichnis der Betten und anderen Mobiliars an; außer in den beiden Stuben standen überall Betten. Wo immer Raum war, wurden Schlafplätze geschaffen, selbst in der Brunnenkammer standen zwei Betten, und auf dem Wehrgang gab es elf breite Bettstätten. Insgesamt zählte der Schreiber 44 Betten samt den dazugehörigen *lilachen* (Leintüchern), *pfulwen* (Kopfkissen) und Kissen. Das Bettzeug wurde in *trögen* (Truhen) aufbewahrt, daneben gab es einen *Kasten* (Schrank) und verschiedene *kensterlin* (kleine verschließbare Schränkchen). Tische standen nur in den beiden Stuben, wobei der Tisch in Herrn Albrechts Stube als Schreibtisch ausgewiesen ist. Dort gab es auch ein Spannbett, in den benachbarten Räumen waren zwei Reisetruhen – wir erinnern uns: Albrecht von Klingenberg war als österreichischer Rat viel unterwegs.

Wir können einen Versuch wagen, aus dem Inventar die beiden Wohneinheiten Albrechts und Hans Heinrichs von Klingenberg zu rekonstruieren. Bei genauer Betrachtung zeichnen sich zwei Raumkomplexe ab, die sich deutlich den beiden Herren zuordnen lassen. Da die oben aufgezählten Räume 15–18, vielleicht noch die Briefkammer (14) Albrecht von Klingenberg und seiner Frau Dorothea von Ottingen (die drei Kinder waren aus dem Haus) gehört haben dürften, also Stube, Herrenschlafzimmer, Frauenzimmer, Briefkammer und Kämmerlein, so scheint die entsprechende Raumfolge 3–7 (Herrenschlafzimmer, Frauenzimmer, Jungfrauenzimmer, Stube, Bubenkammer) die Wohnung Hans Heinrichs und seiner (ersten) Frau Susanna von Rotberg wiederzugeben. Sie hatten zwei Töchter Susanna und Clara Anna, die sich die Jungfrauenkammer teilten, und einen Sohn Hans Caspar, der wohl in der Bubenkammer schlief. Die übrigen Kammern dürften Besuchern oder Bediensteten vorbehalten gewesen sein; die Kunkelkammer und die Brunnenstube waren wohl wie die Küche und die Kapelle in gemeinsamer Benutzung. Das Durchwandern der Wohneinheiten von einer niederen Kammer nach oben zum Wehrgang läßt vermuten, daß die beiden

Wohneinheiten nicht nach Stockwerken getrennt waren, sondern sich beide auf mehrere Stockwerke verteilten.

Wenn wir die oben aufgezählten 19 Räume der Burg noch um die Küche und die Kapelle erweitern und jeden Raum einmal versuchsweise mit 20 m^2 durchschnittlich veranschlagen, so ergäbe sich eine Wohnfläche von rund 420 m^2. Vorausgesetzt diese Räume befanden sich tatsächlich in dem von Restle mit einer Grundfläche von 11 × 22 m angegebenen Südflügel der hochmittelalterlichen Burg, so reichten die zwei Stockwerke des Südflügels durchaus für den eben errechneten Raumbedarf aus, ja es ließen sich noch Treppen und Flure unterbringen. Möglich ist, daß der Wohntrakt der Burg Hohentwiel drei Stockwerke umfaßte. Wenn wir im Erdgeschoß Küche, Brunnenkammer und weitere Vorrats- und Versorgungsräume annehmen, dann wäre für die reinen Wohnräume in den zwei Stockwerken darüber reichlich Platz gewesen, selbst wenn wir jedem Raum durchschnittlich 25 m^2 zuschreiben würden. Mit solchen Überlegungen haben wir freilich den Boden sicheren Wissens längst verlassen.

Trotz der scheinbaren Weiträumigkeit der Burg Twiel an der Wende vom Mittelalter zur Neuzeit konnte es dort zeitweilig zu recht engen Wohnverhältnissen kommen. Zwar lebten um 1510 dort mit zwei 5köpfigen Familien relativ wenige adlige Bewohner. Aber wie mag das Burgleben um 1460/70 ausgesehen haben, als in einer Generation allein 19 Kinder von Hans und Albrecht von Klingenberg lebten? Nicht zufällig war es die Zeit, da die Vertragspartner des Burgfriedens von 1475 *krieg, spenn oder tzwayung* untereinander vorzubeugen suchten. Die adlige Familie bildete nicht die ganze Bewohnerschaft des Hohentwiel; hinzu kamen Mägde und Knechte und eine militärische Besatzung. Die 44 Betten, die es zuletzt auf dem Twiel gab, deuten die Größenordnung ebenso an wie die 50 Paar Hausschuhe, die laut Burgfrieden von 1475 im Haus sein sollten. Wenn wir für die adlige Familie und ihre Gäste etwa 20 Betten reservieren, blieben im frühen 16. Jahrhundert noch etwa 25 Betten für Dienerschaft und Burgbesatzung.

Es dürfte sicher sein, daß die fünf Betten auf den Toren und im Vorhof und die elf Betten auf dem Umgang für die Soldknechte da waren, und in dieser Größenordnung (ca. 15 Mann) müssen wir uns die »normale« militärische Besatzung des Hohentwiel im Mittelalter vorstellen. Der Burgfrieden von 1475 spricht davon, daß zu bestimmten Gelegenheiten jede der beiden Vertragsparteien 15 Knechte zu dingen hatte, die ein Hauptmann mustern und auf die äußerst strengen Artikel der Burgordnung vereidigen sollte. Diese Größe korrespondiert mit älteren Zahlenangaben: Bereits 1362 waren Hans und Albrecht von Klingenberg mit 14 Bewaffneten in österreichische Kriegsdienste getreten; und als derselbe Hans 1365 in Schaffhausen einen Knecht erschlagen hatte, hatten er und sein Bruder sich verpflichten müssen, der Stadt 20 Jahre lang mit 15 Helmen zu dienen. Für das 14. und 15. Jahrhundert lernen wir sogar einige Klingenbergische Soldknechte mit

Namen kennen. Da gab es den Konrad Rauber genannt Guttelin, dessen Gefangenschaft beim Grafen von Werdenberg die Fehde von 1464 ausgelöst hatte, und jenen Knecht Heinrichs von Klingenberg, Heinrich Beck, der bei der Belagerung damals um ein Haar – fälschlicherweise – erschossen worden wäre. Auch einige Schweizer Knechte, die Eberhard von Klingenberg anläßlich der Werdenberger Fehde unter Sold genommen hatte, haben wir oben schon namentlich aufgezählt.

Zur militärischen Feste Hohentwiel gehörte ein Waffenlager. Nach dem Burgfrieden von 1475 sollten auf der Burg ständig bereitgehalten werden: 4 Armbrüste mit 4 Winden, Garn zu Sehnen, 2000 Pfeile, 5 Handbüchsen, 5 Hakenbüchsen, 3 Zentner Pulver und 2 Zentner Blei. Das nimmt sich vergleichsweise bescheiden aus gegenüber dem Arsenal, das sich 1521 laut Inventar auf dem Hohentwiel befand, nämlich:

34 messingene Hakenbüchsen
16 eiserne Hakenbüchsen
4 sonstige Hakenbüchsen
6 Handbüchsen
6 Nepper
25 Zentner Eisenkugeln zu großen Büchsen
25 Armbrüste
2 Stahlbogen
13 Köcher
12 Schweinespieße
1 Hellebarde
2 Javelinen
2 große Schlangen (Kanonen)
11 Falkonen (kleine Kanonen)
40 Zentner Pulver
4 Zentner Salpeter
3 Zentner Schwefel
40 Zentner Blei

Es ist wohl kaum übertrieben zu behaupten, daß zwischen 1475 und 1521 ein kleines Vermögen in die Hohentwieler Zeugkammer geflossen sein muß. Zugleich macht der Vergleich deutlich, in welchem Maß am Ende des Mittelalters Feuerwaffen gegenüber den Armbrüsten, den traditionellen Fernwaffen, an Bedeutung gewonnen hatten.

Ein »Burghaushalt« dieser Größenordnung bedurfte – neben der militärischen Besatzung und nicht zuletzt wegen dieser – einer funktionierenden Verwaltung, die die Versorgung der Lebensgemeinschaft gewährleistete. Wie der Hauptmann die Soldknechte befehligte, so stand dem Versorgungsbetrieb ein Verwalter mit dem Titel »Keller« vor. Ein solcher Keller zu Twiel, Hans der Hattinger, ist uns für die Jahre 1402, 1404 und 1411, also die Zeit Caspars von Klingenberg, überliefert. Der Keller sorgte dafür, daß auf der

Burg war, was man zum Überleben brauchte; von den Waffen über die Filzschuhe der Wächter bis zu den Kohlen für den Winter schaffte er alles auf die Festung. 1475 sollte es auf dem Twiel ständig zehn Schweine geben und drei Zentner Schmalz, *von spis in die kuchy ärbs linß bonen müßmel gersten, yegklichs tzway malter* (jeweils ca. 6 Zentner), hundert Malter halb Roggen und Dinkel (ca. 300 Zentner), vier Fuder Wein, zehn Scheiben Salz. Zur Instandhaltung der Burg sollte ein komplettes Zimmermanns- und Maurergeschirr vorhanden sein.

Dieses findet sich 1521 getreulich verzeichnet, ebenso ein vollständiges Schmiedegeschirr. In der Küche waren jetzt 173 Maß Schmalz, 37 Speckseiten, Fleisch in unklarer Größenordnung, 81 Käse, 161 Pfund Salz, 196 Pfund Schweineschmer. In drei Kellern, darunter Junkers (also Hans Heinrichs) Keller, lagerten mehr als 20 Fuder Wein (= 34 560 l) und drei Fässer Baum(= Oliven)öl. Im oberen Kornhaus waren 65 Malter Roggen (ca. 190 Zentner) und in Junkers Kornhaus 72 Malter Roggen (ca. 210 Zentner), 60 Malter Müllerkorn (ca. 180 Zentner) und drei Malter Gerste (ca. 9 Zentner). In den Ställen (und auf den Weiden am Berg) standen 15 Rinder, sieben Kälber, 17 Schweine, zehn Pferde mit Karren und Geschirr und nicht zu vergessen sechs Esel. Spätestens damit ist deutlich, daß es auf dem Hohentwiel nicht nur ein Schloß gab, sondern eine ganze Reihe von Nebengebäuden, Ställen, Kornhäusern, Kellern, über deren Lage, Größe und Bauweise sich indes nichts Näheres sagen läßt.

Zu und von diesen Kellern und Lagerhäusern herrschte reger Fuhrverkehr. Das Korn, das auf dem Hohentwiel verbraucht wurde, stammte von eigenen Feldern in Singen, Hilzingen oder Worblingen; es wurde von dortigen Bauern, die den Klingenbergern leibeigen waren, gebaut und geerntet. Die Bauern brachten es zur Dornermühle am Fuß des Hohentwiel, die zeitweilig Hans Heinrich von Klingenberg gehörte, und schließlich auf die Burg. Auch Brennholz wurde aus eigenem Besitz beschafft, etwa aus dem Bruderholz nahe Singen; auch der Wein wuchs in eigenen Gärten, rings um den Hohentwiel. Im Kelhof bei Singen besaß Albrecht von Klingenberg eine Torkel, wo die Trauben gepreßt wurden. Ein Problem war, wie wir wissen, die Wasserversorgung. Der Brunnen, der 1475 im Burgfrieden genannt wird, und die Brunnenkammer des Inventars von 1521 führten kein Grundwasser. Unter »Brunnen« müssen wir uns die einzige Zisterne, die es im Mittelalter auf dem Twiel gab, vorstellen; eine in den Fels gehauene Höhlung, die geeignet war, Wasser einigermaßen frisch zu halten. Das Wasser mußte täglich – oder jedenfalls in regelmäßigen Abständen – vom Eselsbrunnen am westlichen Aufstieg herauftransportiert werden. In kleinen länglichen Fässern, sogenannten Legeln, trugen Esel Tag für Tag, Jahr für Jahr, Jahrhundert für Jahrhundert – und warum nicht schon zu Zeiten der Hadwig? – jenes Element auf den Berg, ohne das die Festung nicht lebensfähig gewesen wäre.

Wie haben die Adligen damals – im »Herbst« des Mittelalters, im Aufbruch zu einer neuen Zeit – solches Burgleben empfunden? Hans Heinrich von Klingenberg oder Albrecht, die letzten Besitzer des Hohentwiel aus diesem Geschlecht, haben uns selbst keine Antwort überliefert, aber vielleicht hätte sie ähnlich gelautet wie die ihres berühmten Standesgenossen Ulrich von Hutten in einem Brief an den Nürnberger Patrizier Willibald Pirckheimer vom 25. Oktober 1518:

In den Städten könnt ihr nicht nur friedlich, sondern auch bequem leben ... Aber glaubst Du, daß ich unter meinen Rittern jemals Ruhe finden werde? ... Glaube das nicht und vergleiche nicht dein Leben mit meinem! ... Man lebt auf dem Feld, im Wald und in den bekannten Burgen auf dem Berg. Die uns ernähren, sind bettelarme Bauern, denen wir unsere Äcker, Weinberge, Wiesen und Wälder verpachten. Der einkommende Ertrag ist, gemessen an der aufgewandten Mühe, geringfügig; aber man sorgt und plagt sich sehr, daß er großmächtig werde. Denn wir müssen höchst sorgsame Hausväter sein.

Sodann müssen wir uns in den Dienst eines Fürsten stellen, von dem wir Schutz erhoffen. Wenn ich das nicht tue, glaubt jeder, er könne sich alles gegen mich erlauben. Aber wenn ich es tue, ist diese Hoffnung täglich mit Gefahr und Furcht verbunden. Gehe ich nämlich von Hause fort, so muß ich fürchten auf Leute zu stoßen, mit denen der Fürst, wie bedeutend er auch sein mag, Fehde oder Krieg führt und die mich seinetwegen anfallen und wegschleppen. Wenn es dann mein Unglück will, geht leicht mein halbes Vermögen als Lösegeld darauf ... Deshalb halten wir uns Pferde und Waffen und umgeben uns mit zahlreichem Gefolge, alles unter großen und spürbaren Kosten. Unterdessen gehen wir nicht einmal im Umkreis von zwei Joch ohne Waffen aus. Kein Dorf können wir unbewaffnet besuchen, auf Jagd und Fischfang nur in Eisen gehen. Außerdem entstehen häufig Streitigkeiten zwischen fremden Meiern und unsern; kein Tag vergeht, an dem uns nicht ein Zank hinterbracht wird, den wir dann möglichst vorsichtig beilegen müssen ... Doch unter welchen Menschen geschieht dies? Nicht unter Fremden, mein Freund, nein, zwischen Nachbarn, Verwandten und Angehörigen, ja sogar unter Brüdern. Das sind unsere ländlichen Freuden, das ist unsere Muße und Stille!

Die Burg selbst, ob sie auf dem Berg oder in der Ebene liegt, ist nicht als angenehmer Aufenthalt, sondern als Festung gebaut. Sie ist von Mauer und Gräben umgeben, innen ist sie eng und durch Stallungen für Vieh und Pferde zusammengedrängt. Daneben liegen dunkle Kammern, vollgepfropft mit Geschützen, Pech, Schwefel und sonstigem Zubehör für Waffen und Kriegsgerät. Überall stinkt es nach Schießpulver; und dann die Hunde und ihr Dreck, auch das – ich muß es schon sagen – ein lieblicher Duft! Reiter kommen und gehen, darunter Räuber, Diebe und Wegelagerer ... Man hört das Blöken der Schafe, das Brüllen der Rinder, das Bellen der Hunde, das Rufen der auf dem Feld

Arbeitenden, das Knarren und Rattern der Fuhrwerke und Karren; ja sogar das Heulen der Wölfe hört man in unserem Haus, weil es nahe am Wald liegt. Der ganze Tag bringt von Morgen an Sorge und Plage, ständige Unruhe und dauernden Betrieb. Äcker müssen gepflügt und umgegraben werden, Weinberge müssen bestellt, Bäume gepflanzt, Wiesen bewässert werden; man muß eggen, säen, düngen, mähen und dreschen; jetzt steht die Ernte bevor, jetzt die Weinlese. Wenn aber einmal ein schlechtes Ertragsjahr kommt, ... dann haben wir fürchterliche Not und Armut; dann hört es gar nicht mehr auf mit banger Unruhe und zermürbendem Umtrieb. In dieses Leben rufst Du mich aus dem unwürdigen Hofleben zurück, als wäre es für das Studium geeignet!

Wir haben Ulrich von Hutten so ausführlich zu Wort kommen lassen, weil sein Brief geeignet ist, auch die Verhältnisse auf dem Hohentwiel um 1500 zu veranschaulichen. Solch elegische Beschreibung ihres Burglebens war von den Klingenbergern in jener Zeit nicht zu erwarten, denn sie waren in einen heftigen Kleinkrieg untereinander verstrickt. Welche Formen dieser Streit annehmen konnte, zeigt ein Schreiben Kaiser Maximilians I. vom 3. Dezember 1516, das er auf Beschwerde Albrechts von Klingenberg an dessen Vetter Hans Heinrich richtete. Darin heißt es, Hans Heinrich habe nicht nur Albrechts Teil der Burg eingenommen, sondern behandle auch dessen Ehefrau Dorothea wie eine Gefangene, halte ihre Bediensteten von ihr fern, benutze ihren Hausrat und habe sie dadurch gezwungen, den Ort zu verlassen. Aus anderer Quelle wissen wir, daß Dorothea auf die benachbarte Burg Staufen zog, die Albrecht von Klingenberg von seiner Mutter geerbt hatte.

Seit Hans Heinrich von Klingenberg dem Herzog Ulrich von Württemberg 1511 ein Öffnungsrecht auf der Burg Twiel eingeräumt hatte, konkurrierten Österreich und Württemberg um den Zugang zur Burg. Mit der förmlichen Verdrängung von Albrechts Frau Dorothea aus der Festung war die österreichische Position erheblich geschwächt. Zwar versuchte Albrecht von Klingenberg, der als österreichischer Rat überwiegend am Innsbrucker Hof weilte, in einem Vertrag von 1517 seine Hälfte des Hohentwiel zu einem österreichischen Lehen zu machen. Hans Heinrich focht dies jedoch erfolgreich an, da dies dem Burgfrieden von 1475 widersprach. Österreich mußte sich in Verträgen von 1517 und 1518 damit begnügen, daß sich Hans Heinrich von Klingenberg neben den württembergischen Verpflichtungen zusätzlich zu einem Diener Österreichs erklärte und dem neuen Dienstherren ebenfalls ein Öffnungsrecht einräumte. Der Vetter Albrecht von Klingenberg erhielt unter bestimmten Bedingungen Einlaß auf der Burg mit drei Pferden, durfte dort aber nicht mehr dauerhaft Wohnung nehmen.

Hans Heinrich von Klingenberg war gerade im Begriff, sich mit dieser problematischen Zwitterstellung des Hohentwiel, der ihm nun de facto allein gehörte, einzurichten – er verschaffte sich mit dem Erwerb des Dorfes Singen 1518 ein größeres Hinterland zur Versorgung der Burg –, als die politischen Ereignisse mit einem Schlag die Fragwürdigkeit seiner Vertragspolitik offenbarten. 1519 zog der landesvertriebene Herzog Ulrich von Württemberg, unter Berufung auf sein Öffnungsrecht, auf den Hohentwiel, eine neue Ära in der Geschichte der Burg begann.

Als sich herausstellte, daß der Württemberger nicht nur vorübergehend auf dem Twiel blieb, fügte sich Albrecht von Klingenberg in die Tatsachen und verkaufte seine Hälfte der Burg am 7. Mai 1521 an seinen Vetter Hans Heinrich. Noch im Januar dieses Jahres hatte er aus Innsbruck einen tröstlichen Brief an seine Frau Dorothea von Ottingen auf die Burg Staufen geschickt, der die Hoffnung ausdrückte, *es wiert ob gott will noch alß guͤt.* Daß wenige Wochen später, am 23. Mai 1521, Hans Heinrich von Klingenberg die Burg an Herzog Ulrich von Württemberg weiterverkaufte, das sollte nicht nur den Ritter Albrecht und die diplomatische Welt des deutschen Südwestens in Aufruhr versetzen, das bedeutete auch den persönlichen Ruin des letzten Hohentwiel-Bewohners aus dem Haus Klingenberg. Er habe, schrieb Hans Heinrich von Klingenberg in einem Brief 1523, mit dem württembergischen Handel sein *kind an den Bettelstab gericht.*

Kaiser Maximilian I. Kupferstich von Albrecht Dürer.

Herzog Ulrich von Württemberg und der Hohentwiel

Die politischen Kräfte in Schwaben seit dem 13. Jahrhundert: ein Herzogtum ohne Herzöge

Um nachvollziehen zu können, wie eine relativ unbedeutende Adelsburg ins Blickfeld größerer Mächte rückte und warum der Hohentwiel letztlich württembergisch wurde, empfiehlt es sich, weiter zurückzugreifen. Haben wir das späte Mittelalter bisher aus dem Blickfeld eines einzelnen Adelsgeschlechts betrachtet, so versuchen wir nun in einem erweiterten Horizont das größere Kräftefeld in den Blick zu bekommen. Die Geschichte des deutschen Südwestens wurde im Spätmittelalter hauptsächlich von vier politischen Kräften geschrieben. Da war zunächst das Haus Habsburg, das seit der Wahl Rudolfs von Habsburg zum deutschen König 1273 zu den königsfähigen Hochadelsfamilien des Reiches zählte und das mit der Belehnung Österreichs und der Steiermark 1282 einen enormen Machtzuwachs erfahren hatte. Die Hausmachtpolitik der Familie zielte darauf ab, ihre Territorien im Alpenraum mit den Besitzungen im Sundgau und Elsaß zu verbinden. Trotz zahlreicher Erwerbungen, die sie während des 14. und 15. Jahrhunderts in Oberschwaben, im Breisgau und am oberen Neckar gemacht hatten, war es den Habsburgern bis zum Ende des Mittelalters nicht gelungen, in den österreichischen Vorlanden, wie dieses Konglomerat von Herrschaften genannt wurde, ein geschlossenes Territorium zu schaffen. Zu den wichtigsten vorderösterreichischen Brückenköpfen zwischen Tirol und dem Breisgau zählte seit 1465 die Landgrafschaft Nellenburg, die den Hegau zum österreichischen Hoheitsgebiet machte. Österreich war zwar der größte Territorialherr im deutschen Südwesten, aber die Streulage seiner Besitzungen bedeutete einen Nachteil.

Ganz anders verlief dagegen die territoriale Entwicklung der Grafschaft Württemberg, die sich zur großen Widersacherin der österreichischen Politik machte und damit zur zweiten politischen Kraft im Südwesten wurde. Württemberg besaß um das Jahr 1420 praktisch ganz Niederschwaben als weitgehend geschlossenes Territorium, in dem sich frühzeitig eine moderne

Württemberg und Vorderösterreich um 1520

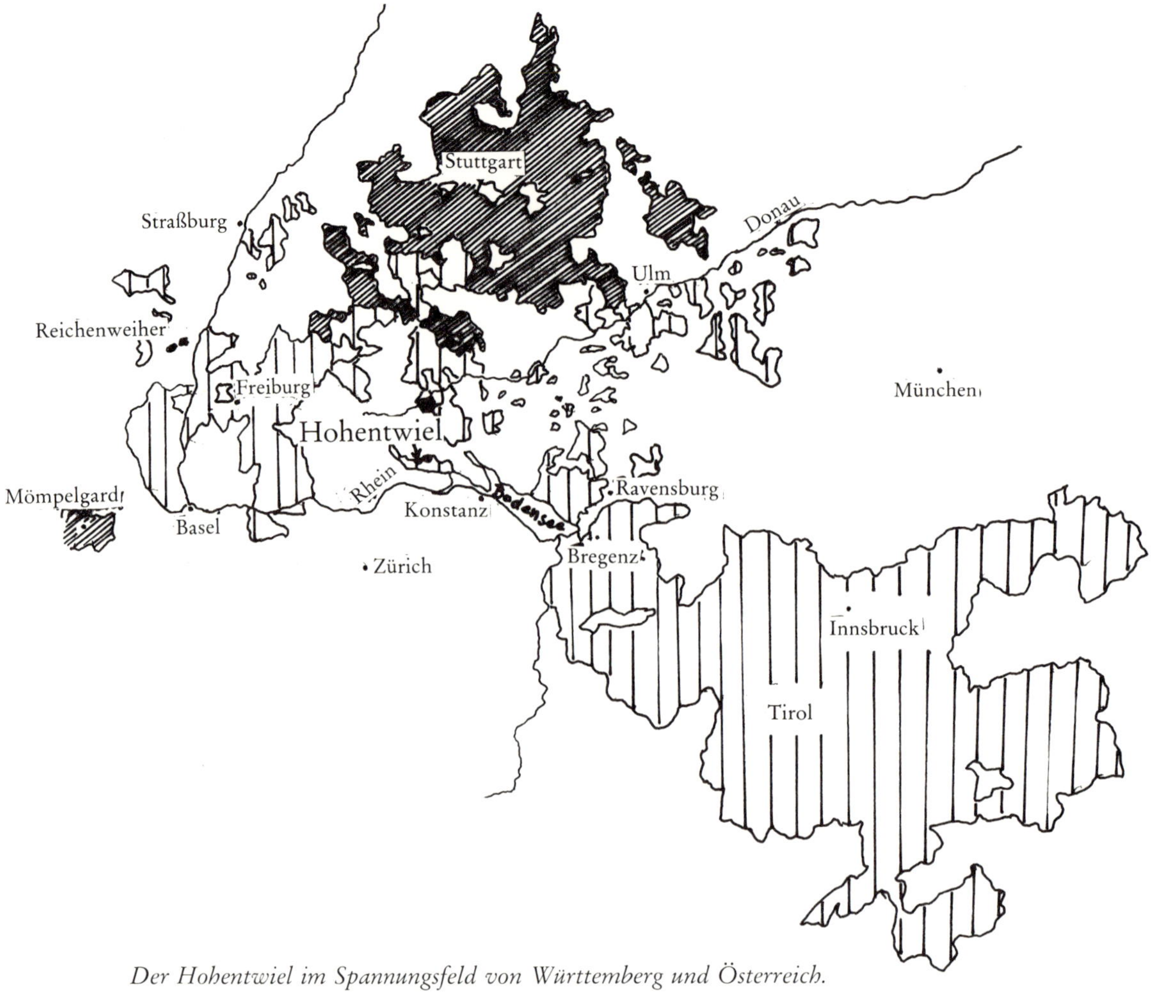

Der Hohentwiel im Spannungsfeld von Württemberg und Österreich.

Verwaltungsstruktur entfalten konnte. Abgelegen waren allerdings die württembergischen Herrschaften Mömpelgard (Montbéliard) in Burgund und Reichenweiher (Riquewihr) im Elsaß. Insofern befand sich Württemberg in einer vergleichbaren Situation wie Österreich: Auch hier war es Ziel, Brückenköpfe zu den abgelegenen Herrschaftsgebieten zu errichten. Doch schon lange bevor Mömpelgard durch Heirat an Württemberg gekommen war, wurde deutlich, daß sich die Grafschaft nach Süden auszudehnen gedachte. 1377 erwarb Württemberg Tuttlingen, und noch früher, 1359, hatten die Grafen Eberhard und Ulrich die Burg Mägdeberg in ihren Besitz gebracht. Dieses früheste Eindringen Württembergs in den Hegau weist einige verblüffende Ähnlichkeiten auf mit der späteren Inbesitznahme des Hohentwiel und vermittelt einen Eindruck von der rigiden, rechtlich oft problematischen Erwerbspolitik des Hauses Württemberg. Die Burg Mägdeberg und der zugehörige Kelhof in Mühlhausen waren von ihrem Besitzer, der Abtei Reichenau, an deren Dienstmann Werner von Tettingen verpfändet. Da die Reichnau aus Geldnot dieses Pfand nicht lösen konnte, bot es die Abtei ihrem Schutzherrn, eben Österreich, zum Kauf an. Der Kaufvertrag kam am 19. Oktober 1358 zustande. Zur gleichen Zeit aber verhandelte Württemberg mit dem Pfandinhaber Werner von Tettingen und überredete ihn, trotz des bestehenden Vertrags zwischen der Reichenau und Österreich, zu einer Veräußerung der Burg an Württemberg, was am 28. Januar 1359 besiegelt wurde. Bevor Österreich sein Recht auf den Mägdeberg wahrnehmen konnte, besetzten die Württemberger die Burg und schafften so vollendete Tatsachen. Das Gerangel um den Mägdeberg dauerte 120 Jahre: Erst 1481 gab Eberhard von Württemberg den Berg heraus und war damit zunächst einmal aus dem Hegau verdrängt.

Die Episode ist symptomatisch für die Konfrontation zwischen Österreich und Württemberg und für die Patt-Situation, die am Ende des Mittelalters zwischen den beiden Mächten im Südwesten entstanden war. Österreich fand keine Gelegenheit, sich über die Herrschaft Hohenberg am Neckar hinaus nach Norden auszudehnen, und Württemberg hatte Mühe, sich südlich der Donau dauerhaft zu etablieren. Insgesamt war die Situation so, daß Österreich den Süden des alten Herzogtums Schwaben beherrschte, während Württemberg das mächtigste Territorium seiner Nordhälfte bildete.

Mit dem Stichwort Herzogtum Schwaben ist ein Thema angesprochen, das erst in jüngster Zeit wieder ins Blickfeld der Forschung geraten ist. Das Herzogtum Schwaben hatte in etwa das alte Stammesgebiet der Alemannen, also den deutschen Südwesten einschließlich Elsaß und Nordschweiz, umfaßt. Die mächtigsten Adelsdynastien hatten sich hier früher im Herzogsamt abgelöst. Vor dem Jahr 1000 war der Hohentwiel, wie wir wissen, Sitz oder zumindest Wohnort schwäbischer Herzöge gewesen. Mit dem Untergang des staufischen Hauses Mitte des 13. Jahrhunderts war der schwäbische Herzogstitel vakant geworden, aber im Bewußtsein der mächtigen Dynastien blieben Land und Herzogtum Schwaben weiter bestehen. Als König Rudolf aus dem Haus Habsburg am Ende des 13. Jahrhunderts vergeblich versuchte, den vakanten schwäbischen Herzogstitel seinem Sohn Albrecht zu verleihen, hatte er zwar frühzeitig den Anspruch Österreichs auf den Titel angemeldet. Doch mit dem Erstarken Württembergs erwuchs den Habsburgern ein mächtiger Mitbewerber. Württemberg seinerseits hat das Amt spätestens um die Wende vom 14. zum 15. Jahrhundert beansprucht. Man kann sagen, daß sich die Frage der Wiederbelebung des schwäbischen Herzogtums schließlich in der geschilderten Patt-Situation zwischen Österreich und Württemberg aufgelöst hat: Der Herzogstitel, den Kaiser Maximilian 1495 an Eberhard von Württemberg verlieh, war neu geschaffen worden, um den fürstengleichen Rang anzuerkennen, den die württembergischen Grafen seit langem besaßen. Damit gab es mehrere Herzogsfamilien *in* Schwaben, aber keinen Herzog *von* oder *über* Schwaben, der im Südwesten eine integrative und friedenssichernde Funktion hätte ausüben können.

Die dritte politische Kraft des deutschen Südwestens waren die Reichsstädte, die aufgrund ihres wirtschaftlichen Aufschwungs ein erhebliches politisches Gewicht erlangt hatten, das sie in Gegensatz zum Adel und den Landesherren brachte. In Städtebünden zusammengeschlossen waren sie im 14. Jahrhundert mehrfach in der Lage gewesen, die Grafen von Württemberg und den schwäbischen Adel zu besiegen. Der Sieg der Städte über ein württembergisches Aufgebot in der Schlacht bei Reutlingen 1377 löste eine Krise des ritterlichen Standesbewußtseins aus, ähnlich wie die Schlachten bei Crécy und bei Näfels. Schließlich jedoch hatten die Reichsstädte zwei Niederlagen gegen die Territorialherren – 1388 bei Döffingen und 1449/50 im Städtekrieg – erlitten und politische Macht eingebüßt, ohne ihre wirtschaftliche Bedeutung zu verlieren. Um ihre wirtschaftlichen Interessen wirksamer zu schützen, mußten sie sich am Ende des 15. Jahrhunderts zu einer umfassenden Bundespolitik durchringen.

Wichtiger in unserem Zusammenhang ist die vierte politische Kraft, der Adel. Unterhalb der großen Dynastien, die ihre Herrschaften allmählich zu Territorialstaaten ausbildeten, gab es viele adlige Familien, die durch die wirtschaftliche, soziale und politische Entwicklung des Spätmittelalters in eine mehrfach überlagerte Krise geraten waren. Die Herren von Klingenberg haben uns einige Möglichkeiten vorgeführt, wie der Adel dieser Krise zu entgehen versuchte. Einige Vertreter der Familie wie Caspar (†1439) und Albrecht von Klingenberg (†1525) strebten nach hohen Beamtenpositionen und stellten sich damit in den Dienst der Landesherren; andere suchten ihre Eigenständigkeit zu bewahren, nahmen bei reichen Bürgern oder Juden Kredite oder verwickelten sich in Kleinkriege, die ihre Position letztendlich noch weiter schwächten. Der zusätzlichen Bedrohung durch genossenschaftliche, also antifeudale Bewegungen, wie sie jenseits des Rheins in der eidgenössischen Schweiz auftraten, war der Adel nach dem Appenzeller Krieg 1407/08 mit der Gründung der Rittergesellschaft mit St. Georgenschild begegnet. Zunächst als Standesorganisation gedacht, wuchs der Bund schließlich über seinen Zweck hinaus und wurde am Ende des 15. Jahrhunderts zur friedenssichernden Institution in Schwaben. 1488, nach zahlreichen Fehden und Konflikten, wurde dann unter maßgeblicher Beteiligung des späteren Kaisers Maximilian der Schwäbische Bund gegründet, in dem die Gegensätze zwischen den Territorialherren, den Städten und dem Adel zunächst beigelegt waren und der den allgemeinen Landesfrieden wirksam zu schützen imstande war. Württemberg und Österreich ließen, durch ihren

Beitritt zum Bund, sogar ihre Konflikte für lange Zeit ruhen. Der Schwäbische Bund war damit faktisch an die Stelle der alten obsoleten Herzogsgewalt getreten.

Der Hohentwiel im Spannungsfeld zwischen Österreich und Württemberg

Diese politische Konstellation und der österreichisch-württembergische Gegensatz führten trotz des Bündnisses von 1488 dazu, daß sich der schwäbische Adel in zwei politische Lager spaltete. Besonders für die Adligen am oberen Neckar und an der oberen Donau, die im Grenzbereich der österreichischen und württembergischen Interessensphäre begütert waren, wurde die Entscheidung, in wessen Dienste sie sich begeben sollten, problematisch. Aber auch der Adel im Hegau wurde mit diesem Problem konfrontiert. Obwohl die Klingenberger traditionell österreichische Beamte und Lehenträger waren, begaben sich erstmals 1447 zwei Angehörige des Geschlechts in württembergische Dienste. 1483 – das war zwei Jahre, nachdem Eberhard von Württemberg den Mägdeberg an Österreich herausgegeben hatte – konnte derselbe Eberhard die Brüder Albrecht und Caspar von Klingenberg durch Dienstvertrag an sich binden. Ob Eberhard damals schon auf den Hohentwiel spekulierte?

Jedenfalls kann man sagen, daß der Hohentwiel in der zweiten Hälfte des 15. Jahrhunderts, genauer gesagt: seit die Landgrafschaft Nellenburg 1465 österreichisch geworden war, ein erhöhtes strategisches Interesse erlangte. Vor dieser Zeit war die Feste, die einst im 10. Jahrhundert als Herzogsburg angelegt worden war, zur durchschnittlichen Ritterburg und zeitweilig zum Raubritternest heruntergekommen. Jetzt aber geriet die Burg in das Spannungsfeld zwischen Österreich und Württemberg. Die Tatsache, daß ihre Besitzer zwischen den Parteien schwankten, machte die Burg fremden Interessen zugänglich. Wäre der Hohentwiel in einer festen Hand gewesen, müßten die folgenden Kapitel dieses Buches vermutlich anders geschrieben werden. Doch die wirtschaftliche Schwäche und die Interessenspaltung der Familie Klingenberg erregten den Appetit der Herren auf diesen strategisch günstigen Ort, und so begann das Buhlen der Territorialherren um seine Besitzer.

Hatte sich Graf Eberhard im Bart durch Dienstverträge mit einigen Klingenbergern bedingt Zugang zum Twiel verschafft, so gelang es 30 Jahre später Ulrich von Württemberg, gleichsam ein Bein in die Pforte des Hohentwiel zu bringen: Am 6. Januar 1511 gewährte ihm Hans Heinrich von Klingenberg – gegen die Interessen seiner Mitbewohner – weitgehende Öffnungsrechte auf der Burg. Doch bevor wir den weiteren Schritten der Aneignung des Hohentwiel folgen, soll Ulrich von Württemberg, die bemerkenswerteste Fürstengestalt des deutschen Südwestens im 16. Jahrhundert,

Herzog Ulrich von Württemberg um 1545. Holzschnitt von Hans Brosamer.

etwas plastischer vorgestellt werden. Denn zum Verständnis seiner Politik muß sich die Analyse der politischen Verhältnisse, die er vorfand, mit einer Annäherung an seine persönliche Geschichte verbinden.

Ulrich von Württemberg

Ulrich von Württemberg wurde am 8. Februar 1487 im elsässischen Reichenweiher geboren, gerade ein Jahr vor der Gründung des Schwäbischen Bundes, der auf dem württembergisch-österreichischen Interessenausgleich beruhte. Schon in allerfrühester Zeit nahm er wahr, daß er eine ungemein wichtige Person sein mußte, da ihm von allen Seiten größte Aufmerksamkeit zuteil wurde. Das lag daran, daß auf dem Kind der Fortbestand und damit die Zukunft des Hauses Württemberg lag. Denn der erste Herzog Württembergs, Eberhard im Bart, sowie dessen Vetter, der jüngere Eberhard, waren kinderlos geblieben. Nur einem weiteren Vetter Heinrich, der wegen einer Geisteskrankheit ins elsässische Reichenweiher abgeschoben worden war, waren Kinder beschieden. Die Mutter, Elisabeth von Zweibrücken-Bitsch, starb wenige Tage nach der Geburt. So hatte Ulrich zwar keine Mutter, dafür aber drei »Väter«. Dem leiblichen Vater Heinrich wurde Ulrich früh entrissen und in die Obhut Graf Eberhards gegeben, der den Jungen an Kindes statt annahm und zu seinem Nachfolger bestimmte. Der neue »Vater« gab ihm auch einen neuen Namen: Erst bei seiner Firmung erhielt der württembergische Stammhalter, der eigentlich Heinrich getauft war, den Namen Ulrich. Sein dritter »Vater« war kein geringerer als der Kaiser Maximilian I. (1493–1519), der an dem Jungen eine Art Patenstelle versah und der durch ihn die württembergische Politik im Sinne des Erzhauses Österreich zu steuern gedachte.

Die Folge war eine wechselhafte Erziehung, die zwischen einer breiten Allgemeinbildung unter Einbeziehung der musischen Fächer und einer »männlichen« Erziehung hin zum künftigen Staatslenker schwankte. Ulrich hatte eine Reihe schlechter Lehrer, und das ist nach Bertold Brecht bekanntlich eine gute Schule. Das erste, was Ulrich lernte, war grenzenloses Mißtrauen, denn er erfuhr, daß jeder ihn zu einem Instrument fremder Interessen machen wollte. Andererseits wurden seine Allmachtsphantasien gefördert und eine beinahe narzißtische Selbstbezogenheit, die die Auswirkungen seiner Handlungen auf den Rest der Welt oft nicht einzukalkulieren bereit war. Daß der Kaiser persönlich ihn verhätschelte, steigerte das Selbstbewußtsein des begabten Prinzen ins Unheimliche. Noch vor Erlangung seiner Volljährigkeit betraute Maximilian den Sechzehnjährigen auf dem Reichstag in Freiburg 1503 mit der Regierung des Herzogtums Württemberg. Nur daß ihm der Kaiser den Tort angetan hatte, ihn in jungen Jahren mit der bayerischen Prinzessin Sabine zu verloben, einer – wie sich Otto Borst ausdrückt – »wahren Wuchtbrumme«, das konnte der vielversprechende Jüngling auf dem Herzogsthron nicht verwinden. Widerwillig heiratete Ulrich Sabine 1511, doch die Ehe war gescheitert, noch bevor das Beilager vollzogen war.

Um diese Zeit muß sich ein folgenschwerer Wandel in Ulrichs persönlicher und politischer Haltung vollzogen haben. Hatte er sich bisher widerspruchslos der österreichischen Bundespolitik gefügt und seinen Zorn gegen äußere Feinde gerichtet – so im Pfälzer Krieg 1504, als der Siebzehnjährige für sich und den Schwäbischen Bund einen glänzenden Sieg errungen hatte –, so begann er jetzt, gegen das Haupt der österreichischen Partei, den Kaiser, aufzubegehren. Nicht sein leiblicher Vater Heinrich, der in geistiger Umnachtung auf der Festung Hohen-Urach eingesperrt und somit selbst Opfer war, nicht Eberhard im Bart, der 1496 gestorben war, sondern der Kaiser erfuhr die Auflehnung eines Fürsten, der nun, wie aus heiterem Himmel, eine eigenständige und sehr eigenwillige Politik formulierte. Sie riß das

Herzogtum und darüber hinaus ganz Südwestdeutschland in eine abenteuerliche Politik hinein. 1512 trat Ulrich aus dem Schwäbischen Bund aus. Er kippte damit das funktionierende System der Friedenssicherung in Schwaben und knüpfte, bewußt oder unbewußt, an die traditionelle antihabsburgische Politik seines Hauses von vor 1488 an. Schon zuvor war Ulrich in engere Beziehungen zu den Eidgenossen getreten, den Erzfeinden Österreichs. In diesem Zusammenhang dürfte auch Ulrichs Interesse am Hohentwiel stehen: Die Festung lag etwa auf halbem Weg zwischen dem württembergischen Tuttlingen und dem befreundeten eidgenössischen Boden, wo Ulrich später etwa in Luzern und Solothurn Bürgerrecht erwerben sollte.

Mit dem Austritt aus dem Schwäbischen Bund begann in Württemberg eine Phase innenpolitischer Ereignisse, die Herzog Ulrich als unreifen Diplomaten, als Hitzkopf mit grausamen Rachetendenzen, als autokratischen Herrscher erwiesen und die in einer politischen Katastrophe mündeten. Durch eine unkluge Steuerpolitik provozierte Ulrich 1514 den Bauernaufstand des »Armen Konrad«, den er nur durch politische Zugeständnisse an die bürgerliche Ehrbarkeit und unter Vermittlung kaiserlicher Kommissare niederschlagen konnte. In Schorndorf demonstrierte er gleichwohl an den Aufrührern ein grausames Strafgericht. Kaum hatte das Land diese Krise überwunden, stürzte Ulrich es in neue Wirren: Er ermordete, so erfuhr 1515 die erstaunte Öffentlichkeit, meuchlings seinen eigenen Stallmeister Hans von Hutten, in dessen Frau er sich aussichtslos verliebt hatte. Im Verlauf der folgenden Auseinandersetzungen mit der Huttenschen Partei, hinter der fast die gesamte Ritterschaft stand und für die Ulrich von Hutten, ein Vetter des Ermordeten, die Feder spitzte, flüchtete Ulrichs Frau Sabine, die in diesem Jahr den Sohn Christoph zur Welt brachte, aus dem Land. Herzog Ulrich kam durch den Kaiser in die Acht, weil er sich mit den Huttenschen nicht einigen wollte. Aber nicht genug damit. Er warf seinen Räten aus der bürgerlichen Ehrbarkeit mangelnde Loyalität vor und ließ einige jener hervorragenden Männer, die ihm die Krise des »Armen Konrad« hatten meistern helfen, 1517 grausam foltern und hinrichten. Wieder verfiel Ulrich der Acht, doch nicht einmal damit war's genug. Anfang Januar 1519 starb Kaiser Maximilian. Das nutzte Ulrich zu einer ungeheuerlichen Tat: Er überfiel, kaum daß der Kaiser zu Grabe getragen war, die Reichsstadt Reutlingen und erniedrigte sie zur württembergischen Landstadt. Damit war das Maß voll. Auch ohne den Kaiser, der sein Lenker war, erwies sich die Wirksamkeit des Schwäbischen Bundes. Innerhalb kurzer Zeit rüsteten seine Mitglieder, um Reutlingen zu rächen: Unter Führung Herzog Wilhelms von Bayern, seines Schwagers, wurde Ulrich im Mai 1519 geschlagen und aus dem Herzogtum vertrieben.

Diese Entwicklung hatte folgenschwere Auswirkungen auf die Reichspolitik. Als Nachfolger Kaiser Maximilians auf dem deutschen Kaiserthron standen zwei Kandidaten zur Diskussion: Maximilians Enkel Karl von

Spanien und der französische König Franz I. Das Gerücht, daß Herzog Ulrich mit dem französischen König verbündet und dieser somit gewissermaßen an der Untat von Reutlingen beteiligt war, ein Gerücht, das die österreichische Diplomatie verbreitete, minderte die Chancen des Franzosen. Es war also nicht nur das Fuggersche Geld, das den Habsburger Karl V. im Juni 1519 zum Deutschen König machte; es waren auch die Truppen des Schwäbischen Bundes, die vorsorglich in der Nähe Frankfurts zusammengezogen wurden, um den versammelten Kurfürsten die Wahl zu »erleichtern«. So war es indirekt das politische Hasardieren Ulrichs von Württemberg gewesen, das erneut einem Habsburger auf den deutschen Thron verhalf. Mehr noch: Der Schwäbische Bund überließ seine Kriegsbeute, das Herzogtum Württemberg, gegen Bezahlung seiner Kriegskosten dem frisch gewählten König, und dieser übergab es 1522 seinem Bruder Ferdinand von Österreich. So kam es, daß Württemberg von 1522–1534 unter österreichischer Verwaltung stand.

Herzog Ulrich im Exil und die Rolle des Hohentwiel

Wo aber steckte der vertriebene Herzog Ulrich von Württemberg? – Nach einem erfolglosen Versuch, sein Land zurückzuerobern, flüchtete Ulrich am 15. Oktober1519 auf Umwegen nach dem Hohentwiel – unter Berufung auf sein 1511 von Hans Heinrich von Klingenberg erlangtes Öffnungsrecht. Und man kann sagen, daß von da an die württembergische Fahne auf der Festung nicht mehr eingeholt wurde, auch wenn das Schloß dem Württemberger formell noch nicht gehörte. Die folgenden Jahre von 1519 bis 1526 zählen in der Geschichte des Hohentwiel zu den Zeiten dichtester historischer Überlieferung. Es war die Zeit, da der Hohentwiel Herzog Ulrich zum Ausgangspunkt für die Rückeroberung seines Landes diente.

Seines Herzogtums und seiner Einkünfte beraubt, ganz auf die entlegene Herrschaft Mömpelgard zurückgeworfen, kam dem Hohentwiel eine Schlüsselrolle für Ulrichs Pläne zu. Unter Wahrnehmung des Öffnungsrechtes richtete er sich auf dem Twiel gleichsam als Hausherr ein. Noch aber gehörte die Burg anteilig Hans Heinrich von Klingenberg, der in Ulrichs Diensten stand, und dessen Oheim Albrecht von Klingenberg, dem österreichischen Rat. Dieser, Albrecht, war, nachdem sich Ulrich von Württemberg auf der Festung eingerichtet hatte, de facto nicht mehr Herr seines eigenen Burgbereiches. Eine Zeitlang noch versuchte Österreich, mittels der Ansprüche Albrechts, über die sich allmählich schließende Zugbrücke des Twiel zu springen, aber es war bereits zu spät. Am 7. Mai 1521 entschloß sich der alternde Albrecht von Klingenberg, die bestehende Unrechtssituation zu akzeptieren und seinem ungeliebten Verwandten seine Rechte an der Burg zu verkaufen. Und schon 14 Tage später, am 23. Mai 1521, ging der

Hohentwiel von Hans Heinrich von Klingenberg an Ulrich von Württemberg über, einen Teil der Kaufsumme erhielt Ulrich vom französischen König. Es handelte sich zunächst um einen bedingten Kaufvertrag; seine wichtigste Klausel besagte, daß der Herzog den Hohentwiel dem Klingenberger zurückerstatten müsse, sobald er länger als zwei Jahre im Besitz seines Herzogtums sei. Aus dieser Klausel läßt sich indirekt herauslesen, daß es Ulrich darum ging, vom Hohentwiel aus sein Land zurückzuerobern.

Die gesamte diplomatische Welt sah das damals so. Unruhe und Geschäftigkeit befielen nicht nur die österreichischen Regierungen in Innsbruck und Stuttgart, sondern auch die Eidgenossen, die in den Konflikt hineingezogen zu werden drohten. Als direkte Antwort auf die württembergische Inbesitznahme des Hohentwiel machten sich die Österreicher noch im selben Jahr 1521 daran, die Burg Hohenkrähen, die sie neun Jahre zuvor zerstört hatten, zu einer modernen Festung auszubauen. Von diesem nahen Beobachtungsposten aus erhofften sie sich, die Bewegungen und Absichten Ulrichs genauer verfolgen zu können. Eine unglückliche Rolle in dieser ganzen Geschichte aber spielte Hans Heinrich von Klingenberg, der zu spät merkte, welche Krise er mit seinem Verkauf ausgelöst hatte. Von Österreich und den Eidgenossen gedrängt, forderte er die Auflösung des Vertrags; doch wo Ulrich einmal saß, da saß er, und so kam der Klingenberger in die mißliche Situation, daß er von kaiserlicher Seite mit der Acht bedroht wurde und von Ulrich bis an sein Lebensende nicht in vollem Umfang bezahlt wurde.

Denn dies war das größte Problem des Herzogs ohne Herzogtum: Er hatte kein Geld für die Verwirklichung seiner Pläne. Und so begann jetzt für ihn eine Zeit fieberhafter Suche nach Geld, nach politischer und militärischer Unterstützung. Eine bemerkenswerte Reisetätigkeit füllt die Jahre 1520 bis 1524 aus. Um einen Eindruck von der Unrast, aber auch der Energie des Herzogs zu vermitteln, sei seine Schweizreise von Februar bis Dezember 1520 kurz nachvollzogen: »Im Februar und März 1520 finden wir Ulrich in Luzern. ... nach Mömpelgart auf kurze Zeit zurückgekehrt, wendet er sich nach Basel, von wo er zuerst Aarburg, dann Zofingen besucht; weiter gehts nach Luzern mit Abstechern nach Willisau, Hutwyl, Thöringen, von Luzern über Bremgarten und Baden nach Schaffhausen. Wieder nimmt er in Luzern Aufenthalt, dann in Mömpelgart ... Vom August ab ist er in Solothurn, weiter in Sursee, Dagmersellen, Willisau, in Basel, Aarburg, Olten; von Solothurn aus reist er nach Pruntrut, dann nach Baden, Mömpelgart und über Basel, Aarburg zurück. Mit Berührung von Lietingen und Willisau trifft er Anfang Oktober in Luzern ein, um während längeren Aufenthalts sich in Sempach, Sursee, Unterwalden einzustellen und über Solothurn (Ende Dezember) Mömpelgart zu erreichen.« Diese Reise wie der Besuch beim französischen König im Mai 1521 dienten der Geld- und Materialbeschaffung, und seit 1521 belegen die erhaltenen Unterlagen folgerichtig immer wieder den Erhalt von Geld, das für Befestigungsarbeiten, Munition und Verproviantierung der Besatzung auf dem Hohentwiel ausgegeben wurde.

Die verbündeten Eidgenossen befanden sich durch Ulrichs Geschäftigkeit in einer diffizilen Situation. Natürlich wäre es ihnen lieber gewesen, Ulrich hätte das Württemberger Land, ihre Kornkammer, regiert, als die ungeliebten Österreicher. Aber sie konnten es sich nicht leisten, Ulrich offen zu unterstützen und dadurch in einen Konflikt mit Österreich und dem Schwäbischen Bund zu geraten. Und so lernte der Herzog, der gewohnt war, autokratisch zu entscheiden, bei den Schweizern einige Lektionen in Diplomatie.

Anders die Österreicher: Nachdem ihr Plan gescheitert war, Ulrich den Hohentwiel mit diplomatischen Mitteln wegzunehmen, versuchten sie es weniger diplomatisch. Mit Bestechungsgeldern sollte im Januar 1522 die Besatzung dazu bewogen werden, die Festung an Österreich herauszugeben, doch das Komplott scheiterte. Gerüchte tauchten auf über eine bevorstehende kaiserliche Belagerung; es herrschte eine gereizte Stimmung auf dem Twiel. Ein hitziges Wort konnte das Pulverfaß zum Explodieren bringen. Ein solches scheint im Oktober 1522 auf der Kirchweih in Hilzingen gefallen zu sein, denn dort gerieten Einheimische, Schweizer und Hohentwieler Soldaten in eine so heftige Rauferei, daß einer vom Twiel erschlagen und viele verwundet wurden. Es bedurfte diplomatischer Bemühungen, daß aus diesen privaten Raufereien kein weitergehender Konflikt entstand.

Wie ging es in diesen Jahren der Kriegsvorbereitung auf der Festung selbst zu? Von Anfang an wurde der Twiel baulich instandgesetzt. 1521 wurden 20 Werkleute von Mömpelgard zum Arbeiten hergeschickt, und 1522 entstand ein großes Gewölbe. Marx Stumpf von Schweinsberg war der erste Befehlshaber der Besatzung und Herr über ein Arsenal von zwei großen Schlangen, zehn Falkonen, einem Bombenkessel, 54 Hakenbüchsen, 20 Armbrüsten, zehn Zentnern Pulver, 20 Stück Blei, 20 Zentnern eisernen Kugeln usw. Nachdem Marx Stumpf (wegen der Bestechungsaffäre) in Ungnade gefallen war, wurde 1522 Hans Heinrich von Reischach zum Befehlshaber ernannt. Die Besatzung wurde in seiner Zeit noch größer. Am 29. März 1523 nahm ein österreichischer Kundschafter wahr, wie ca. 200 Mann und 16 gerüstete Reiter die Besatzung verstärkten. Ende Oktober 1524 lagen auf dem Twiel schließlich 500 Mann zu Roß und zu Fuß. Dies brachte trotz fortgesetzter Geldsendungen gelegentlich Schwierigkeiten in der Bezahlung und Verpflegung der Landsknechte mit sich. In solchen Engpässen griff die Besatzung dann zu einem altbewährten Mittel der Selbsthilfe: Mindestens zweimal im Lauf der Jahre – im Juni 1521 und im Mai 1525 – wurde ein Kaufmannszug bei Singen überfallen, der für die Schweiz bestimmte Waren mit sich führte. Das nötigte Herzog Ulrich zwar, sich für seine Leute bei den verärgerten Eidgenossen zu entschuldigen – getrunken wurde der Elsässer Wein aber dennoch auf dem Hohentwiel. Wenn die erhaltenen Haushaltsrechnungen einmal (1525) ein neues Kartenspiel erwähnen, dann wissen wir, womit sich die Besatzung, neben Trinken und Raufhändeln, die lange Zeit vertrieb.

Und der Herzog, was tat er in diesen Jahren der Kriegsrüstung? Da die luftige Festung Twiel seinen Wohnansprüchen noch nicht genügte, hielt er sich bevorzugt in seinem Schloß in Mömpelgard auf, sofern er nicht, wie beschrieben, auf Reisen war. Wenn er unterwegs war, suchte er abends in den Herbergen und Gasthäusern Zerstreuung. Ulrich ließ sich gerne von fahrenden Sängern und Musikanten unterhalten und freute sich an Schalksnarren; einem spendierte er 1520 nachweislich eine Narrenkappe. Er leistete sich teure Stoffe und gutes Essen, bevorzugt Wildpret, mit reichlich exotischen Gewürzen. Einem fliegenden Händler kaufte er in der Schweiz einmal Melonen ab und einem Kaufmann gleich zentner- und pfundweise Feigen, Mandeln, Rosinen, Safran, Pfeffer und Ingwer. Gegen Bettler und Arme, gegen Hochzeiter und Taufpaten war er freigebig. Abends spielte er gern Karten, doch er scheint kein guter Spieler gewesen zu sein, denn die Rechnungen verzeichnen häufig Spielverluste. In Basel mußte sein Rechnungsführer einmal *einem Weib, das gelustfleischt, 1 Batzen* aushändigen. Zu Hause in Mömpelgard liebte er erfrischende Bäder, zubereitet mit Alaun und Kamillenblumen, und Schlaf suchte der rastlose Herzog mit den krausen Haaren unter einer roten Schlafhaube. Trotz der günstigen Quellensituation ist es nicht ganz einfach zu ermitteln, wann Ulrich in diesen Jahren tatsächlich auf dem Hohentwiel weilte. Sicher belegt sind seine Aufenthalte nur im Oktober/November 1519 nach seiner Vertreibung und dann erst wieder im September und Oktober 1524, denn mittlerweile waren Ereignisse eingetreten, die seine Eroberungspläne zu begünstigen schienen.

Ulrichs Eroberungspläne

Die Hilzinger Kirchweihen hatten es in jenen Jahren wohl »in sich«. Zwei Jahre nach der erwähnten Massenschlägerei kam es am 2. Oktober 1524 erneut zu einer denkwürdigen Kirchweih: 800 Bauern aus der ganzen Umgebung hatten sich hier unter Waffen versammelt, um sich gegen ihre Herren zu empören. Das bedeutete den Anschluß der Hegauer Bauern an die Stühlinger und Klettgauer Erhebungen und den Auftakt zu den hiesigen Bauernkriegsereignissen. Während Reiter vom Hohentwiel hinabeilten, um Kontakte mit den Aufständischen zu knüpfen, und Signalschüsse aus dem Burghof die Musik zu dieser ungewöhnlichen Kirchweih machten, schmiedete Herzog Ulrich Pläne. Er, der genau zehn Jahre zuvor unter seinen aufständischen württembergischen Bauern ein böses Strafgericht gehalten hatte, schickte sich an, mit den aufrührerischen Bauern zu paktieren, um mit ihrer Hilfe sein Herzogtum zurückzuerobern. Hatte er 1514 seine bäuerlichen Untertanen nur unter Mitwirkung der bürgerlichen Ehrbarkeit über-

Bauernkirchweih als Forum von Tanz, Spiel, Zecherei und Rauflust. Holzschnitt von Hans Sebald Beham um 1530.

winden können, so spekulierte er jetzt umgekehrt auf die Mithilfe der ebenfalls unruhig gewordenen württembergischen Bauern – gegen die österreichisch gesinnte Ehrbarkeit; ein Kalkül, das nicht unrealistisch schien, denn viele württembergische Untertanen waren bereit, sich Ulrich anzuschließen, gerade wenn er mit Unterstützung der Hegauer und Schwarzwälder Bauernhaufen ins Land käme. *Unsere Spieße werden den Herzog nicht stechen*, sagten viele Bauern. In schwierigen Verhandlungen gewannen die Unterhändler Ulrichs im Dezember 1524 die Schwarzwälder, Klettgauer und Hegauer Bauern für des Herzogs Sache. Hauptmann der Bauernhaufen war Hans Müller von Bulgenbach. Zugleich zeigten Ulrichs Werbungen in der Schweiz Erfolg. Obwohl die eidgenössischen Obrigkeiten ein scharfes Verbot ausgesprochen hatten, dem Herzog zu folgen, zogen ihm bis Februar 1525 doch 20 Fähnlein Schweizer Reisläufer mit insgesamt mehr als 5000 Mann zu. Ende Februar schien der Zeitpunkt für den Kriegszug günstig, denn die besten Truppen des Schwäbischen Bundes waren in Oberitalien im Krieg gegen Franz I. von Frankreich gebunden. Der französische König selbst ermunterte Ulrich in einem Schreiben, loszuschlagen.

Am 20. Februar 1525 traf Ulrich auf dem Hohentwiel ein. Am 23. Februar sammelten sich die Schweizer bei Hilzingen, die verbündeten Bauern bei Duchtlingen. Dann begann sich diese merkwürdige Allianz in Richtung

Landsknechtstroß in Marschordnung. Holzschnitt von Hans Sebald Beham um 1530.

Württemberg zu bewegen. Am 1. März stand das Heer bei Balingen, am 9. März vor Stuttgart. Ulrichs Sache schien nicht schlecht zu stehen, da verbreitete sich eine katastrophale Nachricht: Franz I. von Frankreich sei bei Pavia vernichtend geschlagen worden, auch viele Eidgenossen seien auf seiner Seite gefallen. Als am 12. März aus der Schweiz die dringende Mahnung an die Schweizer Knechte eintraf, sofort nach Hause zu kommen, traten sie fluchtartig den Rückzug an. Und Ulrich blieb nichts übrig, als seine Belagerung aufzugeben. Am 22. März traf er unverrichteter Dinge auf dem Hohentwiel ein.

Noch gab der Herzog seinen Plan nicht auf. Erneut verhandelte er im April mit den Bauern. Doch auch der zweite Anlauf, mit Hilfe der aufständischen Bauern in Württemberg einzufallen, scheiterte, nachdem ein Bauernheer bei Böblingen am 12. Mai 1525 vernichtend geschlagen worden war. Das Kriegsglück der Bauern hatte sich endgültig gewendet, der Befehlshaber der Bundestruppen, Georg Truchseß von Waldburg, behielt die Oberhand, und mit der Niederschlagung der bäuerischen Empörung schwanden Herzog Ulrichs Hoffnungen von der Rückeroberung seines Herzogtums. Einen letzten Dienst erwies er seinen bäuerlichen Waffenbrüdern, bevor diese am 2. Juni bei Hilzingen blutig hingemetzelt wurden; er öffnete einigen Anführern die Burg und schoß mächtig unter ihre Verfolger.

Bis Oktober 1525 hielt sich Ulrich auf der Festung auf, doch der Twiel verlor in seinem Denken und Handeln die ihm bisher zugedachte Rolle. Nicht strategische Pläne wurden fortan in des Herzogs Kammer geschmiedet. Ulrich, der mit dem Zürcher Reformator Zwingli korrespondierte, wandte sich mehr und mehr dem Protestantismus zu. Diese Parteinahme für die Reformation war die konsequente Fortentwicklung einer Politik, die vor Jahren in der Abwendung von Kaiser Maximilian und in der Konfrontation

mit dem Erzhaus Österreich ihren Ausgang genommen hatte. Doch es wäre falsch, Ulrichs Übertritt zur evangelischen Konfession nur politisch-funktional zu deuten; der Schritt drückte die Suche nach religiöser Verankerung seiner Politik aus, eine Verankerung, die wegen der »persönlicheren« Zwiesprache zwischen Mensch und Gott im Protestantismus besser zu Ulrichs Persönlichkeitsstruktur paßte. Der Kampf für den neuen Glauben wurde fortan Bestandteil seiner Politik, auch seiner Rückeroberungspläne. Dies konnte aber nicht mehr vom Hohentwiel aus geschehen. Nachdem sich in Nord- und Mitteldeutschland der Protestantismus politisch zu formieren begonnen hatte, mußte sich Ulrichs Blick zwangsläufig dorthin wenden.

Dem Tanz zweier Bären, den einige Fahrende im Juli 1527 im Vorhof des Hohentwiel aufführten, wohnte der Herzog nicht bei. Der weilte schon das ganze Jahr in Kassel bei seinem politischen Freund, dem Landgrafen Philipp von Hessen. Diese Freundschaft sollte für ihn zur entscheidenden Verbindung werden. Um seinen Stützpunkt politisch und militärisch zu sichern, versuchte Ulrich von Hessen aus, den Hohentwiel in die sich formierenden Bündnisstrukturen der evangelischen Kräfte einzugliedern. Seit 1527 war er durch Mittelsmänner in Verhandlungen mit den protestantisch gewordenen Städten Konstanz, Zürich, Bern und Basel. Unter Mitwirkung von Ulrich Zwingli, der einen großen Einfluß auf des Herzogs geistige Entwicklung hatte, kam am 18. November 1529 der Entwurf eines wechselseitigen Beistandspakts zustande, der aber wohl nie in Kraft trat. Dabei war eine politische Absicherung seiner Position durchaus angebracht, denn Österreich versuchte sich noch immer auf jede erdenkliche Weise des Hohentwiels zu bemächtigen; 1527 zettelten österreichische Beamte von Württemberg aus erneut eine Meuterei unter den Soldknechten auf der Festung an, die aber an deren Loyalität scheiterte. Hans Link aus Ebringen, dessen Schwiegersohn auf dem Hohentwiel diente, hatte die Mannschaft mit Geld bestechen sollen. Im August 1527 wurde er dafür über den Schmittenfelsen gestürzt.

Überhaupt herrschte unter der Oberfläche diplomatischer Beziehungen zwischen den sich formierenden Staatswesen eine Art verdeckter Kriegführung, deren Ausmaß und Methoden erst allmählich ins Blickfeld der Forschung treten. Aus entlegenen Esslinger Kriminalprozeßakten erfahren wir etwa, daß im Jahr 1527 vier Landsknechte im Auftrag Herzog Ulrichs auf dem Hohentwiel abgefertigt worden seien mit dem Befehl, sie sollten in der Uracher Vogtei und besonders auf den Besitzungen Dietrich Späts *feuer ynlegen und prennen und arm lewt machen*; Lunten und Zündpulver habe man ihnen dazu auf dem Hohentwiel mitgegeben. Möglicherweise war dieser Mordbrennerauftrag ein Racheakt für das von Württemberg aus gesteuerte Meutereikomplott, das in eben diesem Jahr gescheitert war. Aufschlußreich ist der Hinweis auf Dietrich Spät, einen Adligen, der seit Jahren zu den erbittertsten Gegnern des Herzogs gehörte. Nach dessen Mord an Hans von Hutten im Jahr 1515 hatte er die Flucht von Ulrichs Gattin Sabine nach Bayern organisiert. Dies verzieh ihm der Herzog, wie diese Mordbrennergeschichte aufzeigt, nie.

Auf der Gegenseite war man auch nicht zimperlich. Gegen Ulrich von Württemberg wurde vom österreichischen Regiment in Stuttgart ein regelrechter Geheimdienst aufgebaut, an dessen Spitze Dietrich Spät eine Rolle spielte. Auf einer mittleren Ebene waren Adlige aus dem Hegau eingeschaltet, die wie Christoph Reichlin von Meldeck oder Wolf Dietrich von Homburg die Bewegungen im Umfeld des Hohentwiel beobachten sollten. Auf der untersten Ebene bespitzelten Leute wie ein gewisser Konrad Bosch, der verschlüsselte Kundschaften übermittelte, jeden Schritt, den Ulrich in der Schweiz tat.

Gegen Ende des Jahres 1530 erhärtete sich der Verdacht, daß Ulrich in der Schweiz sei, um Soldaten anzuwerben. Anfang Januar 1531 begab sich Dietrich Spät persönlich in den Hegau, um die Situation am Hohentwiel auszukundschaften. Mit streifenden Rotten hielt er in der Nähe der Festung Nachtlager. Es ging das Gerücht, daß sich damals Herzog Ulrichs 15jähriger Sohn Christoph auf dem Hohentwiel aufhalte; Spät wollte offenbar versuchen, sich seiner zu bemächtigen. Ulrich rächte sich, indem er am 14. Januar 1531 mit 17 Schweizer Söldnern die benachbarte Burg Staufen überfiel, wo seinem Todfeind Unterschlupf gewährt worden war. Die Hohentwieler trieben das Vieh fort und zwangen den Besitzer des Staufen, einen Herrn von Schellenberg, mit Weib und Kind zur Flucht nach Radolfzell. Es wird berichtet, daß Pferde Fässer voll Geld auf den Hohentwiel zogen. Dieses Geld sollte der weiteren Kriegsrüstung Ulrichs mit Hilfe der Eidgenossen dienen. Doch die Zeit war hierfür nicht mehr günstig.

Schon bald nach der Einnahme der Burg Staufen orderten die Zürcher ihre

Knechte von Ulrich zurück, denn in der Schweiz hatte sich die Entwicklung gefährlich zugespitzt. Es kam zu Spannungen zwischen den katholisch verbliebenen innerschweizerischen Kantonen und den reformierten Orten unter der Führung Zürichs. Der Konflikt weitete sich im Laufe des Jahres so sehr aus, daß im Oktober eine bewaffnete Auseinandersetzung unausweichlich wurde. In der Schlacht bei Kappel am 11. Oktober 1531 unterlagen die Reformierten; Ulrich Zwingli, der persönlich in den Kampf gezogen war, fand hierbei den Tod. Ulrich von Württemberg verlor in dieser Schlacht nicht nur seinen geistigen Mentor, den Zürcher Reformator, sondern auch die weitere Unterstützung der Eidgenossen für seine Eroberungspläne. So jedenfalls schätzten sogleich österreichische Spitzel die Lage ein.

Ein kleines Nachspiel scheint die Fehde zwischen Ulrich und Dietrich Spät gleichwohl noch gehabt zu haben. Wiederum aus einem Mordbrennerprozeß von 1535 geht hervor, daß vier Jahre zuvor, also 1531, Dietrich Spät einige Mordbrenner mit dem Befehl gedungen hatte, *sie sollten gen Wiel* (Hohentwiel) *ziehen und mynen gnedigen hern herzog Ulrichen erschiessen.* Was offenkundig mißlang. Indessen zeigen diese Ereignisse deutlich, wie sehr damals die schmutzigen Kleinkriege mit der großen Politik verwoben waren. Die *heimlichen Praktiken* gegen Herzog Ulrich von seiten Österreichs hörten erst auf, als dessen Rückkehr nach Württemberg gewiß war.

Restitution und endgültige Aneignung des Hohentwiel

Nach langen Jahren der Vorbereitung konnte Ulrich, mit Hilfe Philipps von Hessen, 1534 von Norden her das Land Württemberg zurückerobern; fast ohne Gegenwehr. Die politische Konstellation war günstig, viele Fürsten standen inzwischen hinter Ulrich, und Österreich, das sich im Osten den Türken zuwenden mußte, war beinahe erleichtert, vom Regiment in Württemberg, wenn auch gegen politische Zugeständnisse, zurücktreten zu können. Im Vertrag von Kaaden 1535 mußte Herzog Ulrich akzeptieren, sein Herzogtum künftig von Österreich zu Lehen zu nehmen. Allerdings vergrößerte Ulrich mit der überstürzt durchgeführten Reformation noch den Gegensatz zum Haus Habsburg.

Der Hohentwiel hatte bei der Rückeroberung Württembergs keinerlei militärische Rolle gespielt, doch bei den Friedensverhandlungen wurde auch er Gegenstand der Vereinbarungen: Die Festung sollte an Österreich herausgegeben werden, das seinerseits die Ansprüche, die Hans Heinrich von Klingenberg noch immer an Ulrich hatte, befriedigen wollte. Da aber Österreich eine Bedenkzeit wegen dieser Klausel verstreichen ließ, ohne den Berg zu besetzen, folgerte Ulrich, daß den Habsburgern wenig an dem Schloß gelegen sei, und bat den Kaiser, ihm die Burg zu lassen. Der Kaiser hatte im gerade beginnenden dritten Krieg gegen Franz I. von Frankreich

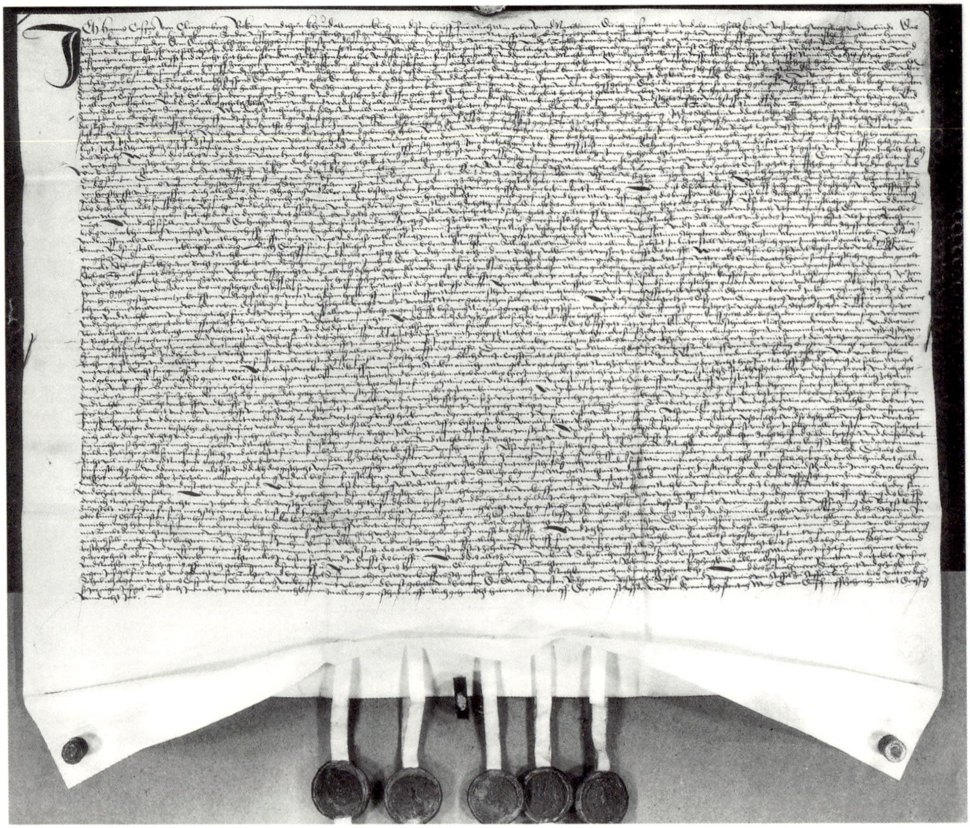

Mit dieser Urkunde von 1538 verkaufte Hans Caspar von Klingenberg den Hohentwiel endgültig an Ulrich von Württemberg.

1536 tatsächlich andere Sorgen, als ein beliebiges Schloß im Hegau zu requirieren, und so ist der Hohentwiel bei Württemberg geblieben.

Nur ein Schritt auf dem Weg der Inbesitznahme fehlte noch. Da gab es den unglücklichen Hans Heinrich von Klingenberg, der zwei Jahre, nachdem der Herzog Ulrich sein Herzogtum wieder besaß, auf den Vertrag von 1521 pochte, der ihm für diesen Fall die Burg zurückversprach. Aber Ulrich hatte nicht die Festung gegen den Kaiser behauptet, um sie nun einem verarmten Ritter herauszugeben, der ihn in den letzten Jahren wiederholt geärgert hatte. Wie seinem Oheim 17 Jahre zuvor, so blieb nun Hans Heinrich nichts anderes übrig, als vollendete Tatsachen zu akzeptieren und mit dem Herzog zu einem förmlichen Kaufvertrag zu kommen. Diesen besiegelte 1538 sein Sohn Hans Caspar von Klingenberg. Der Twiel ging für 12000 Gulden endgültig in württembergischen Besitz über. Damit erst saß der württembergische Stachel so richtig im österreichischen Fleisch.

Obwohl der Hohentwiel für Herzog Ulrich und der Herzog für das Schicksal des Hohentwiel von überragender Bedeutung waren, hielt sich Ulrich nach allem, was wir wissen, erstaunlich wenig auf der Burg auf. Das waren einige Wochen im Jahr 1519, einige Tage oder Wochen 1524, dann mehrere Monate 1525 und 1526; vielleicht war er noch kurz da im Januar 1531 und nach dem endgültigen Erwerb 1538, aber danach verschlug es ihn nur noch einmal auf den Hohentwiel. Nachdem die protestantischen Fürsten im Schmalkaldischen Krieg unterlegen waren, floh Ulrich und verbrachte Weihnachten und Neujahr 1546/47 auf seiner uneinnehmbaren Festung, bis sich die Wogen geglättet hatten. Da er mit seinem Kriegsbeitritt den Kaadener Vertrag gebrochen hatte, drohte ihm erneut die Ächtung durch den Kaiser. Doch davor bewahrte ihn Gevatter Tod: Am 6. November 1550 brachte er diesem unruhigen Gast auf Erden Frieden. Es blieb seinem Sohn Christoph vorbehalten, den von Ulrich ausgelösten Konflikt mit dem Reich zu bereinigen: Im Passauer Vertrag von 1552 gelang es ihm nicht nur, die Gnade des Kaisers wiederzuerlangen, sondern auch den Hohentwiel für Württemberg zu behaupten.

Stammtafel der Grafen und Herzöge von Württemberg

Eberhard III.
1388–1419

- *Ludwig I.*
* 1412, reg. 1426–50
Württemberg-Urach
  - *Eberhard V. (I.)*
1445–96
Hzg. 1495
- *Ulrich*
*1413, reg. 1433–80
Württemberg-Stuttgart
  - *Eberhard II.*
1447–1504,
reg. 1496–98
  - *Heinrich*
1448–1519
    - *Ulrich*
*1487, reg. 1503–19
u. 1534–50
      - *Christoph*
*1515, reg. 1550–68
        - *Ludwig*
*1554, reg. 1568–1593
    - *Georg*
1498–1558
Mömpelgart
      - *Friedrich I.*
*1557, reg. 1593–1608
        - *Johann Friedrich*
*1582, reg. 1608–1628
          - *Eberhard III.*
*1614, reg. 1633–1674
            - *Wilhelm Ludwig*
*1647, reg. 1674–77
              - *Eberhard Ludwig*
*1676, reg. 1693–1733
            - *Friedrich Karl*
Administrator
1677–93
              - *Carl Alexander*
*1684, reg. 1733–37
                - *Carl Eugen*
*1728, reg. 1744–93
                - *Ludwig*
*1731, reg. 1793–95
                - *Friedrich Eugen*
*1732, reg. 1795–97
                  - *Friedrich I.*
*1754, reg. 1797–1816
Kg. 1806

Alltag auf der Festung

Alltag als Strukturelement des Festungslebens

Haben wir bisher während des Mittelalters nur selten und undeutlich Einblick in die inneren Verhältnisse des Burglebens erhalten, so treten wir mit dem Erwerb der Festung durch Württemberg 1521 bzw. 1538 in ein Zeitalter, das uns zahlreiche Quellen zur Alltagsgeschichte an die Hand gibt. Das 16. Jahrhundert war die Entstehungszeit des frühmodernen Staates. Das beinhaltet die territoriale Abrundung der landesfürstlichen Staatsgebilde, eine Intensivierung ihrer souveränen Herrschaftsrechte im Innern und schließlich eine größere Eigenständigkeit innerhalb des Reichsverbands. Diese Staatsbildung erforderte einen Verwaltungsapparat, der die Bereiche des öffentlichen Lebens zunehmend der herrschaftlichen Beobachtung unterwarf. Ein Ergebnis war die enorme Zunahme der modernen »Schriftlichkeit«. War das Mittelalter eine Epoche der Urkunden, so beginnen seit dem 16. Jahrhundert unüberschaubare Aktenmassen die Schränke der herrschaftlichen Registraturen und Archive zu füllen. Solche Akten, die in Württemberg etwa zum Rechtswesen, zur Wirtschaft und zur Personalverwaltung angelegt wurden, machen es uns möglich, das alltägliche Leben auf einer Festung wie dem Hohentwiel anschaulich zu rekonstruieren.

Diese Einblicke in die Keller der Festung, in den Braukessel des Garnisonswirtes, in das Waffenlager der Zeugkammer, in die Arbeitsverhältnisse und die Seelenverfassung der Besatzung sind uns nicht nur willkommen, um die hundert relativ ruhigen Jahre zwischen etwa 1530 und 1630 mit allerlei interessanten Details und merkwürdigen Begebenheiten zu überbrücken, sondern um einmal ungestört vom Waffenlärm und Pulverdampf zu verdeutlichen, wie sehr gerade das Unspektakuläre, die tägliche Arbeit, die ganz gewöhnliche Langeweile den Alltag prägten. Die Beschreibung dieses Alltags ist daher kein Rückzug ins Gemütliche, sondern ein anschaulicher Zugang zur Struktur einer Festung im 16. Jahrhundert zu verstehen. Bevor wir uns dem Arbeitsalltag auf dem Hohentwiel zuwenden können, ist es sinnvoll, zunächst seine Rahmenbedingungen zu beschreiben.

Erst nach der Wiedereinsetzung in sein Herzogtum 1534 konnte Herzog Ulrich von Württemberg darangehen, den Hohentwiel zu einer modernen Festung auszubauen. Dazu gehörten zunächst die Abrundung des Gemarkungs- und Rechtsbereichs und die Sicherstellung der Versorgung. Der Hohentwiel befand sich ja nicht nur in der außergewöhnlichen Situation, daß er, getrennt vom württembergischen Territorium, diesem als südliche Bastion vorgelagert war, sondern auch daß ihm ein ausgedehntes, versorgendes Hinterland fehlte; keiner der nahen Orte, etwa Singen oder Hilzingen, gehörte zum Bezirk der Festung.

Im Kaufbrief von 1538 hatte Ulrich allerdings die verstreuten Besitzungen der Herren von Klingenberg in Singen und der näheren Umgebung mitübernommen. Aus diesem Komplex mußte Württemberg versuchen, das Hinterland seiner Festung zu gestalten. Den Kern dieses Güterkomplexes bildete der sogenannte Bruderhof, ein im Weilerholz (heutiger Bezirk Tannwald) bei Remlishof unweit Singen gelegenes Hofgut, das wohl schon unter den Klingenbergern die Versorgung des Hohentwiel zu sichern hatte. Der Ursprung des Bruderhofes ist nicht mehr zu ergründen; ob sein Name von im Mittelalter hier angesiedelten geistlichen Laienbrüdern herrührt, muß dahingestellt bleiben. Der älteste bekannte Inhaber des Hofes in württembergischer Zeit war um 1548/49 ein gewisser Jakob Zimmermann, dessen Witwe Barbara den Hof später alleine bewirtschaftete.

Nach seinem Regierungsantritt versuchte Herzog Christoph von Württemberg, die beiden voneinander getrennten Gemarkungen Bruderhof und Hohentwiel miteinander zu verbinden. Dazu diente der Erwerb der ehemaligen Güter des Klosters Paradies in Remlishof und Singen, die ihm die Stadt Schaffhausen 1553 angeboten hatte. Aus demselben Besitzkomplex erwarb er 1557 noch den Oberhof des ehemaligen Klosters in Worblingen. Die ebenfalls 1553 geführten Kaufverhandlungen über das Dorf Singen, das Hans Wolf von Bodmann veräußern wollte, scheiterten an zu hohen Forderungen. Die herzoglichen Berater hielten das Dorf damals für *ein zerissen Ding mit Zehnten, Pfründen u.a., ein arm Flecken, darin nit mehr den 56 Häuser stünden* und *unzweyvel wenig vermöglicher personen* lebten.

Österreich nutzte zwei Jahre später die Chance und kaufte Hans Wolf von Bodman das Dorf Singen zu einem überhöhten Preis ab. Damit war die Verbindung der Gemarkungen Bruderhof und Hohentwiel auf Dauer gescheitert. Die Zulieferung vom Hof auf die Festung konnte somit nur über österreichisches Gebiet erfolgen, was in Friedenszeiten zwar unproblematisch war, in Kriegszeiten jedoch mit gewissen Schwierigkeiten verbunden sein konnte. 1553/57 war also die Erwerbspolitik Württembergs im Umfeld des Hohentwiel abgeschlossen; lediglich an den Hängen des Berges boten sich im Verlauf des 16. Jahrhunderts noch Gelegenheiten, die Rebbestände und damit die eigene Weinproduktion durch Zukauf zu erweitern. Die Gemarkungen Bruderhof mit 267 ha und die Gemarkung Hohentwiel mit 116 ha hatten damit seit der Mitte des 16. Jahrhunderts jenen Umfang erreicht, den sie bis 1969 als württembergische Exklaven behalten sollten.

Mit den Weinbergen, die im 17. Jahrhundert dann ca. 20 ha umfassen sollten, und den ausgedehnten Wäldern beim Bruderhof verfügte die Festung über zwei Versorgungsgüter, die für den Unterhalt der Festung unerläßlich waren. Unbefriedigend erschien dagegen die Versorgung mit Getreide und anderen Nahrungsmitteln. Um die Leistung des Bruderhofes zu steigern, wurde das Gut um 1566/67 mit dem erst 1553 von Schaffhausen erworbenen Gereuthof im nahegelegenen Remlishof zusammengelegt. Der damit neu geschaffene Güterkomplex des Bruderhofes umfaßte im Jahr 1581 genau 59 Jauchert Ackerland und 49 Mannsmahd Wiesen (zusammen ca. 45 ha).

Doch gab man sich mit dieser Neuordnung der landwirtschaftlichen Selbstversorgung noch nicht zufrieden. Um die am Twieler Berg selbst gelegenen Güter besser zu nutzen, wurde dort in den 80er Jahren des 16. Jahrhunderts ein eigener Meiereibezirk geschaffen, den seit 1593 ein Pächter namens Jakob Auberlin bewirtschaftete. Der Meierhof am Fuß des Hohentwiels selbst soll nach Johann Stehle erst 1596 oder 1597 gebaut worden sein. Dieser Datierung widersprechen allerdings die Aussagen zweier Hohentwieler Soldaten von 1594, des Steinmetzen Hans Fuchs und des Zimmermanns Barthle Müller, sie hätten seit einiger Zeit am Meierhof gebaut. Dieses Gebäude muß also schon früher errichtet worden sein. Da die Zeichnung des Malers Hans Dorn von 1588 (s. Frontispiz) den neuen Meierhof noch nicht zeigt, kann als wahrscheinliche Bauzeit 1593, das Jahr, in dem der Pächter Auberlin aufgezogen ist, angenommen werden.

In Friedenszeiten mochten der Bruderhof und der neu errichtete Meierhof die Versorgung der Festung aufrechterhalten; doch in Kriegszeiten, die eine erhöhte Mannschaftsstärke und eine längerreichende Vorratshaltung voraussetzten, war der Hohentwiel zusätzlich auf Unterstützung aus den nächstgelegenen württembergischen Ämtern Tuttlingen, Balingen, Ebingen und Tübingen angewiesen. Die Exklavensituation bildete insofern eine charakteristische Rahmenbedingung dieser Festung, der die Herzöge von Württemberg von Anfang an Rechnung trugen.

Der Ausbau zur württembergischen Landesfestung

Zur neu gewonnenen Staatlichkeit des Herzogtums Württemberg gehörte der Schutz des Territoriums durch ein System von Verteidigungsanlagen. Hatte Herzog Ulrich 1519 erleben müssen, wie keine seiner Burgen den feindlichen schwäbischen Bundestruppen standgehalten hatte, so wählte er

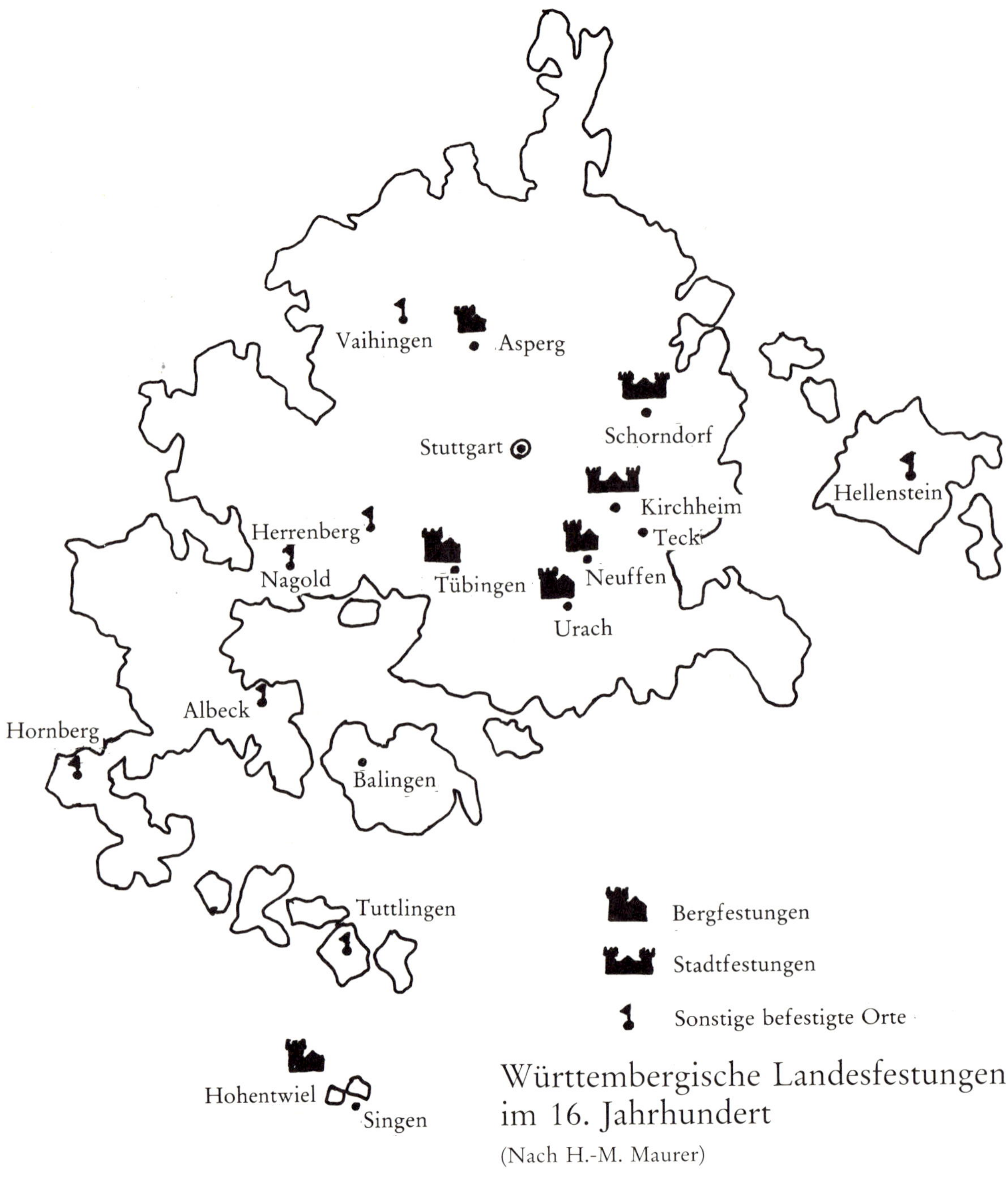

Die württembergischen Landesfestungen im 16. Jahrhundert.

nach seiner Rückkehr 1534 aus den zahlreichen mittelalterlichen Burgen seines Landes sieben aus, um sie systematisch mit hohem finanziellen Aufwand und nach den modernsten fortifikatorischen Erkenntnissen zu Landesfestungen auszubauen. Die sieben Burgen waren: Hohenasperg, Hohentübingen, Schorndorf, Kirchheim, Hohenneuffen, Hohenurach und Hohentwiel.

Gilt Herzog Christoph allgemein als der glanzvolle Baumeister, so darf man doch nicht übersehen, daß Herzog Ulrich bereits die Grundlagen für den Festungsbau geschaffen hatte. Jedenfalls war für ihn die Festungspolitik nach 1534 die zweite beherrschende Aufgabe, neben der Einführung der Reformation. Nach Hans-Martin Maurer erforderten seine Festungsbaumaßnahmen mit jährlich 35000–40000 Gulden etwa ein Drittel der ordentlichen Staatseinnahmen in Württemberg. Zwar sind die Baukosten für den Hohentwiel nicht belegt; für die übrigen sechs Landesfestungen verbaute Ulrich zwichen 1534 und 1550 insgesamt rund 560000 Gulden. In diesen Zahlen drückt sich deutlich aus, welche Bedeutung der Herzog dem Festungsbau einräumte.

Sein Interesse an der Modernisierung der württembergischen Festungen reichte allerdings in die Zeit vor seiner Vertreibung zurück. So sollen die Rundbastionen (Rondelle) auf Hohenasperg und Hohentübingen bereits vor 1519 entstanden sein. Diese neuartigen Elemente des Verteidigungsbaus sprechen möglicherweise dafür, daß Herzog Ulrich schon von den Neuerungen der Festungsbaukunst in Italien Kenntnis hatte, ehe sie dann der berühmte Albrecht Dürer in seinem Werk *Etliche Underricht zu befestigung der Stett, Schloß und Flecken* (1527) in Deutschland verbreitete. Tatsache ist jedenfalls, daß Herzog Ulrich sofort nach dem bedingten Erwerb des Hohentwiel 1521 welsche Werkleute aus Mömpelgart auf die Festung sandte, die dort eine rege Bautätigkeit aufnahmen. Vom Jahr darauf ist uns ein sogenannter Kerfzettel erhalten, ein Handwerksvertrag mit dem Baumeister Claudy Salin aus Mömpelgart, der zwei jeweils 200 Schuh (also mehr als 60 m) lange Keller in den Felsen brechen und überwölben sollte.

1523 war ein gewisser Hans Thüring als Baumeister auf dem Hohentwiel, mit dem jedoch die Soldaten, wenn sie ihm neben den französischen Werkleuten zur Hand gehen mußten, nicht klarkamen; offensichtlich waren seine Anforderungen zu groß. Thüring seinerseits beklagte sich, daß er eine *Bastion* nicht zu Ende bauen könne, weil alle Arbeit, die viel Geld verschlukke, vergebens sei. Ob mit *Bastion* bereits der Versuch gemeint ist, das mächtige Rondell Augusta zu errichten? Eine erhaltene Auflistung scheint wiederzugeben, was Herzog Ulrich in diesem Sommer 1523 gebaut haben wollte: ein Gewölbe auf der Krone, an diesem Gewölbe einen überdachten Graben mit einer Schütte für Korn und Hafer, drei neue Brunnen (Zisternen), worin das Wasser gut bleibe, und schließlich, falls möglich, *ein lustig Fürsten gemach*, das aus einer bestehenden Kammer gewonnen werden sollte.

Noch im selben Jahr berichtete Hauptmann Hans Heinrich von Reischach vom Fortgang der Bauarbeiten: Ein Felsen sei noch wegzubrechen, Sand, Kalk und Zimmerholz heraufzufahren. Eine neue Hofstatt solle jedoch erst im Frühjahr 1524 in Angriff genommen werden, im Winter solle das alte Gebäude stehen bleiben, da sonst Mangel an Kammern und Gemächern herrsche. Hinter dieser Hofstatt dürfte sich wohl jenes landwirtschaftliche Nebengebäude verbergen, das die Scheunen, Ställe und Keller der Familie Klingenberg beherbergt hatte.

Die wenigen Hinweise zeigen bereits, daß in diesen frühen Jahren durch umfangreiche Erd- und Gewölbearbeiten der Grund für die moderne Festungsanlage gelegt wurde. Die gesamten Außenbefestigungen mit ihren Kasematten dürften im Kern in diese Zeit zurückdatieren, als es Herzog Ulrich darum ging, seinen einzigen festen Platz in Südwestdeutschland uneinnehmbar zu machen. Die Anpassung der mittelalterlichen Herrenburg an die herzoglichen Bedürfnisse kam dabei zwangsläufig zu kurz: das *lustig Fürsten gemach*, das Ulrich gewünscht hatte, ließ in diesen turbulenten Zeiten auf sich warten und wurde erst 1527 mit einem Schindeldach überdeckt. Vielleicht war dies der Grund, weshalb der Herzog damals selten auf dem Hohentwiel Herberge nahm; die ehrwürdige Ritterburg war noch zu weit von einem Fürstenschloß im Stil der Renaissance entfernt.

Ulrich selbst erlebte diese neue Entwicklungsstufe in der Baugeschichte des Hohentwiel nicht mehr. Zwar übten die hessischen Baumeister, die er während seines Aufenthalts bei Landgraf Philipp von Hessen kennengelernt hatte, einen erheblichen Einfluß auf die schwäbische Renaissance aus, doch am Hohentwiel, wo nach 1534 sogar der Graf Solms zu Münzenberg als Baumeister gewirkt haben soll, ging es noch immer nicht um das Schloß selbst, sondern um die Nebengebäude. So kennen wir etwa von dem Baumeister Jerg Grauer einen Überschlag für ein Bindhaus, also die Küferei, von 1534. Grauer fungierte hier noch 1539/40 als Werkmeister; in den Jahren nach 1546 arbeiteten auf dem Hohentwiel auch die bekannten Baumeister Konrad und Johannes Zeller. Die bauliche Vollendung des Hohentwiel blieb Ulrichs Sohn Herzog Christoph (1550–1568) vorbehalten. Er ließ die alte Ritterburg durch Baumeister Auberlin Tretsch 1553/54 unter Verwendung des mittelalterlichen Baubestandes in ein etwa rechteckiges, dreiflügeliges Renaissanceschloß mit Innenhof verwandeln. Der Schlußstein an der nördlichen Toreinfahrt trägt die Jahreszahl 1554. Von 1550 bis 1557 gab Herzog Christoph insgesamt 228000 Gulden für den Festungsbau in Württemberg aus; davon verschlang der Hohentwiel mit 45000 Gulden nach Schorndorf die zweitgrößte Summe unter den sieben Landesfestungen.

Ungeklärt ist bis heute die Entstehungszeit des Rondells Augusta, der mit 25 m Durchmesser mächtigsten Rundbastion in Württemberg. Obwohl Herzog Ulrich offensichtlich bereits 1523 den Bau einer Bastion ins Auge gefaßt hatte, dürfte doch die Anlage des Rondells Augusta wie auch der

Ruine des Rondells Augusta.

übrigen Basteien erst in die Zeit Christophs fallen. Der Bau eines solch aufwendigen Verteidigungswerks vor dem endgültigen Erwerb der Burg 1538 erscheint jedenfalls nicht wahrscheinlich. Unter Herzog Ludwig (1568–1593) wurden nochmals kleinere Bauarbeiten auf dem Hohentwiel durchgeführt, die jedoch vergleichsweise geringe Kosten verschlangen. Der Steinmetz Hans Fuchs, der mit Frau, Magd, Maurern und Gesellen im Vorhof gewohnt hatte, sagte 1594 aus, er habe am Meierhof, am Schmittenfelsen und an einem Basteigebäude gebaut. Bei gleicher Gelegenheit bezeichnete sich der Zimmermann Barthle Miller als Baumeister des Meierhofs.

Herzog Ludwigs Verdienst um die württembergische Festungsbaugeschichte liegt darin, daß er 1591 den berühmten Baumeister Heinrich Schickhardt beauftragte, von sämtlichen Landesfestungen Bauaufnahmen anzufertigen. Seine Pläne dokumentieren auf beeindruckende Weise das immense Festungsprogramm von sieben Jahrzehnten. Als Schickhardt im Jahr 1600 nochmals in Begleitung Herzog Friedrichs (1593–1608) auf den Hohentwiel kam, fand er stolze Worte zur Charakterisierung der Festung: *Auff demselbigen* (Berg) *ist das Schloß nicht nur mit vielen schönen Fürstlichen Zimmern und Nothwendigen Gemachen, wie auch guten Cisternen und Schöpfbrunnen, deßgleichen mit Keller und Stallungen, sondern auch mit Pasteyen, Wählen und Wehren versehen. Wann auch schon weder Wähl, Bollwerk, noch Pasteyen, sondern nur allein die Thor und Fallbrucken dahin gebauwet weren, würde es vor eines mächtigen Feindes gewaltt woll sicher seyn, daher auch ettlich nicht unbillich sagen, das sich eines solchen Hauses (da es auf den Ungerischen Grenzen gelegen) die gantze Christenheit zu erfreuen hetten.*

Um das Jahr 1600 hatte die frühneuzeitliche Festung Hohentwiel weitgehend jenen baulichen Umfang erreicht, mit dem sie wenige Jahre darauf den Anstürmen des Dreißigjährigen Krieges widerstehen sollte. Nachdem der Krieg bereits ausgebrochen war, wurden die nördlichen Bastionen am Schmittenfelsen, also am Zugang zur oberen Festung, verstärkt und sternförmige Bastionen im Stil des 17. Jahrhunderts der oberen Burg vorgelagert (1627–34). Der Funktion des Hohentwiel, die Landesgrenzen nach Süden zu sichern, entsprach die starke Bewaffnung, die in der vermutlich noch unter Herzog Ulrich errichteten Zeugkammer gelagert und von einem Zeugmeister oder Zeugwart betreut wurde. Dabei unterstreicht die Aufrüstung im Herzogtum Württemberg während des 16. Jahrhunderts noch einmal, welche Bedeutung der Landesverteidigung nach den bitteren Erfahrungen von 1519 beigemessen wurde. Gab es unter Herzog Ulrich um 1540 im ganzen Land 95 Geschütze und 381 Zentner Pulver, so verzeichnete das Testament Herzog Christophs 1568 bereits 202 Geschütze mit 3340 Zentnern Pulver. Die Festungen Asperg und Hohentwiel nahmen hinsichtlich der Bewaffnung unter den sieben Landesfestungen jeweils den ersten und zweiten Rang ein. Am Vorabend des Dreißigjährigen Krieges, im Mai 1616, lagerten auf dem Hohentwiel allein 47 schwere Geschütze und 612 Handfeuerwaffen.

Die Exklavensituation und die dadurch bedingte strategische Lage des Hohentwiel unterstrich in jeder Beziehung seine Sonderstellung unter den württembergischen Landesfestungen. Anders als bei den im Landesinnern gelegenen Festungen herrschte auf dem Hohentwiel deshalb eine verschärfte Abgrenzung gegenüber der Außenwelt. Das führte in der Konsequenz zu einer äußerst strengen Rechtsordnung. Zudem erzwang die Trennung vom württembergischen Territorium eine unabhängige leistungsfähige Selbstversorgung. Der Hohentwiel bildete damit eine autarke militärische Lebensgemeinschaft, die unter einer extremen Disziplin jedoch vorwiegend zivile Alltagsaufgaben zu bewältigen hatte.

Dieser doppelgesichtigen Funktion der Festung entsprach ihre Führungsstruktur, an deren Spitze als Kommandant ein Hauptmann oder Burgvogt und in der Verwaltung ein Beamter mit dem Titel Keller stand. Es ist nicht unerheblich darauf hinzuweisen, daß es dieselbe Organisationsstruktur auf dem Twiel bereits im 15. Jahrhundert, unter den Herren von Klingenberg, gab. Bei aller äußeren Veränderung ist dieses Fortbestehen der inneren Strukturen bedeutsam. Zwar wurde die Stelle eines Kellers erst 1553 unter Herzog Christoph institutionalisiert; daß der Kommandant auf dem Hohentwiel jedoch der Unterstützung durch einen Verwaltungsfachmann bedurfte, war bereits Herzog Ulrich bewußt, der hier während seiner Exilzeit gelegentlich einen Rechnungsführer beschäftigt hatte, so etwa Caspar von Freyberg 1523/24 oder Wendel Sonnenberg 1528. Die eigenständige Kellerei hebt den Hohentwiel von den übrigen Landesfestungen ebenso ab wie die Anstellung eines Leutnants, der dem Hauptmann als Stellvertreter beigegeben wurde. Einen Keller und einen Leutnant gab es neben dem Hohentwiel nur noch auf dem Hohenasperg. Der erste Leutnant auf Hohentwiel war, unter Hauptmann Hans Heinrich von Reischach, von 1522 an Sebastian von Lier. Im Schriftverkehr mit den Herzögen oder mit der Stuttgarter Kanzlei mußte jeweils der Keller oder der Leutnant die vom Hohentwiel ausgehende Post des Kommandanten gegenzeichnen. Auch die Rechnung mußte von beiden akzeptiert sein. Damit war eine gewisse Kontrolle der Führungsspitze gegeben; daß es einer solchen Kontrolle bedurfte, zeigt der Fall des Kommandanten Hans Eben, der 1564 wegen lässiger Amtsführung entlassen wurde.

Kontrolle bestimmte das gesamte Festungsleben, das auf einer strengen Rechtsordnung fußte. Der Hohentwiel bildete als Festung einen Rechtsbezirk, der nicht der allgemeinen Rechtsprechung unterlag, sondern seine Verordnungen aus dem mittelalterlichen Kriegsrecht bezog. Württemberg schuf da kein neues Recht, sondern trat in die Überlieferung der Besitzvorgänger ein. Die älteste bekannte Rechtsordnung auf dem Hohentwiel ist der mehrfach erwähnte Burgfrieden der Herren von Klingenberg von 1475.

Darin ist bereits von einem Artikelbrief die Rede, auf den der Burghauptmann etwaige Söldner zu vereidigen hatte. Derlei Artikelbriefe waren die Rechtsgrundlage zwischen einem Truppenführer und seiner Mannschaft unter Kriegsbedingungen; solche Briefe formulierten auch den rechtlichen Rahmen, wenn Soldaten, sogenannte Guardiknechte, für die Landesfestungen angeworben wurden. Der älteste im Wortlaut erhaltene Artikelbrief für die Knechte auf dem Hohentwiel stammt von 1534, dem Jahr der Rückkehr Herzog Ulrichs nach Württemberg. Der Brief umfaßte 14 Artikel, die die Pflichten der Guardiknechte festlegten. Im Mittelpunkt der Vorschriften: die strenge Abkapselung der Soldaten, ihre Schweigepflicht und eine überaus harte Disziplin, die dem Hauptmann viel Raum für willkürliche Bestrafungen ließ. Für Lügen, Fluchen und Schimpfworte war Gefängnis, für Schlaghändel bereits die Todesstrafe vorgesehen. Die Hohentwieler Artikelbriefe nach 1564 milderten zwar die willkürlichen Entscheidungen des Hauptmanns, behielten aber ansonsten die harte Disziplinierung der Guardiknechte bei.

Die Todesstrafe, die für bestimmte Vergehen auf dem Hohentwiel ausgesprochen werden konnte, beruhte auf zweierlei Grundlagen: Zum einen war der Hohentwiel seit den Zeiten der Klingenberger mit der hohen Gerichtsbarkeit »ausgestattet«, also mit dem Recht, über Leben und Tod zu richten; zum anderen leitete die Garnison dieses Recht aus dem Standrecht des Kriegswesens ab. Im 17. Jahrhundert wurde am Fuß des Hohentwiel ein Galgen errichtet, als sichtbares Zeichen der Hochgerichtsbarkeit und, nach vollzogener Todesstrafe, als Abschreckung für die Guardiknechte.

Obwohl Hauptmann, Leutnant und Keller den allgemeinen Bestimmungen des Artikelbriefes unterlagen, gab es doch seit der Mitte des 16. Jahrhunderts für sie (und später auch für andere Funktionsträger wie den Zeugwart und den Hausschneider) eigene Dienstverträge, die sich »Staat und Ordnung« nannten. Solche Staate und Ordnungen liegen uns z.B. vor: für den Hauptmann, den Leutnant und den Zeugwart 1564, für den Hausschneider 1594 sowie für jeden Hauptmann bis in den Dreißigjährigen Krieg hinein anläßlich seiner Bestallung (siehe Tabelle der Hauptleute und Keller S.138).

Im Laufe des 16. Jahrhunderts erfuhr die Garnison infolge ihrer wachsenden Versorgungsaufgaben eine zunehmende Spezialisierung. Dem Keller war der Pächter des Bruderhofs und seit 1593 auch der des neu errichteten Meierhofs verantwortlich. Diese beiden garantierten die Versorgung der Garnison mit Lebensmitteln. War ursprünglich der Pächter des Bruderhofes auch für die Fuhrdienste zuständig gewesen, so gab es seit der Mitte des 16. Jahrhunderts einen eigenen Fuhrknecht, der die unablässigen Transporte zu und von der Festung organisierte. Der Fuhrknecht zählte neben dem Forstmeister und dem Rebmann zu den wenigen Soldaten auf dem Hohentwiel, die aufgrund ihrer Aufgaben einen regelmäßigen Kontakt zur Außenwelt aufrecht erhielten. Alle übrigen Funktionsträger wie Küfer, Müller und Wirt, Schmied, Zeugwart und Hausschneider, Pfeifer, Trommler und Barbier waren ebenso weitgehend in den Mauern der Festung eingeschlossen wie die übrigen Bewohner dieses engen Lebensraums. Diesem Lebensraum und seinen Bewohnern wenden wir uns nun näher zu.

Die Festung Hohentwiel als Lebensraum

Die Guardiknechte, die die Wachaufgaben auf den württembergischen Landesfestungen wahrnahmen, bildeten den Kern einer fest besoldeten, stehenden Truppe. In der Militärgeschichte bilden sie einen gewissen Sonderfall, der mit der Entwicklung der frühneuzeitlichen Staaten zusammenhängt; grundsätzlich gehört ihre Entstehung jedoch in den Zusammenhang des Landsknechtswesens. Ende des 15. Jahrhunderts waren in den Kriegen Österreichs gegen Karl den Kühnen von Burgund (†1477) erstmals Heere aufgestellt worden, in denen Fußtruppen aus Soldknechten bäuerlicher und bürgerlicher Herkunft ein eigenständiges Gewicht gegenüber den berittenen Abteilungen erhielten. Der Einfluß der Schweizer Kriegsführung ist unverkennbar. Kaiser Maximilian I. (†1519) baute dieses Heerwesen systematisch aus und wurde so zum »Vater der Landsknechte«. Er, selbst »der letzte Ritter« genannt, setzte damit einen Meilenstein auf dem Weg des mittelalterlichen Rittertums in seinen Niedergang.

Die Landsknechte mit ihren farbenprächtigen Uniformen aus weiten geschlitzten Ärmeln, Pluderhosen und weitausladenden federngeschmückten Hüten prägten das Bild der Schlachtfelder während des gesamten 16. Jahrhunderts. Die besten Künstler der Zeit wurden nicht müde, sie in ihren imposanten Aufzügen zu zeichnen, zu malen oder in Holz zu schneiden. Demographische Voraussetzung dieser Entwicklung war eine enorme Bevölkerungszunahme seit dem Ende des Mittelalters: Überzählige Bauern- und Handwerkersöhne, die in ihren hergebrachten Berufen keine Zukunft mehr sahen, gingen massenhaft unter die Soldaten, an denen die kriegführenden Herren einen scheinbar endlosen Bedarf hatten; die Kriege des Reiches gegen Franzosen und Türken erfüllten das ganze Jahrhundert.

Im Heerwesen eines mittelgroßen Territoriums wie Württemberg sind für das 16. Jahrhundert drei Rekrutierungsformen zu unterscheiden. Zur Landesverteidigung stand den Herzögen eine aus den Untertanen rekrutierte Landwehr zur Verfügung. Zur Teilnahme an den Reichskriegen mußten dagegen Söldnerheere angeworben werden. Eine stehende Truppe hingegen konnte sich ein solches Territorium in jener Zeit nicht leisten. Die Aufstellung einer ständigen Festungswacht in Württemberg war insofern ein erster, kleiner Schritt in Richtung einer fest besoldeten Einheit. Rekrutiert wurden diese Guardiknechte in der Regel aus kriegserfahrenen Landsknechten, die

Soldknechte mit Degen und Hakenbüchsen. Kupferstich von Hans Schäuffelein.

von irgendwelchen Feldzügen heimkehrten. So berichtete etwa der Bürger und Kriegsmann Michael Laib aus Balingen, als er sich 1598 um den Trommelschlägerdienst auf Twiel bewarb, daß er in Frankreich und gegen die Türken im Krieg gewesen war. Und da auf dem Hohentwiel zunehmend solche Soldaten bevorzugt wurden, die ein bürgerliches Handwerk erlernt hatten, bildeten die Guardiknechte so etwas wie eine Elitetruppe.

Dabei dürfen wir uns diese stehende Truppe nicht sehr groß vorstellen. Unter Herzog Christoph umfaßte sie auf den sieben Landesfestungen insgesamt sieben Burgvögte (Hauptleute), zwei Leutnants (auf Hohenasperg und Hohentwiel) und 122 einfache Knechte. Der Asperg hatte damals eine Besatzung von 30 Mann, der Hohentwiel folgte mit 27 Mann an zweiter Stelle. Alle übrigen Festungen beherbergten in der Regel nur 13 Mann. Diese Zahlen, die kaum die einer mittelalterlichen Burghut übertreffen, verdeutlichen zugleich, wie wenig man sich noch von mittelalterlichen Verhältnissen entfernt hatte.

Zur Zeit der Übernahme des Hohentwiels durch Württemberg zählte die Besatzung freilich 50 Mann, alles württembergische Bauernsöhne und Bürger, die Herzog Ulrich ins Exil gefolgt waren (1522/23). Diese hohe Zahl erklärt sich aus den Kriegsvorbereitungen, die Ulrich damals traf. Am Vorabend seines mißglückten Eroberungszuges nach Württemberg, Ende 1524, waren dann bis zu 500 Knechte auf dem Hohentwiel versammelt. 1534, während der erfolgreichen Rückeroberung Württembergs durch Herzog Ulrich und Philipp von Hessen, war die Hohentwieler Besatzung durch hessische Knechte verstärkt worden. 1539/40 dagegen, in friedlichen Zeiten, befanden sich auf dem Hohentwiel nur 21 Mann. 1551 zählte die Besatzung 29, 1556 dann 27 und 1587 schließlich 30 Guardiknechte.

Die Festung Hohentwiel war gemäß ihrer militärischen Aufgabe zunächst eine »Männergesellschaft«. Frauen waren in der Garnison nicht geduldet, es sei denn als Waschweiber, die sich (das ist für 1522 verbürgt) um die Kleidung der Soldaten kümmerten. Erst am Ende des 16. Jahrhunderts wurde diese Bestimmung gelockert: 1594 lebten auf der Festung die Frau des Hauptmanns, die Frau des Kellers mit 4 Kindern, die Frau des Wirts mit 6 Kindern und einer Magd, die Frau des Leutnants mit 6 Kindern, die Frau des Schneiders mit 5 Kindern, die Frau des Fuhrknechts mit 4 Kindern und schließlich die Frauen des Torwarts und des Rebmanns. Durch diese Familien, die die Bevölkerung des Hohentwiel auf wenigstens 60–70 Personen verdoppelten, gewann die Garnison das Aussehen einer gewöhnlichen Siedlung. Und die alltägliche Geschäftigkeit verlieh der unwirtlichen Festung dann beinahe den Charakter eines idyllischen kleinstädtischen Bergnestes.

Mit ihren Toren und Mauern, mit ihren zahlreichen Gebäuden und dem Schloß konnte die Festung tatsächlich den Eindruck eines städtischen Gemeinwesens vermitteln. Wie aber sah das Leben aus hinter diesen Mauern und Toren? Wieder einmal ist es das herrschaftliche Interesse, die Betten auf

Ansicht der Festung Hohentwiel von Heinrich Schickhardt 1591. Original im Hauptstaatsarchiv Stuttgart.

dem Hohentwiel zu zählen, was uns erlaubt, um 1564, jedenfalls nach dem Umbau, einen Rundgang durch das Schloß zu machen. Zum herzoglichen Schloß gehörte natürlich (1) ein Fürsten- und Herrengemach, bestehend aus einer Stube und einer Kammer mit zwei Betten, (2) ein weiteres Fürstengemach mit Stube, Kammer und zwei Betten, (3) ein Frauenzimmergemach mit einer Stube und zwei Kammern mit je vier Betten. Weiter gab es (4) eine Silberkammer mit zwei Betten und an sie anschließend eine Stube und Kammer mit sechs Betten. Die (5) Kanzlei umfaßte zwei Kammern mit drei bzw. fünf Betten. Das Grafengemach bestand aus (6–10) fünf Wohneinheiten mit zwei Stuben und fünf Kammern, die für insgesamt 15 Betten Platz boten. Zusammengerechnet gab es im Schloß zehn Wohnungen mit sechs Stuben und 13 Schlafräumen, die insgesamt 39 Personen beherbergen konnten. Man muß dazu sagen, daß diese Gemächer, auch wenn Herzog Christoph wenigstens einmal jährlich den Hohentwiel besuchte, selten belegt waren.

Mit Hilfe desselben Verzeichnisses können wir auch einen Blick in die Wohnungen der Funktionsträger auf der Festung werfen. Dabei erfahren wir, daß des Leutnants *Losament* (= Logement, Wohnung) aus einer Stube und einer Kammer mit zwei Betten bestand. Der Zeugwart und der Hausschneider teilten sich eine Stube und zwei Kammern mit zwei Betten. Neben des Wirts Wohnung gab es eine Stube mit fünf Betten, hier war also die Stube zugleich Schlafraum. Schließlich bewohnte der Hauptmann eine Stube und eine Kammer mit einem Bett. Unten im Vorhof war des Kellers *Losament* mit Stube, Kammer und zwei Betten, und das Gasthaus verfügte ebendort über eine Stube und eine Kammer mit zwei Betten. Über die Unterkünfte der einfachen Soldaten, die sich die Kammern zu mehreren teilten, geht aus diesem Verzeichnis von ca. 1564 nichts hervor, aber wir werden später noch Gelegenheit bekommen, einzelne Knechtskammern zu betreten. Erkennbar gab es drei soziale Abstufungen bei den Wohnräumen auf der Festung Hohentwiel: Erstens das herzogliche Schloß, das nur fürstlichen Gästen zur Verfügung stand und ihren Ansprüchen genügen konnte. Dann hatten zweitens die Funktionsträger das Privileg eigener, getrennter Wohnungen und damit eines gewissen privaten Bereichs. Schließlich waren da die Kammern der Guardiknechte, die im Verzeichnis nicht extra aufgeführt wurden.

Über Möblierung und Wohnkomfort sowohl im Schloß als auch in den Offizierswohnungen ist uns wenig bekannt. Allerdings kann man von der Beheizbarkeit bestimmter Räume auf ihre Wohnqualität rückschließen. Dabei ist die Analyse der Feuerstellen geeignet, unseren Eindruck einer dreifachen Abstufung der Wohnverhältnisse zu unterstützen. Angenommen, mit dem Wort »Stube« sei ein beheizbarer Raum mit Kachelofen oder offenem Kamin gemeint, dann gab es im Schloß immerhin sechs solcher warmer Zellen, und auch alle Funktionsträger profitierten von einem warmen Ofen. Die Soldaten dagegen hatten in ihren Unterkünften offensichtlich keine Feuerstellen, sie mußten sich im Winter in der Wirtsstube im Vorhof aufwärmen.

Ein späteres Verzeichnis der Feuerstätten, von ca. 1600, bestätigt unseren Eindruck. Damals gab es (ohne die Stuben im Schloß) insgesamt zwölf Feuerstellen: in des Hauptmanns und des Leutnants Behausungen, in des Zeugwarts und Hausschneiders Losament, beim Wirt und in den drei Wachstuben und schließlich in der Pfisterei (Bäckerei). Im Vorhof konnten sich der Keller, der Rebmann, der Küfer und der Torwart im Winter am Feuer wärmen. In einem Vorgriff auf das 17. Jahrhundert läßt sich anhand der Zunahme der Feuerstätten auf einen allmählichen Fortschritt der Zivilisation auch auf dieser spartanisch anmutenden Bergfestung schließen: Gab es also auf dem Hohentwiel um 1600 erst 18 Feuerstellen, so wurden 1678 bereits 45 Öfen gezählt, und 1694 hatte der Kaminfeger sogar 79 Öfen zu kontrollieren. Um diese Zeit dürfte jede Wohnung der Festung beheizbar gewesen sein. Für die Menschen, die in ihr lebten, bedeutete dies eine Erweiterung ihrer Privatsphäre.

Wir haben von dem beinahe kleinstädtischen Charakter der Bergfestung Hohentwiel gesprochen, im wesentlichen geprägt durch die zahlreichen Handwerker, die dort wohnten. Der Zwang zur Selbstversorgung führte in zunehmendem Maß dazu, daß Guardiknechte bevorzugt wurden, die handwerklich ausgebildet waren. Obwohl als Soldaten angeworben, wurde ihr Alltag von ziviler Geschäftigkeit bestimmt, und diese machte das Tagesgeschehen und nicht zuletzt die Geräuschkulisse auf der Festung aus. Knarrende Wagenräder, schnaubende und dampfende Pferde näherten sich dem unteren Tor, wenn der Fuhrknecht Christian um 1551 täglich seine Frachten mit Getreide, Holz, Wein, Wildpret und anderen Lebensmitteln auf den Hohentwiel brachte. Der untere Torwart Hans im Har öffnete das Tor zum Vorhof, und die dort beschäftigten Männer halfen beim Entladen der jeweiligen Fracht oder beim mühsamen Weitertransport über die steilen Brücken zur oberen Festung.

Täglich transportierten Esel in Legeln frisches Wasser vom Brunnen in die Festung hinauf. Auf den Winter hin wurden ungeheure Holzmengen, deren Bereitstellung dem Forstmeister Jakob Scherer oblag, in die Festung geschafft. Aus den erhaltenen Hohentwieler Kellerei-Rechnungen, die Stehle ausgewertet hat, wissen wir, daß auf dem Hohentwiel in den Rechnungsjahren 1582 bis 1699 jährlich im Schnitt 432 Klafter, das sind rund 994 Festmeter Holz, verbrannt wurden. Im Herbst, nach der Ernte, wurden die verschiedensten Feldfrüchte in die Keller und Scheunen der Festung eingebracht. Nicht zuletzt die Weinernte, die unter der Aufsicht des Rebmeisters – der älteste namentlich bekannte ist 1587 Caspar Galler – an den Hängen des Berges vor sich ging, verlangte einen Fuhrbetrieb, der die Reben zur Weinpresse, der Torkel, in den Vorhof transportierte. Hier trat nun der Küfer Hans Meyer (um 1551) auf den Plan, der die Fässer bereits vorbereitet hatte und den frischen Trauben auf der mächtigen Kelter ihren Saft entlockte. In späteren Jahren wurde die Arbeit des Küfers zwischen Bindhaus, Keller und Kelter so umfangreich, daß sie 1587 einen Unterküfer, Jakob Schweickhardt, und einen Oberküfer, Michel Neucker, beschäftigte. Von 1564 wissen wir, daß in den Kellern der Festung 37 Fuder Wein lagerten, das sind rund 64000 Liter. 1628 schließlich befanden sich in zwei Kellern insgesamt mehr als 63 Fuder, mehr als 109000 Liter Wein.

Im Vorhof unweit der Kelter befand sich das Gasthaus, das in der zweiten Hälfte des 16. Jahrhunderts bereits von versierten Gastronomen betrieben wurde. Die Wirte – der älteste uns namentlich bekannte, Endris Empter, starb 1581 – erfüllten für die Verpflegung, aber auch für die Zerstreuung der Mannschaft nach Feierabend eine wichtige Funktion. Sie hatten den Guardiknechten täglich zwei warme Mahlzeiten zu reichen; dafür wurde ihnen der Zuzug der Familie und einer Magd zugestanden. Die herausragende Stellung des Wirtes drückt sich auch darin aus, daß er zu den Funktionsträgern zählte, die eine eigene Wohnung hatten. Der Wirt Hans Ganshals erweiterte ab 1588 sein Dienstleistungsangebot, nachdem ihm die Herrschaft das Biersieden gestattet hatte; er durfte allerdings nur für den Eigenbedarf der Garnison, nicht für den Verkauf nach außen produzieren.

Wenn wir vom Vorhof über die hölzernen Brücken zur oberen Festung vordringen, erreichen wir kurz vor dem oberen Tor die Schmiede, die dem dortigen Felsvorsprung den Namen Schmittenfelsen gegeben hat. Diese Schmiede dürfte noch in die Zeit der Klingenberger zurückgehen; schon im

Burgfrieden von 1475 ist von einem Schmiedegeschirr die Rede. Die Namen der Schmiede sind erst spät überliefert, so 1602, als ein Hans Henderle aus Erzingen die Stelle als Hufschmied antrat. Möglich, daß früher die Zeugwarte den Schmiededienst versahen; für die Betreuung der Geschütze waren gute Kenntnisse in der Metallverarbeitung Voraussetzung. 1597 begründete Conrad Ott aus Stuttgart seine Bewerbung um das Zeugwartamt mit seinem Beruf als Schlosser. Anders als die Schmiede sind uns die Zeugwarte auf dem Hohentwiel von 1522 an durchgängig bekannt.

Die weithin klingenden Hammerschläge von der Schmiede gehörten jedenfalls genauso selbstverständlich zur alltäglichen Geräuschkulisse auf der Festung wie das Klappern der Mühle. Das Müllerhandwerk ist ebenfalls seit der frühen württembergischen Zeit belegt. Da die Mühle auf dem Berg nicht mit Wasserkraft betrieben werden konnte, wurde um 1527 eine Windmühle errichtet, die aber offensichtlich nicht sehr leistungsfähig war. In späterer Zeit gab es eine Roßmühle, die mit Pferdekraft betrieben wurde. Erst im Dreißigjährigen Krieg wurde die Idee der Windmühle erneut aufgegriffen.

Die Müller waren sehr wichtig für die autarke Versorgung der Garnison; sie verwalteten das Getreide, das in den Scheunen und Schütten nahe der Mühle gelagert war, sie stellten das Mehl her, das der Bäcker brauchte. Die Bäckerei (Pfisterei) lag in der zweiten Hälfte des 16. Jahrhunderts unweit der Mühle im Süden der oberen Festung. An Getreide und Getreideprodukten fanden sich 1564 auf dem Hohentwiel:

Mehl	30 Malter (ca. 45 Zentner)
Musmehl	8 Malter (ca. 12 Zentner)
Roggen	160 Malter (ca. 240 Zentner)
Dinkel	656 Malter (ca. 970 Zentner)
Gemischtes	242 Malter (ca. 360 Zentner)
Gerste	9 Malter (ca. 13 Zentner)
Hafer	224 Malter (ca. 330 Zentner)
Haberkern	8 Malter (ca. 12 Zentner)
Erbsen	3 Malter (ca. 4,5 Zentner)
an Dinkel, Hafer, Gerste ungedroschen	ca. 90 Malter (ca. 130 Zentner)

Leiser, aber nicht weniger verantwortungsvoll war die Aufgabe des Hausschneiders, der nicht nur für die Instandhaltung der Kleidung zuständig war, sondern nach und nach mit der Aufsicht über das gesamte Festungsinventar (außer den Waffen) betraut wurde. Vom Schneider Hans Walch, der aus Tuttlingen stammte, wissen wir, daß er 1606 die Werkzeuge des Weingärtners, des Bäckers und des Müllers zu kontrollieren hatte. Auf einer Mängelliste, die er in diesem Jahr nach Stuttgart sandte, monierte er beispielsweise das Fehlen einer württembergischen Bibel sowie einer eisernen Uhr, die seit 15 Jahren in Stuttgart zur Reparatur sei. Andererseits konnte er einen Quadranten zu seinen Schätzen zählen, ein modernes astronomisches Gerät zum Anvisieren von Gestirnen, das anno 1601 der Apotheker Michael Funker aus Radolfzell der Festung verehrt hatte.

Daß es weiterhin auf der Festung einen Bader und Barbier gab, der für Körperpflege und ärztliche Betreuung der Mannschaft zuständig war, daß in den Gärten bei der oberen Festung ein Gärtner seine Geschicklichkeit bewies, daß immer wieder Zimmerleute und Steinmetzen zu Bauarbeiten auf den Hohentwiel kamen, wollen wir wenigstens erwähnen. Ansonsten ist unser Rundgang beendet, und wir kehren in das Gasthaus ein, wo die Spielleute, der Pfeifer und der Trommelschläger, mit ihrer Musik nach Feierabend eine willkommene Abwechslung bieten.

Soldatenleben: ... ganz verdrießlich, also eingesperrt zu sein

Der Guardiknecht und Gärtner Hans Lutz, der sich auf die Anlage von Lustgärten verstand, bat 1594 den Herzog um Versetzung an einen Ort, wo er seine Kunst verwirklichen könne. Der Barbier Ulrich Graf, ein noch junger Mann, bat 1590 um Entlassung aus dem Dienst, weil er seine Zeit auf dem Hohentwiel zuungunsten von Frau und Kind *verliege*. 1633, schon im Dreißigjährigen Krieg, stellte Jerg Heffelin, der seit fünf Jahren auf dem Hohentwiel diente, den Antrag, ins Feld zu dürfen, weil es ihm *alß einem Jungen Mann gantz Verdrießlich Also eingespert zu sein.* Diese wenigen Äußerungen von Hohentwieler Guardiknechten erinnern uns daran, daß der Hohentwiel eine beinahe hermetisch abgeschlossene Bergfestung war; das idyllisch anmutende kleinstädtische Treiben verliert seinen Schein, sobald wir das Leben der Guardiknechte näher betrachten.

Sicher, die Soldaten bewarben sich freiwillig um den Dienst auf dem Hohentwiel. In ihren Bewerbungsschreiben betonten sie meist ihre Kriegserfahrung und ihre handwerklichen Fähigkeiten, und ein befürwortendes Begleitschreiben des Hauptmanns, dem sie sich vorgestellt hatten, bewirkte in der Regel ihre Indienstnahme, sofern eine Stelle durch Tod oder Abzug freigeworden war. Diese fest besoldete Stelle war für viele Kriegsheimkehrer, die in ihrem Beruf sonst kaum noch eine Zukunft gehabt hätten, eine sichere Existenzgrundlage und eine Altersversorgung. Mit 5 Gulden monatlichem Sold Ende des 16. Jahrhunderts erwartete sie ein relativ guter Lohn. Zusätzlich erhielten sie täglich zwei warme Mahlzeiten vom Wirt der Garnison und weitere naturale Vergünstigungen wie etwa eine jährliche Ration Wein. Beim Aufstieg in Funktionsstellen winkte sogar eine eigene Wohnung. Doch ob sich die Soldaten, die ja durchaus an eine strenge Landsknechtsdisziplin gewöhnt waren, wirklich vorstellen konnten, was sie auf einer Festung wie dem Hohentwiel erwartete, ist zweifelhaft.

Die Guardiknechte auf dem Hohentwiel stammten, wie an ihren Herkunftsorten zu erkennen ist, zum größten Teil aus Württemberg. Sie waren in der Regel durchaus verheiratet, aber ihre Frauen durften, wie wir wissen, nicht auf der Festung wohnen. Viele Soldaten siedelten ihre Ehefrauen daher in den nahegelegenen Orten Singen oder Hilzingen an, oft blieben sie jedoch in den württembergischen Heimatorten wohnen. Um ihre Frauen und Familien besuchen zu können, gab es sogenannte Abtage, an denen die Guardiknechte Urlaub von der Festung bekamen. Als diese Abtage 1633 wegen der Kriegsereignisse ausgesetzt wurden, beklagten sich Knechte, daß sie ihre *Haußhaldtung und Kinderzucht* vernachlässigen müßten, was umso mißlicher sei, als ihr *Hauß mitten in dem pabstumb*, also auf österreichischem Territorium stehe.

Zu besonderen Gelegenheiten erhielten Guardiknechte Sonderurlaub, so etwa der Hauptmann Jakob Baur 1621, um seinen Wein in Cannstatt selbst ernten zu können, oder der Soldat Thomas Schaffhauser anläßlich seiner Hochzeit. Auch Krankheiten, denen der Festungsbarbier nicht mehr abhelfen konnte, waren ein Grund. Hans Walliser etwa durfte 1621 zu einer Bäderkur ins schweizerische Baden; ob die Kur Erfolg hatte, ist indes nicht überliefert. Hundert Jahre zuvor hatte der Fall des Wolf Ruw die Mannschaft auf dem Hohentwiel beunruhigt. Ruw, der an den *Franzosen* (Syphilis) erkrankt war, wurde 1524 von Hauptmann Hans Heinrich von Reischach nach Mömpelgard geschickt, damit ihm geholfen werde; und tatsächlich scheint er, anders als viele Opfer dieser grassierenden Epidemie, geheilt worden zu sein. Dieser hartnäckigen Krankheit, die drei Jahrzehnte zuvor aus Amerika eingeschleppt worden war, erlag ein Jahr zuvor ein berühmter Zeitgenosse: der schon mehrfach erwähnte Dichter Ulrich von Hutten, einer der Erzfeinde Ulrichs von Württemberg.

Grundsätzlich ist festzustellen, daß die Guardiknechte auf dem Hohentwiel weitgehend von der Außenwelt abgeschnitten waren, angebunden an einen Festungsalltag, den viele als eine Art Gefängnis empfanden. Kommandant und Herrschaft wußten wohl um diese extreme Situation der Soldaten. Als die Knechte 1573 den Herzog um eine Erhöhung des monatlichen Solds von 4 auf 5 Gulden baten, unterstützte der damalige Hauptmann Abraham Kindsvatter die Supplikation mit dem Hinweis auf die Entlegenheit des Twiel und der Notwendigkeit einer *Vertröstung* der Knechte. Ob ihnen die Anhebung des Solds zum Trost gereichte, darf indes bezweifelt werden.

Die eingeschränkte persönliche Beweglichkeit, die Trennung von Frau und Familie weckten melancholische Stimmungen und Sehnsüchte, weckten Träume von Ausbruch und Flucht. Daß gegen Ende des 16. Jahrhunderts die Funktionsträger ihre Familien zu sich holen durften, mag die erotische Spannung und den sozialen Neid der einfachen Guardiknechte eher noch erhöht haben; mitanzusehen, wie der Keller Sebastian Schmalholz 1581 eine Kindsbettmagd zu seiner schwangeren Frau holen durfte, wie der Leutnant im selben Jahr Nachwuchs bekam, war für die Mannschaft auf dem Hohentwiel sicher nicht leicht.

Wer unter den Knechten den Traum vom Ausbruch wahrzumachen versuchte, war sich bewußt, daß er sich auf ein Spiel mit hohem Einsatz einließ. Michel Keller aus Zuffenhausen nutzte 1557 die Gelegenheit eines Wachgangs, um sich nachts in einem der umliegenden Orte zu einer *leichtfertigen Frau* zu begeben. Nach einem Gefängnisaufenthalt wurde er vor die Wahl gestellt: entweder *auf Hohentwiel das Recht zu nehmen* – das bedeutete die Todesstrafe – oder aber fünf Jahre gegen die Türken zu ziehen. Michel Keller wählte den Krieg. Ein anderer, Ulrich Ferber aus Geislingen, war unter dem Vorwand, seiner Frau, die in Hilzingen wohnte, einen Brief für seine Schwester bringen zu wollen, entlaufen, in Balingen wurde er festgenommen. Er bezahlte seinen »Ausbruch« mit dem Leben: Anfang Januar 1563 wurde er enthauptet. Mit einer Urfehde, also mit einem Abschwören seines Vergehens, kam dagegen der gewesene Müller Michael Wicker davon, der sich 1581 mit der Magd des Garnisonswirtes eingelassen hatte und dann längere Zeit verschwunden war.

Die engen sozialen Beziehungen auf der Festung, die dienstliche und private Nähe der Besatzung zueinander ohne ausreichende Möglichkeit des Rückzugs förderte die Streitsucht, die sich unter dem Einfluß von Alkohol in allen Formen der Aggression, von der Neckerei bis zum Angriff mit bewehrter Hand, Luft schaffte. Nichtige Anlässe führten zu heftigen Raufereien oder deckten tiefgreifende Zerwürfnisse auf. So 1531: Der uns bereits bekannte Wolf Ruw beklagte sich, die Hunde hätten ihm *vff den Sessel* (eine Art Kissen) *vnnd In die Schuch gesaicht*; die Antwort des Kommandanten, *haben sie dir Nun vff den Sessel gesaicht, So haben sie hoch müssen hinuff saichen, dan er ist an der Wandt gehangkt,* verleitete den betrunkenen Ruw dazu, seinen angestauten Ärger über den Hauptmann Hans Heinrich von Reischach loszuwerden, was eine Untersuchung nach sich zog. Ein anderes Mal, 1580, gingen die Fensterscheiben zu Bruch, als sich Dionys Beller und Hans Entenmann in ihrer Schlafkammer wegen eines Hutes prügelten. Die Beteiligten an solchen Händeln wurden in der Regel mit einer Turmstrafe belegt, und es herrschte Ruhe auf der Festung, bis wieder einer, etwa der Küfer Konrad Machtolf, 1591, Anlaß fand, sich wegen des Ladens der Haken, der Feuerbüchsen, mit dem Zeugmeister zu raufen.

Das alltägliche Maß war freilich überschritten, wenn der Streit unter den Guardiknechten zu Mord und Totschlag führte. Wir kennen wenigstens drei solcher Fälle aus den Jahren 1567, 1602 und 1606. Derlei Vergehen zogen die Todesstrafe nach sich. Über ein standrechtliches Verfahren, das von 1602, sind wir recht gut unterrichtet. Am Sonntag, den 1. August 1602 hatte der Guardiknecht Hans Miller aus Balingen, auf dem Heimweg von einem Krankenbesuch und angetrunken, seinen Kumpan, den Barbier Martin Wicker aus Calw, erstochen. Unter dem Vorsitz des Obervogts von Leonberg, Burkhard Stickel, den der Herzog als Stabhalter auf den Hohentwiel verordnete, wurde dort Kriegsrecht gehalten; das Gericht bestand aus 24

Guardiknechten – also aus Kameraden des Angeklagten wie des Opfers –, die einhellig zu dem Urteil kamen, daß der Mörder sein Leben verwirkt habe. Miller wurde am 21. August mit dem Schwert hingerichtet.

Bei den Händeln und Streitsachen, den Fluchtversuchen und Totschlagsaffären war regelmäßig Alkohol im Spiel. Wein wurde offensichtlich viel konsumiert auf der Festung. Ja, man kann sich des Eindrucks nicht erwehren, daß das Soldatenleben auf dem Hohentwiel nur mit Alkohol zu ertragen war. Der *Sauffteufel* scheint unter den extremen Bedingungen des Festungslebens viele verführt zu haben; nicht nur die einfachen Guardiknechte, auch einige Kommandanten konnten seinen Verlockungen nicht widerstehen. Unter den Hauptleuten des Hohentwiel ragt in dieser Beziehung der Kapitän Jakob Haan (1577–1598) besonders hervor, in dessen Ära sich die merkwürdigsten Begebenheiten ereigneten. Von diesem Jakob Haan heißt es einmal, daß er *gegen den Soldaten oder Guardiknechten wegen geringen Sachen hitzig wird, sie Schelmen, Diebe und Bösewichte schelte und also gröblich gegen sie fahre, daß sie davon scheu und unwillig werden,* und weiter, *daß unter allen Knechten kein versöffner und voller als er ist, der alle Abend voll seye.* Beschwerden der Soldaten führten 1586 zu einer Untersuchung und zu einem strengen Verweis des Hauptmanns, der daraufhin versprach, *Soviel dann mein geschehenes überflüssiges Essen und Trinken belangt, muß ich solches gestehen, solle aber durch Gottes Hilfe von nun an hingelegt werden.* Das jährliche Fuder Wein (= 1728 l), das noch 1594 zur Besoldung Jakob Haans gehörte, und eine erneute Untersuchung gegen ihn im Jahr 1588 lassen allerdings Zweifel an seiner beabsichtigten Besserung zu.

Auch wenn sie ihre Dienstpflichten nicht offen verletzten und in keine strafbaren Handlungen verwickelt waren, zeigten die Männer auf dem Hohentwiel Anzeichen der Belastung: Formen des alltäglichen Wahnsinns, sei es als innere Verödung, sei es als aggressive Ausbrüche. Der Zimmermann Martin Bayer aus dem Leonberger Amt, der als *mutwilliger Schreier und Weintrinker* geschildert wurde, versuchte sich 1594 durch Urlaub seiner verzweifelten Lage zu entziehen. Jerg Frick aus Weilheim, seit drei Jahren im Dienste, wurde im selben Jahr als *wilder onsinniger Mann* bezeichnet. Und Friedrich Bahr aus Seitingen, der 14 Jahre lang als Pfeifer und Spielmann auf dem Hohentwiel lebte, war so weinsüchtig und altersschwach geworden, daß er den Wachdienst nicht mehr versehen konnte.

Eine ganz spezielle Form der Alltagsbewältigung hatte der Müller Hans Rielin aus Calw entwickelt, die 1587 ans Licht kam. Wegen eines Streits mit einem Kameraden hatte Hauptmann Jakob Haan den Müller einen Tag und eine Nacht in den Turm gesperrt. Aber siehe da, obwohl hinter Gittern, erschien er dem wachhabenden Guardiknecht, der nicht wenig erstaunt war, auf freiem Fuß. Hans Rielin hatte die Gabe, ohne das Schloß zu verletzen, durch die Gefängnistür ein- und auszugehen. Die Untersuchung dieser nicht ganz geheuren Geschichte ergab, daß der Müller ein Büchlein besaß, wodurch er sich den Bösen Feind dienstbar machen könne. Ein Meister im Kinzigtal habe ihn die Kunst gelehrt; seinem Geist, der Hans Jerg heiße, habe er den kleinen Finger der linken Hand versprochen, und der helfe ihm nun – auch zum Nutzen der Festung. Ohne Hilfe des Geistes hätte Rielin, so seine Aussage, die Mühlen auf dem Hohentwiel nicht betreiben können. Auf einer Mühle verstehe er nun mehr zu mahlen als ein anderer auf zweien. In der Untersuchung wurde noch angemerkt, daß der Müller tatsächlich lesen könne; er hätte gelegentlich der Guardi aus der *Postill Lutheri* vorgelesen. Die Untersuchung dieses absonderlichen Falles wurde dem württembergischen Hofprediger Osiander zur Begutachtung vorgelegt, der am 15. November 1587 Stellung nahm. Der humanistische Gelehrte argumentierte bemerkenswert »vernünftig«: Er hielt den Gefängnisausbruch des Müllers für ein Erlebnis *in somnio*, also im Schlaf. In etlichen *scriptoribus* habe er gelesen, daß Unholden derlei Erlebnisse imaginierten. Tatsächlich könne jedoch der böse Geist weder Türen öffnen noch den Menschen durch die Lüfte führen. Selbst der Satan, *aller Zauberischen gaukler oberster Meister*, könne einen Leib nicht, ohne ihn zu verletzen, durch das Gitter eines Gefängnisses, wie hier angeblich geschehen, zwängen. Man solle dem Hans Rielin eindringlich vorhalten, daß er eine Sünde begangen habe, er solle den Kontrakt mit dem Teufel kündigen und fleißig beten, dann werde ihm Absolution zuteil. Im übrigen sei anzuraten, den Mann vom Hohentwiel zu entfernen, denn solche Leute gehörten nicht auf eine Festung. Damit hatte der Spuk dann sein Ende.

Unterbrechungen des Alltags

Vorfälle wie der des Müllers Hans Rielin berührten die ohnehin in ihrem inneren Gleichgewicht gestörte Besatzung des Hohentwiel an einer empfindlichen Stelle. Sie trafen diese exponiert lebende, den Naturgewalten unmittelbarer ausgesetzte Gemeinschaft heftiger als die übrigen Zeitgenossen, die ohnehin gegen Ende des 16. Jahrhunderts eine geradezu paranoide Furcht vor Hexen und Teufeln hatten. Die wirtschaftliche Verunsicherung verband sich mit Wunderglauben und Sensationslust zu der weitverbreiteten Bereitschaft, an den für die Zeit um 1600 vorausgesagten Weltuntergang zu glauben. Alle möglichen politischen und sozialen Vorgänge sowie Naturereignisse wurden als Zeichen aufgefaßt, die dem, der sie zu deuten verstand, etwas über den göttlichen Heilsplan mitteilten. Das galt auch und gerade für die Geschehnisse auf und in der Umgebung der Festung. Eine Feuersbrunst in Hilzingen, die man am 11. September 1591 vom Gefängnisturm der Festung aus beobachten konnte, wurde so in den ursächlichen Zusammenhang mit einer Schlägerei gerückt, die zuvor geschehen war. Und der Bericht des Hauptmanns Haan über ein Gewitter, das am Freitag, den 7. Mai 1591 morgens zwischen drei und vier Uhr in seiner Wohnung eingeschlagen hatte, liest sich, als hätte der Leibhaftige persönlich dem (Gottseidank nicht anwesenden) Hauptmann einen Besuch abstatten wollen: es sei *gleichwoll nit Brennendt, aber ein grosser dampf Im Losament gewesen vnnd Vbel geschmeckt* ...

Schon drei Jahre zuvor hatten Hauptmann Jakob Haan und Keller Sebastian Schmalholz einen Bericht über den Erdrutsch am Hohentwiel nach Stuttgart gesandt, der ebenfalls zu der Besorgnis Anlaß gab, hier hätten höhere Mächte in das Schicksal der württembergischen Festung eingegriffen. Der Erdrutsch hatte am Freitag und Samstag vor dem 23. Juni im Bereich zwischen dem Friedhof und dem Schwärzehof *sich mit vielen Vnnd wunderbarlichen Klüefften vffgethan* und Wege, Gärten und Brunnen verschüttet, *Auch ettliche große geschlachte Beüm mit zuwegk genommen vnnd an andere ortt verschlaifft ..., alß das es ganntz erbärmlich vnnd schrockennlich anzusehen.* Der Herzog war durch den Bericht so alarmiert, daß er den Kartographen Georg Gadner an den Ort des Geschehens befahl, um ein Gutachten anzufertigen. Gadner nahm den Stuttgarter Hofmaler Hans Dorn mit sich, der eine Zeichnung von dem Erdrutsch anfertigen sollte, und reichte dem Herzog einen durchaus modern anmutenden Bericht ein. Er habe den Erdrutsch *mit Fleis besichtiget. Der erscheint gleichwol dem eüßerlichen Ansehen nach erschrockhenlich und Abscheuhlich genug. Es ist aber ganntz und gar kain MIRACULUM noch Erdbidem daran zuerspüren sonder es ist ain Natürlicher Phal, dergleichen ich gesteriges Tages Am Heryber Reytten Im Berenthal nicht weit von Tigesheimb Auch ainen gesehen, das durch das naß gewitter das Erdtrich befeichtiget, sampt den Baumen herab geruckht* ... Zugleich erteilte er anderen Erklärungen und Hoffnungen eine deutliche Absage: *Gleichwoll erweckhen die leüth, fürnämblich zu Costintz* (Konstanz) *Ain groß geschray, Alls ob das schloß erschrockhenlicher Weyß gesunkhen sey, daran doch nichts ist. Vnnser lieber Herr Gott geb Verner sein gnad.* So mag die naturwissenschaftliche Erklärung des humanistischen Gelehrten nicht nur das politische Wunschdenken auf österreichischer Seite enttäuscht, sondern auch die Furcht der wundergläubigen Besatzung auf der Festung etwas besänftigt haben.

Der Alltag auf der Festung ging indes weiter – bis zum nächsten Ereignis. Nicht immer waren die Unterbrechungen düsterer Natur, voller Vorahnungen und Ängste. Wenn ein Landesherr zu Besuch kam, wie Herzog Friedrich I., der auf der Rückreise von Italien am 13. April 1600 auf dem Hohentwiel eintraf, dann war dies eine erfreuliche Abwechslung. Zumal der Herzog am folgenden Tag Lust verspürte, die Macht seiner militärischen Stärke auf der Festung zu erproben. Der Baumeister Heinrich Schickhardt, der sich im Gefolge des Herzogs befand, berichtete, *Ihre f. Gnaden* hätten *selber viel groß und kleine Stuck in das Feld nach Bäumen und anderem gerichtet, deßgleichen hat auch gethan der Hauptmann, Keller, Leutnant, Zeugwart, und wir andere, wie auch viele Soldaten aus der Guardi bis zur Essenszeit, also daß auf denselbigen Tag alles grobe Geschütz, so in der Festung gestanden, mit großem Krachen, das auch das Land darvon erhallet, abgeschossen worden.* Nachdem der Herzog die schöne Aussicht genossen hatte, wobei er – laut einem Verzeichnis von 1606 – sieben Städte, 32 Schlösser, sechs Klöster, 51 Dörfer, sechs Weiler und zwölf einzelne Höfe, Wirtshäuser und Mühlen überschauen konnte, verließ er den Hohentwiel wieder Richtung Stuttgart. Ob seine Schießübungen bereits ein Zeichen waren für den schrecklichen Krieg, den das neue Jahrhundert bringen würde? Der Hohentwiel sollte auch diese Erschütterungen überstehen.

Liste der Kommandanten und Keller auf der Festung Hohentwiel 1521–1650

Hauptleute		*Keller*	
Marx u. Friedrich Stumpf von Schweinsberg	1521/22	Hans Caspar von Freyberg	1523/24
Hans Heinrich von Reischach	1522/40	Wendel Sonnenberg	1528
Paulin Keck	1550/51	Balthasar Dachtler	1553/55
Hans Eben	1552–64	Hans Kremer	1555/57
Adam Diemar	1564–67	Georg Genkinger	1562
Endres Sieser	1567–68	Hermann Jäger	1563/73
Hans Georg von Seeberg	1571	Adolf Heininger	1573/76
Abraham Kindsvatter	1573–77	Sebastian Schmalholz	1577/1601
Jakob Haan	1577–98	Johann Scherer	1601/07
Andreas Geisel	1598–1607	Caspar Lutz	1607/13
Rudolf Reichart	1607–17	Joh. Christoph Jäger	1613/29
Johann Wertwein	1617–19	Hans Konrad Müller	1629/30
Jakob Baur	1619–27	Christian Herold	1630/32
Wolf Friedrich Löscher	1627–34	Johann Schmid	1632/36
Joachim von Rochau	1634	Joh. Melchior Cariet	1636/40
Konrad Widerholt	1634–50	Stephan Stockmayer	1640/50

DER HOHENTWIEL IM DREISSIGJÄHRIGEN KRIEG

Die europäische Dimension des Krieges

Wir haben keinerlei Nachricht davon, was sich am 23. Mai 1618 auf dem Hohentwiel abspielte, an jenem denkwürdigen Tag, an dem im fernen Prag auf der Burg böhmische Adlige den kaiserlichen Statthalter aus dem Fenster stürzten. Wir dürfen jedoch vermuten, daß die Mauern der Festung wie gewohnt von alltäglicher Geschäftigkeit widerhallten. Und solch ganz gewöhnlicher Alltag sollte noch weitere zehn Jahre das Festungsleben bestimmen, obwohl die böhmische Adelsrevolte von 1618 inzwischen einen schrecklichen Krieg ausgelöst hatte. Dessen Neuigkeiten wurden mit einer gewissen Verzögerung durch *Zeyttungen* auch auf den Hohentwiel getragen. Der Krieg war weit – irgendwo im Norden des Reiches –, aber man spürte, die Welt rückte näher, die große Politik drang allmählich durch die Fugen und Fenster der schwäbischen Festung. Seit 1627 wurde an den nördlichen Bastionen gebaut, die Besatzung war durch einen sogenannten Zusatz vorsorglich auf 200 Mann erhöht worden.

Der Dreißigjährige Krieg wird als die größte, politisch verursachte Katastrophe der deutschen Geschichte vor dem Ersten Weltkrieg eingestuft. Warum? Ein Kennzeichen des Krieges war die konfessionelle Gegnerschaft der Beteiligten. Die religiöse Selbstbestimmung der Reichsstände, wie sie im Augsburger Religionsfrieden von 1555 garantiert worden war, sah sich durch die katholische Gegenreformation herausgefordert. Der religiöse Eifer beider Seiten führte in der Folge zu einer beharrlichen Kriegsbeteiligung. Die Legitimation zum Kriegseintritt wurde, auf beiden Seiten, in die ideologischen Formeln religiöser Überzeugung gekleidet. Dennoch war dieser Krieg kein bloßer Religionskrieg; es ging vielmehr um die Verteilung wirtschaftlicher und politischer Macht in Europa. Denn obwohl sich die Kriegshandlungen ausschließlich auf den Boden des Deutschen Reiches beschränkten, hatte der Krieg von Anfang an europäische Dimensionen.

Aus verschiedenen Erbschaften waren den Habsburgern seit dem späten 15. Jahrhundert nach und nach Burgund, die Niederlande, Neapel und

Stammtafel der Habsburger

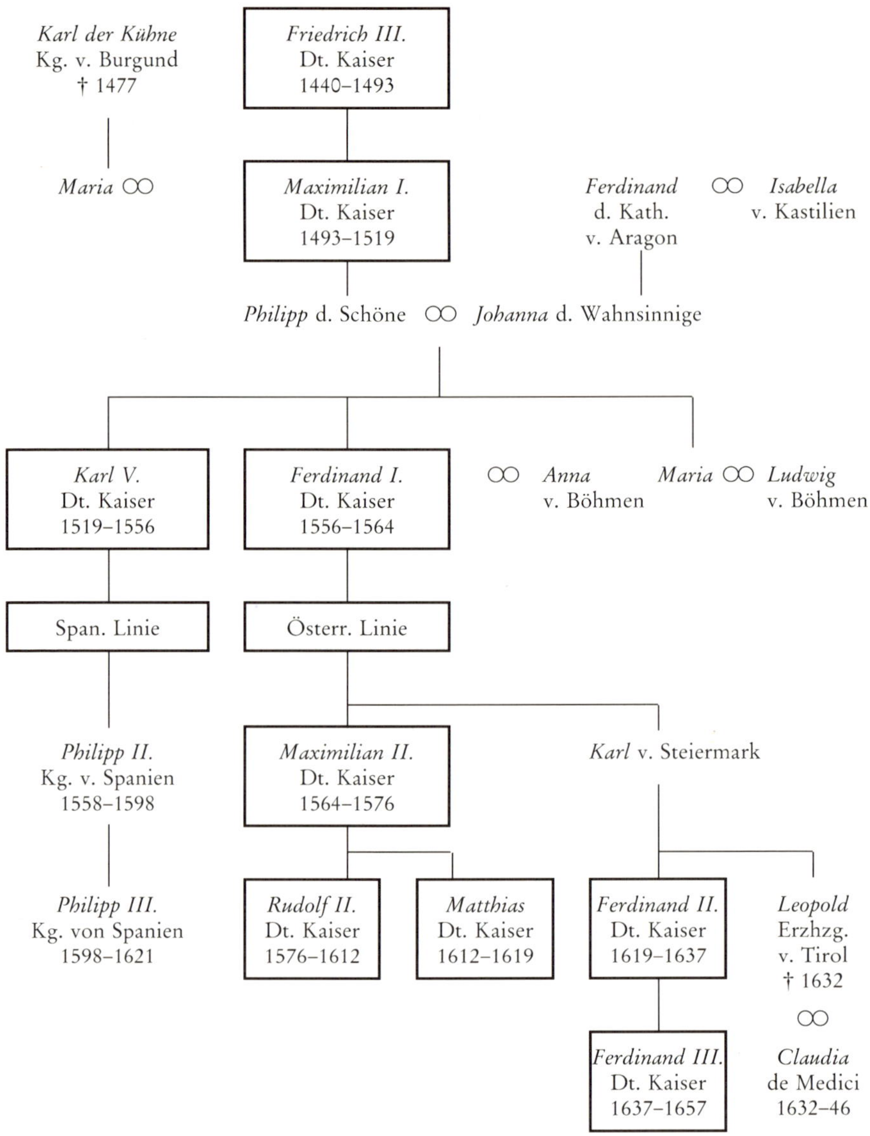

Mailand, schließlich Böhmen und Ungarn zugefallen. Zwar hatte sich das Haus Habsburg nach dem Tod Kaiser Karls V. in eine spanische und eine österreichische Linie gespalten, doch wirkten beide im Interesse des gemeinsamen Hauses weiterhin zusammen. Von dieser Politik fühlte sich insbesondere das Königreich Frankreich bedroht, das im Süden und Osten von habsburgischen Territorien umringt war. Der Abfall der Niederlande von Spanien seit 1568 führte zu jahrzehntelangen schweren Kämpfen, deren Konfliktpotential dann ebenfalls in den Dreißigjährigen Krieg hinein wirkte. Zudem setzten sich die Habsburger in Gegensatz zu der jungen nordischen Großmacht Schweden, als sie versuchten, mit einer Flotte die Ostsee zu beherrschen. Dieser Außenpolitik der Habsburger, der die Idee einer *Monarchia universalis* zugrunde lag, entsprach im Innern ein absoluter Machtanspruch. Im Deutschen Reich standen sich somit zwei Parteien schroff gegenüber: die Fürsten, die gerade zu einer frühmodernen Staatlichkeit gelangt waren und nun um ihre ständische *Libertät* fürchteten, und das Haus Habsburg, das nach der absoluten Monarchie strebte. Die Erhebung des Habsburgers Ferdinand zum böhmischen König ohne Zustimmung der Stände 1617 führte, als dieser Maßnahmen der Gegenreformation ergriff, jenen Konflikt herbei, der im Prager Fenstersturz seinen symbolischen Höhepunkt fand. Als derselbe Ferdinand II. dann zum Deutschen Kaiser gewählt wurde (1619–37), erhoben die Böhmen Friedrich von der Pfalz zum König. Damit begann unwiderruflich jene militärische Auseinandersetzung, die nach dreißig Jahren verheerender Kriegszüge kreuz und quer durchs Reich immer noch keinen Sieger, dafür jedoch einen eindeutigen Verlierer gefunden haben sollte: das Volk. Die Bevölkerung Deutschlands wurde um bis zu zwei Drittel dezimiert.

Der böhmisch-pfälzische Krieg (1618–23) endete mit dem Sieg des Kaisers, der von Spanien und der katholischen Liga unter Maximilian von Bayern unterstützt wurde. Nach dem Sturm auf Heidelberg 1622 durch den katholischen Feldherrn Tilly wandte sich das Kriegsgeschehen nach Norden, und dort sollte sich die Kriegsfurie für den Rest des Jahrzehnts festbeißen. Mit dem Eingreifen des dänischen Königs Christian IV., der als Herzog von Holstein zugleich deutscher Reichsfürst war, begann der dänisch-niedersächsische Krieg und also die zweite Phase der Auseinandersetzungen. Nach anfänglicher Stärkung der protestantischen Partei endete auch dieser Krieg, durch die überlegene Kriegführung der Feldherren Tilly und Wallenstein, im vollständigen Sieg des Kaisers (Friede von Lübeck 1629). Im Restitutionsedikt von 1629 befahl Ferdinand II. die Rückgabe aller geistlichen Gebiete, die seit 1552 in protestantischen Besitz gekommen waren. Durch diese Machtfülle des Kaisers ihrerseits bedroht, erzwangen nun die katholischen Fürsten 1630 auf dem Kurfürstentag in Regensburg die Absetzung Wallensteins. Dies war eine folgenschwere Entscheidung für die nun folgende dritte Kriegsphase.

Mit finanzieller Unterstützung Frankreichs, das sich zum eigentlichen Vorkämpfer gegen das habsburgische Hegemonialstreben machte, landete König Gustav II. Adolf von Schweden (1611–32) 1630 in Pommern. Ihm ging es ausdrücklich um die protestantische Sache und um die Verteidigung der ständischen Libertät der deutschen Fürsten, vor allem jedoch um die Sicherung seiner eigenen Vormacht an der Ostsee. Zahlreiche protestantische Reichsstände schlossen sich dem »Löwen aus Mitternacht« begeistert an. Mit ihrer Hilfe siegte er in der Schlacht bei Breitenfeld 1631 und drang über Thüringen nach Franken und Bayern vor. Der Feldherr der katholischen Liga, Tilly, fiel bei Rain am Lech 1632, Nürnberg und München öffneten dem Schweden die Tore. Wallenstein, der in dieser bedrohlichen Lage erneut zum Oberbefehlshaber der Kaiserlichen ernannt worden war, zwang Gustav Adolf zur Aufgabe seines Vorstoßes nach Wien und zur Schlacht bei Lützen nahe Leipzig am 16. November 1632. Die Schlacht endete zwar für die Schweden mit einem Sieg, durch den Tod Gustav Adolfs geriet der schwedische Siegeszug dennoch ins Stocken.

Unter der politischen Leitung des schwedischen Reichskanzlers Oxenstierna und mit den militärischen Erfolgen Herzog Bernhards von Weimar und der schwedischen Generale Horn und Banér setzte Schweden seine Eroberung Süddeutschlands zunächst fort. Seit 1633 wurden sie durch den Heilbronner Bund, eine Allianz der süddeutschen protestantischen Stände, darunter Württemberg, unterstützt. Bayern war besetzt und von Wallenstein im Stich gelassen, ein Großteil Vorderösterreichs in schwedischer Hand, der Kaiser mußte mit einem Angriff auf sein Kernland rechnen, da nahm der Krieg eine unvermutete Wendung. Nach der Ermordung Wallensteins 1634, der eigenmächtig mit den Schweden Verhandlungen aufgenommen hatte, bezwangen die vereinigten kaiserlichen, spanischen und bayerischen Armeen die Schweden und ihre Verbündeten in der Schlacht bei Nördlingen 1634; Herzog Bernhard von Weimar und General Horn wurden vernichtend geschlagen. Damit war Süddeutschland von der schwedischen Besatzung befreit.

Dies ist der Zeitpunkt, da wir den globalen Ereignissen ihren Lauf lassen und uns der engeren Geschichte des Hohentwiel zuwenden wollen. Seit dem Kriegseintritt der Schweden, besonders seit ihrer Eroberung Bayerns und dem Angriff auf die vorderösterreichischen Lande war die württembergische Festung direkt in das Kriegsgeschehen einbezogen. Von 1632 an wartete der Hohentwiel nicht mehr nur auf die Berichte von den Kriegsschauplätzen, sondern begann selber an der Chronik der laufenden Ereignisse mitzuschreiben.

Fast genau hundert Jahre nach der letzten militärischen Aktion – 1531 war vom Hohentwiel aus die Nachbarburg Staufen eingenommen worden – herrschte wieder Krieg auf der Festung. Der Auftritt Schwedens hatte die protestantischen Reichsstände ermutigt, ihre antihabsburgische Haltung offener zu demonstrieren. Schon 1631 hatten sich in Südwestdeutschland die Rheingrafen, der Markgraf Friedrich von Baden-Durlach und Herzog Julius Friedrich für den noch minderjährigen Eberhard III. von Württemberg auf die Seite der Schweden geschlagen. Doch die Kriegsrüstungen in Württemberg wurden einstweilen durch den kaiserlichen Generalfeldwachtmeister Egon von Fürstenberg unterbunden. Diese Episode zeigt das ganze Dilemma der württembergischen Politik während des Krieges deutlich. Württemberg war militärisch nicht stark genug, um sich in dem wechselhaften Kriegsgeschehen allein zu behaupten; es mußte sich an ein Bündnis oder einen stärkeren Partner anlehnen, von dessen Kriegsglück dann aber auch sein eigenes Schicksal abhängig war. Die offene Anlehnung an die Schweden wollte deshalb wohl abgewogen sein, solange ein Vergeltungsschlag kaiserlicher oder österreichischer Truppen nicht ausgeschlossen war. Die vereitelte Kriegsrüstung in Württemberg erzwang deshalb in den folgenden Monaten ein größeres diplomatisches Geschick und Rücksichtnahme auf die gesamtstrategischen Verhältnisse.

Obwohl der Vormarsch der Schweden für die protestantischen Fürsten ermutigend war – am 23. April 1632 standen sie in Bodman am Bodensee –, hielt sich Württemberg also zunächst zurück. Die militärischen Aktionen, an denen der Hohentwiel in diesem Jahr 1632 beteiligt war, fügten sich insofern weniger in die schwedische Strategie ein, sie geschahen mehr zur Absicherung der eigenen gefährdeten Position. Vermutlich im Juni 1632 besetzte Hauptmann Friedrich Löscher, der damals nur 126 Mann zur Verfügung hatte, in der Nachbarschaft zunächst die unverteidigte Burg Rosenegg, dann den Mägdeberg und Hohenkrähen, was ihm eine bessere Kontrolle der Umgebung erlaubte und einen Zuwachs an Proviant, seinem Landesherrn jedoch einen scharfen Protest Erzherzog Leopolds von Österreich einbrachte. Löscher mußte Mägdeberg und Rosenegg herausgeben, hielt aber den Hohenkrähen wegen seiner bedeutenden Vorräte mit 50 Mann weiter besetzt.

Sobald der Krieg den Hegau erreichte, wurden die komplizierten Herrschaftsverhältnisse sichtbar, die für die folgenden 15 Jahre die verheerenden Auseinandersetzungen kennzeichnen sollten. Am 28. Juni 1632 wandte sich der Singener Dorfvogt Andreas Schrott mit der Bitte um *Salvaguardia* an den Hauptmann vom Hohentwiel. Die Gemeinde, die sich aus österreichischen und württembergischen Untertanen zusammensetzte, hatte sowohl unter kaiserlichen als auch schwedischen Überfällen zu leiden und erhoffte sich,

Herzog Eberhard III. von Württemberg.

gegen Lieferung von Lebensmitteln, Schutz von der mächtigen Festung. Ähnliche Schutzgesuche erreichten Löscher von den Gemeinden Hilzingen und Riedheim. Noch hatten die Bauern der Umgebung die Illusion, daß es gegen Übergriffe dieser oder jener Soldateska irgendeine Sicherheit geben könne. In den folgenden Jahren mußten sie die bittere Erfahrung machen, daß es solchen Schutz nicht gab und daß die Unterscheidung von Freund und Feind, von Beschützer und Bedränger in diesem Krieg nicht existierte.

Im März 1633 übernahm der 18jährige Herzog Eberhard III. die Regierung in Württemberg und trat schon am 13. April dem Heilbronner Bund bei, einem Bündnis der protestantischen Stände in Süddeutschland, die nun offen mit den Schweden paktierten. Dies war für Württemberg und den Hohentwiel eine folgenreiche Entscheidung. Württembergische Einheiten nahmen im August an der Belagerung von Villingen teil und vereinigten sich am 25. September, an der Seite Bernhards von Weimar, beim Hohentwiel mit dem schwedischen Feldmarschall Horn. Von nun an flankierten sie die schwedische Invasion in Vorderösterreich, und zwar durch Aktionen im Raum zwischen dem Elsaß und dem östlichen Bodensee. Bereits im Oktober 1633 besetzten sie Radolfzell, wo dann sogar eine württembergische Garnison stationiert wurde; am 17. März 1633 überfielen sie Sernatingen am Bodensee (das heutige Ludwigshafen), am 6. und 7. August plünderten sie Allensbach und Salem. Im September 1633 nahmen sie an der vergeblichen Belagerung von Konstanz durch Horn teil. Im Sommer 1633 war der Breisgau bis auf Freiburg und Breisach schwedisch geworden. Anfang 1634 war auch das österreichische Elsaß erobert. Am 20. April 1634 fiel Freiburg, am 19. August gewannen die Schweden Rheinfelden; nur die Festung Breisach und die Reichsstadt Überlingen am Bodensee verteidigten sich erfolgreich gegen die Schweden und ihre Verbündeten. Durch die Verwüstung des Hinterlandes – das Kloster Salem wurde allein im Juli und August 1634 dreimal von den Schweden überfallen – wäre gleichwohl die Eroberung dieser festen Plätze bloß eine Frage der Zeit gewesen, wenn nicht Horn und Bernhard von Weimar nach Norden gezwungen worden wären, wo sie am 6. September 1634 bei Nördlingen, wie erwähnt, vernichtend geschlagen wurden.

Mit diesem Schlag waren alle Eroberungszüge der beiden vergangenen Jahre zunichte geworden. Die geschlagenen schwedischen Truppen, unter ihnen 6000 Württemberger, flohen, um sich irgendwo in Sicherheit sammeln zu können. In kurzer Zeit wurde Süddeutschland von den Schweden befreit, Württemberg von den Kaiserlichen besetzt. Herzog Eberhard III. floh nach Straßburg, nicht ohne in letzter Minute noch eine wichtige Entscheidung bezüglich des Hohentwiel getroffen zu haben: Am 13. September 1634 ernannte er den württembergischen Major Konrad Widerholt zum Kommandanten auf der einzigen ihm verbliebenen Landesfestung.

Konrad Widerholt

Dieser Mann muß eingehender porträtiert werden, nicht nur weil er zu den schillerndsten Gestalten in der Geschichte des Hohentwiel zählt, sondern weil ihm eine sehr eigenwillige Rolle in der Geschichte des Herzogtums Württemberg zufiel. Konrad Widerholt war am 20. April 1598 im hessischen Ziegenhain zur Welt gekommen. Schon in früher Jugend hatte er die Lust verspürt, unter die Soldaten zu gehen. Als Bürgerlicher konnte er nicht einfach die Offizierslaufbahn einschlagen, er diente sich vielmehr im Sold der beiden Hansestädte Hamburg und Bremen von 1615 an allmählich hoch; er begann als Reiter und Musketier. 1617 heiratete er Anna Armgard Burghart, eine Tochter des Kommandanten von Helgoland. Noch im selben

Konrad Widerholt

Jahr trat er in venezianische Kriegsdienste, wo er seine Erfahrungen zur See erweiterte. Überhaupt scheint er eine Reihe von Kenntnissen, die ihm später als verantwortlichem Offizier nützlich wurden, in Italien erworben zu haben. Widerholt gehörte, wenn er auch keine Offiziersschule besucht hatte, zu jener Generation von Offizieren am Ende des 16. Jahrhunderts, die im Zuge von Veränderungen in der Heeresführung von der Kriegstaktik über die Waffen- und Befestigungstechnik bis hin zum Rechnungswesen und der Ingenieurswissenschaft gleichermaßen bewandert waren.

In Venedig begegnete Widerholt dem Prinzen Magnus von Württemberg, der ihn 1619 bewog, mit ihm ins Schwäbische zu kommen. Hier wurde er zunächst als Drillmeister eingestellt, rückte 1622 zum Kapitän-Leutnant auf und wurde 1627 zum Kapitän-Major befördert. Als die Kriegsereignisse Süddeutschland erreichten und Württemberg an die Seite Schwedens trat, fiel Widerholt dem Herzog erstmals bei der Einnahme von Schramberg im Schwarzwald im August 1633 auf; er wurde daraufhin zum Kommandanten von Hornberg ernannt. Im April und Mai 1634 stand er mit dem schwedischen Feldmarschall Horn vor Überlingen, und aus der erfolglosen Belagerung der stolzen Reichsstadt scheint er, wie wir sehen werden, gelernt zu haben. Im Juni 1634 wurde Widerholt dem kommissarischen Kommandanten auf dem Hohentwiel, Joachim von Rochau, beigegeben, und nach der Katastrophe von Nördlingen im September des Jahres erhielt er das reguläre Oberkommando über die Festung.

Vielleicht ging dem 36jährigen Major, der zunächst mit der Bewältigung dringlicher Alltagsgeschäfte zu tun hatte, gar nicht sofort auf, welche Rolle ihm zugefallen war. Die Situation ähnelte jener von 1519. Der Herzog war im Exil, das Land Württemberg besetzt und unter kaiserliche Verwaltung gestellt. Als Kriegskostenentschädigung waren Achalm, Hohenstaufen, Urach, Pfullingen und Göppingen eingezogen worden; die württembergischen Ämter Ebingen, Balingen und Tuttlingen wurden 1635 dem Hofkriegsratspräsidenten Graf von Schlick unterstellt. Der Hohentwiel war, wie 1519, der einzige feste Platz diesseits des Rheins, auf dem die württembergische Fahne wehte. Welche Rolle konnte die isolierte Festung in dieser ausweglosen Situation übernehmen? Auf Widerholt kamen in den nächsten Jahren ungeahnte militärische, diplomatische und versorgungstechnische Aufgaben zu, die er meist auf originelle, wenn auch nicht immer menschenfreundliche Weise löste. Fast alle Festungen Südwestdeutschlands wurden damals mindestens einmal von dem einen oder anderen Feind eingenommen. Wenn der Hohentwiel in den hin und herbrandenden Wogen jenes Krieges immer in württembergischer Hand blieb, so war dies das Verdienst des Kommandanten.

Eine der ersten Kommandohandlungen Konrad Widerholts war, daß er auf dem Hohentwiel einen Galgen aufrichten ließ. Der Alltag auf der Festung war unter den Kriegsbedingungen noch härter geworden, und die Enge des Zusammenlebens in der vergrößerten Mannschaft brachte noch mehr Konfliktpotential mit sich, was 1635 in zwei Fällen von Totschlag zum Ausdruck kam. Am 28. April hatte der Dragoner Niclaus Kuon von Hundersingen seinen Kameraden Adam Wieland, genannt Kurzreifen, im Streit mit einem Säbel tödlich verletzt. Schon eine Woche später, am 5. Mai, erstach der Wachtmeister-Leutnant Holderer den Guardiknecht Junker im Streit um einen Trunk. Dem Krieg hatten es beide Delinquenten zu verdanken, daß sie nicht am neu errichteten Galgen endeten, sondern in Eisen geschlagen und zur Zwangsarbeit verurteilt wurden.

Das grundlegende Problem, das Widerholt vor allem lösen mußte, war die Versorgung der Festung mit Geld und Lebensmitteln. Ein Großteil des Schriftverkehrs, der zwischen dem Hohentwiel und Herzog Eberhard in Straßburg hin- und herging, war diesem Problem gewidmet. Zwar gelangte Geld gelegentlich auf dem Umweg über die Schweiz auf den Hohentwiel, aber im wesentlichen war Widerholt auf sich selbst gestellt, um die Versorgung der Festung zu gewährleisten. Noch 1635 ließ er deshalb auf dem Berg eine Windmühle mit horizontalen Flügeln errichten. Seine Kenntnisse der Ingenieurswissenschaften kamen ihm dabei zugute. Es ist vermutet worden, daß er die Idee zu dieser ungewöhnlichen Windmühlenkonstruktion aus Venedig mitgebracht hatte. Widerholt klagte in dieser Zeit auch über »unnütze« Personen auf der Festung, über Frauen und Kinder, die für militärische Unternehmungen nicht zu gebrauchen seien, trotzdem von den geringen Vorräten zehrten. So wurde u.a. die Familie des früheren Kommandanten Löscher von der Festung gewiesen. Widerholt dachte sogar daran, die Mannschaft von 124 auf 45 Mann zu reduzieren. Eine weitere Schwierigkeit gründete in dem Streit, den Widerholt mit dem damaligen Keller Johann Schmid ausfocht. Schmid wurde vom Major als stolzer, widerspenstiger Mann geschildert, der ihm nicht zur Hand gehe. Gleichgültig ob diese Charakterisierung zutraf oder nicht, die Probleme, die anstanden, konnten nur in der reibungslosen Zusammenarbeit der Führung gelöst werden. Der Herzog stimmte schließlich zu, daß Schmid 1636 durch den Keller Hans Melchior Cariet ersetzt wurde, der Widerholts Vertrauen besaß. Es ist an dieser Stelle angebracht, auf die Verantwortung wenigstens hinzuweisen, die diesen Verwaltungsbeamten auf dem Hohentwiel während des Dreißigjährigen Krieges zufiel. Ohne die kaufmännischen und diplomatischen Fähigkeiten der Keller Hans Melchior Cariet (1636–40) und Stephan Stockmayer (1640–50), die den Mut zu halsbrecherischen Aktionen einschlossen, wäre der Hohentwiel ebensowenig zu halten gewesen wie ohne die militärischen Leistungen Widerholts und seiner Besatzung.

Deren erste militärische Operationen dienten der Versorgung. Ob Widerholt im Februar 1635 den Sulzischen Amtmann Kullig in Jestetten aufheben oder im Mai den fürstenbergischen Major von Salis in Aach gefangen nehmen ließ, es geschah letztlich, um die eigene Versorgungslage zu verbessern. Für den Oberamtmann Kullig kassierte Widerholt eine Ranzion, also ein Lösegeld von 3700 Gulden, die sofort in den Ankauf von Frucht investiert wurden. Die 20 Pferde, die den Hohentwielern mit dem Major von Salis in die Hände gefallen waren, ermöglichten es Widerholt, seine Reiterei von 60 auf 80 Mann zu erhöhen. Bereits im Herbst 1634 wäre es Widerholt um ein Haar gelungen, den Bischof von Konstanz persönlich, der bei einem Jägermahl in Bohlingen tafelte, zu überfallen. Welchen Gegenwert an Geld und Verpflegung er für den höchsten katholischen Würdenträger Süddeutschlands bekommen hätte, ist kaum zu überschätzen. Die bei dem Streich erbeuteten Pferde reichten immerhin aus, um die 39 Mann, die bei einem Gefecht um den Hohenkrähen gefangengenommen worden waren, wieder auszulösen.

Trotz aller Bemühungen blieb die Versorgungslage auf dem Hohentwiel prekär, und die Soldrückstände der Besatzung beliefen sich Mitte des Jahres 1635 bereits auf 3000 Gulden. Widerholt mußte mit Mißmut und Unzufriedenheit bei der Mannschaft rechnen. Dabei hatte er nichts zu bieten als harte Arbeit auf der Festung und gefährliche militärische Unternehmungen in der vom Feind kontrollierten Umgebung. In nur drei Jahren hatte sich das Leben auf dem Hohentwiel radikal gewandelt: aus einem Alltag voller Stumpfsinn und Langeweile in ein Kriegsgeschehen voller Entbehrungen und Gefahr. Und bald schon mußte sich die Garnison auf die noch härteren Bedingungen einer Belagerung einstellen.

Erste Belagerung und diplomatische Schachzüge

Es dauerte eine gewisse Zeit, bis die Schweden sich von ihrer Niederlage bei Nördlingen im September 1634 erholt hatten. Ihre militärische Präsenz im Reich konnten sie nur noch mit Unterstützung Frankreichs aufrechterhalten. Frankreich übernahm im Vertrag von Paris, den es am 1. November 1634 mit Schweden und den Mitgliedern des Heilbronner Bundes schloß, die Führung im Kampf gegen Habsburg. Vor allem in Süddeutschland wollte Frankreich, dessen Politik Kardinal Richelieu leitete, künftig die Rolle Schwedens spielen.

Es dauerte trotzdem Monate, bis die Konföderierten wieder operationsfähig waren. Da General Horn in der Schlacht bei Nördlingen in Gefangenschaft geraten war, verfügten die Protestanten nur noch über zwei erfahrene Feldherren. Während General Johan Banér die militärische Führung in Norddeutschland behielt, wurde Herzog Bernhard von Weimar am 12. März 1635 zum Oberbefehlshaber der Konföderierten ernannt. In den Verträgen vom 2. April und 27. Oktober desselben Jahres stellte er sich ganz in französische Dienste: Frankreich finanzierte seine Armee, die aus 12000 Mann zu Fuß und 6000 Reitern bestand. Zusätzlich bot es ihm, da sich seine Aussicht auf ein Herzogtum Franken zerschlagen hatte, die Landgrafschaft Elsaß als französisches Lehen an. Hier wollte sich der Herzog ohne Land ein eigenes Territorium aufbauen. Von hier aus bereitete er auch seinen zweiten Feldzug zum Bodensee vor. Doch dies geschah erst 1638.

Obwohl Frankreich bislang noch nicht offiziell in den Krieg eingetreten war, hatte es durch den Kriegsverlauf bereits strategische und territoriale Vorteile errungen. Mit der Besetzung des bisher vorderösterreichischen Elsaß hatte es ein wichtiges Ziel seiner antihabsburgischen Politik erreicht; dadurch war die Landbrücke der Habsburger von Norditalien bis in die Niederlande unterbrochen. Hatten sich die Franzosen im Vertrag von Paris die Option auf einen Kriegseintritt zu einem von ihnen bestimmten Zeitpunkt offengehalten, so begann mit ihrer Kriegserklärung an Spanien am 19. Mai 1635 im sogenannten Schwedisch-Französischen Krieg die letzte Phase des Dreißigjährigen Krieges, die für weitere 13 Jahre Verwüstung und Tod über Deutschland bringen sollte.

Auf habsburgischer Seite versuchte man hingegen, den militärischen Sieg von Nördlingen in politischen Gewinn umzumünzen. Dem Sonderfrieden von Prag mit Sachsen vom 30. Mai 1635 schlossen sich aufgrund eines Amnestieangebots die meisten protestantischen Reichsstände an, nur Straßburg und Hessen-Kassel verharrten im Widerstand. Württemberg, dessen Territorium auf den Hohentwiel reduziert war, blieb von der Amnestie ausgeschlossen. Es erschien auf österreichischer Seite aussichtsreich, diese einsame württembergische Festung zu erobern, zumal mit einem Entsatz Widerholts durch die Franzosen vorerst nicht zu rechnen war. Im August 1635 begann die Blockade des Hohentwiel durch den Kommandanten von Lindau, Obrist von Vitzthum. Es war keine eigentliche Belagerung, eher eine weiträumige Einschließung, wobei die Festung allerdings systematisch abgeriegelt wurde. Widerholt äußerte sich denn auch in seinen Berichten an Herzog Eberhard in Straßburg weniger besorgt über die äußere Bedrängung als über innere Schwierigkeiten. Er schätzte den Feind, der sich in Singen, Hilzingen und auf Staufen eingeschanzt hatte, nicht allzu stark ein und hielt Ausfälle seiner Reiterei durchaus für möglich. Selbst auf kaiserlicher Seite wurden Klagen über die nachlässig durchgeführte Blockade laut; der Überlinger Ratsherr Heinrich von Pflummern beschwerte sich in Wien, daß Vitzthum mehr Mühe darauf verwende, das Überlinger Hinterland zu verwüsten, als den Hohentwiel zu erobern.

Weit mehr beunruhigten Widerholt die akuten Verpflegungsengpässe und die Soldrückstände an die Besatzung. Besorgt sprach er am 19. Oktober 1635 von einer Infektion, die auf der Festung grassiere und der bereits Leutnant Christoph Laubecker, der vor kurzem erst eingestellt worden war, erlegen sei; auch der Zeugwart liege *in agone.* Am 22. November qualifizierte er die Krankheit genauer als *seuch der Pestilenz.* 150 Menschen seien von ihr bereits hingerafft worden, darunter viele Soldaten, alle Offiziere, drei Corporale, beide Feldscherer und der Pfarrer; er befürchte eine Verschlimmerung der Krankheit bei bevorstehendem Neumond. Mit Nachdruck bat er um baldigen Ersatz für den verstorbenen Seelsorger. Trotzdem gelang es der Besatzung, der Belagerung militärisch standzuhalten. Vor Weihnachten war der Reiterei sogar ein Ausfall geglückt, bei dem Gefangene gemacht wurden. Die Einschließung war so »löchrig«, daß nicht nur der Schriftverkehr von und nach der Festung problemlos passieren, sondern auch Geld auf den Hohentwiel gebracht werden konnte, das freilich nicht ausreichte, die Soldrückstände auszugleichen. Die Lieferung von Proviant war dagegen nicht möglich. (Interessant ist eine Bemerkung Widerholts, daß derzeit der übliche Markt am Hohentwiel nicht stattfinde. Das bedeutet doch wohl, daß in friedlichen Zeiten am Hohentwiel von Zeit zu Zeit Markt gehalten wurde.)

Obwohl Widerholt am 17. Januar 1636 äußerte, er könne der Blockade noch standhalten, war ihm doch klar, daß die Übergabe der Festung nur eine

Frage der Zeit sein würde. Deshalb ließ er sich auf Verhandlungen mit Obrist von Vitzthum ein, die durch Vermittlung der Stadt Schaffhausen zustande kamen und am 25. Februar 1636 schließlich in ein Neutralitätsabkommen mündeten. Vitzthum willigte in Widerholts Neutralitätsversprechen ein; die Mannschaft auf dem Hohentwiel wurde vermindert und eine Waffenruhe vereinbart, bis es zwischen Württemberg und dem Kaiser zu einem Vergleich käme. Für Herzog Eberhard III. von Württemberg, der nun schon anderthalb Jahre im Straßburger Exil ausharrte, mußte es das erste Ziel seiner Politik sein, wieder Herr über sein Herzogtum zu werden. Da dies mit militärischen Mitteln nicht möglich schien, führte er seinerseits Verhandlungen mit dem Kaiser. Der standhafte Konrad Widerholt hatte ihm mit der Rettung des Hohentwiel ein Pfand in die Hand gegeben, das Eberhard in den langwierigen Verhandlungen ins Spiel bringen konnte. Tatsächlich fand sich der Kaiser nach langem Hin und Her in einer Resolution vom 9. November 1637 zu folgender Formel bereit: Restitution Württembergs gegen die Herausgabe des Hohentwiel. Doch Eberhards Rückkehr in sein Herzogtum sollte sich um ein weiteres Jahr verzögern, denn der Hohentwieler Kommandant machte ihm einen Strich durch die Rechnung.

Konrad Widerholt hatte nach den Vereinbarungen zwischen dem Herzog von Württemberg und dem Kaiser Kontakt mit Bernhard von Weimar aufgenommen, der als Oberbefehlshaber der französisch-schwedischen Konföderation kein Interesse haben konnte, den Hohentwiel als weit ins Vorderösterreichische vorgelagerten Posten zu verlieren. Am 10. Dezember 1637 scheint sich Widerholt in Bern mit dem Herzog von Weimar persönlich getroffen zu haben. Dabei unterstellte sich Widerholt mitsamt dem Hohentwiel formell dem Weimarer. Da Bernhard von Weimar in französischen Diensten stand, wurde der Hohentwiel damit gewissermaßen französisch. Es ist nicht mit Sicherheit zu klären, wie weit dieser Schachzug Widerholts seiner Eigenmächtigkeit entsprang, wie weit die daraus resultierende Weigerung zur Herausgabe der Festung die Billigung Eberhards fand oder sogar seiner geheimen Anweisung entsprach. Mit Sicherheit war es im Interesse Eberhards von Württemberg, sein Herzogtum wiederzuerlangen, ohne den Hohentwiel dafür herausgeben zu müssen. Indem er den Kommandanten zur Herausgabe der Festung aufforderte, hatte er seine Verpflichtung gegenüber dem Kaiser erfüllt; daß Widerholt sich weigerte, hatte er nicht zu verantworten. So könnte man Eberhards ungehaltene Briefe an Widerholt durchaus als böse Miene zum guten Spiel deuten. Nur daß sich Widerholt vertraglich an Bernhard von Weimar gebunden hatte, das dürfte dem Herzog von Württemberg möglicherweise zu weit gegangen sein. Der Kommandant sah sich zu diesem Schritt vielleicht dadurch veranlaßt, daß ihm Bernhard 20000 Gulden bereitstellte, die ihn zum ersten Mal seit langem in die Lage versetzten, seine Mannschaft zu bezahlen und Proviant in ausreichender Menge einzukaufen.

Eberhard von Württemberg erfuhr von Widerholts Weigerung aus einem Bericht des Obersten Böcklin von Böcklinsau, der sich im Januar und Februar 1638 auf dem Hohentwiel aufhielt, um die Übergabe an den Kaiser zu beaufsichtigen, dann aber unverrichteter Dinge abreisen mußte. Der Verdacht, die Weigerung Widerholts sei ein abgekartetes Spiel und die Diplomatie Eberhards von vornherein zweizüngig gewesen, kursierte daraufhin im kaiserlichen Lager und war der Grund, daß sich die Restitution Württembergs bis in den Herbst des Jahres 1638 verzögerte. Erst als sich der Kaiser persönlich zugunsten Eberhards entschied, konnte dieser am 22. Oktober 1638 in Stuttgart einziehen und die Huldigung seiner Untertanen entgegennehmen. Bis zur Herausgabe des Hohentwiel hielt der Kaiser die in etwa gleichbedeutende Festung Hohenasperg besetzt.

Inzwischen hatte der Hohentwiel eine unterstützende Funktion im Siegeszug Bernhards von Weimar an den Bodensee übernommen. Anfang Januar 1638 war Bernhard mit seiner Armee aus dem Basler Hinterland, wo er Winterquartier bezogen hatte, aufgebrochen. Am 2. März schlug er die kaiserliche Armee bei Rheinfelden, am 24. März eroberte er die Stadt, am 18. April fiel Freiburg im Breisgau, im Mai stand Bernhard an der oberen Donau, im August siegte er in der Ortenau, und gekrönt wurde sein Siegeszug am 17. Dezember 1638 mit der Kapitulation der Festung Breisach, wo sich ein Teil der vorderösterreichischen Regierung mit dem Kammerpräsidenten Dr. Isaak Volmar verschanzt hatte. Vorderösterreich war damit von Offenburg rheinaufwärts bis zum Bodensee französisch. Diese Operationen Bernhards hatten Widerholt bestimmt ermutigt, sich der befohlenen Übergabe seiner Festung zu widersetzen; ja sie verleiteten ihn sogar zum offenen Bruch des Neutralitätsabkommens, das er vor gerade zwei Jahren unterzeichnet hatte. Am 14. Februar ging er zu Brandschatzungen in der Umgebung über: Die Orte Bohlingen, Riedheim, Schlatt und Überlingen am Ried wurden Opfer seiner Geld- und Naturalpressungen; am 4. März ließ er Watterdingen plündern. Etwa um diese Zeit traf Bernhard von Weimar auf dem Hohentwiel ein, dem bei seinem Sieg über die Kaiserlichen zwei Tage zuvor die gesamte Generalität in die Hände gefallen war. Der Generalfeldwachtmeister Sperreuter sollte bis 1640 auf dem Hohentwiel gefangen gehalten werden. Am 16. März traf Bernhard von Weimar erneut auf dem Hohentwiel ein. Mit seiner Unterstützung wurde Radolfzell zu Kontributionen gezwungen; Brandschatzungen führten hohentwielische Reiter am 3. April bis ins Hinterland des Klosters Salem. Von Ende November ist schließlich ein Überfall der Hohentwieler auf Stockach überliefert.

Am 24. Mai 1638 weilte Herzog Bernhard von Weimar ein letztes Mal auf dem Hohentwiel. Widerholts Mannschaft war damals so groß, daß er dem Herzog 400 Mann zur Belagerung von Breisach überlassen konnte, die, wie gesagt, im Dezember des Jahres für Bernhard erfolgreich endete. Am 26. Dezember trafen Überläufer von der Festung Breisach auf dem Hohentwiel ein, die Widerholt in seine Mannschaft eingliederte. Bernhard von Weimar konnte seinen Triumph, seinen beinahe vollständigen Sieg über die österreichischen Vorlande allerdings nicht lange auskosten; am 18. Juli 1639 starb er in Neuenburg am Rhein, vermutlich nach dem Genuß verseuchten Wassers. Damit war der Erfolg des schwedisch-französischen Vormarschs in Frage gestellt, und auch Widerholts Position auf dem Hohentwiel geriet erneut in Gefahr.

Österreich ringt um den Hohentwiel

Nicht erst damals, sondern seit Jahren schon drängte die vorderösterreichische Regierung in Innsbruck auf die Eroberung des Hohentwiel, der als weit vorgeschobener Posten der schwedisch-französischen Allianz nicht unwesentlich zum Verlust der Vorlande beigetragen hatte und nun die Dörfer der österreichischen Landgrafschaft Nellenburg bedrohte. Schmerzlich wurde dem Hof in Innsbruck der Fehler bewußt, der fast genau hundert Jahre zuvor begangen worden war, als der Kaiser – trotz des Kaadener Vertrags von 1535 – den Württembergern den Hohentwiel überlassen hatte. Innsbruck erneuerte jetzt seinen Anspruch auf die Festung mit dem Hinweis, daß Österreich seit dem Vertrag mit dem hegauischen Adel von 1497 die hohe Gerichtsbarkeit auf dem Hohentwiel zustehe, ein Recht, das Württemberg jedoch nie akzeptiert hatte. Die Regierung in Innsbruck lag in den Händen der Erzherzogin Claudia, einer geborenen Medici, die nach dem Tod ihres Gatten Leopold von Tirol 1632 eine energische Sachwalterin der katholischen Interessen wurde. Ihr Kanzler war der ehrgeizige Dr. Wilhelm Biener, ein gebürtiger Schwabe, der im Dienste Österreichs eine entschieden antiwürttembergische Politik verfolgte. Der Kammerpräsident Dr. Isaak Volmar, ebenfalls ein gebürtiger Württemberger, betrieb eine nicht minder entschiedene Politik gegen Württemberg und die Feinde Habsburgs. Die militärischen Pläne zur Eroberung des Hohentwiel schmiedete der Kommandant von Konstanz, Obrist Adam Heinrich Keller von Schleitheim, der sich in diesem Krieg, seinem Gegenspieler Widerholt nicht unähnlich, durch keine Belagerung zur Übergabe der ihm anvertrauten Stadt zwingen ließ.

Nach dem Verlust der Vorlande hatte Innsbruck ein besonderes Interesse daran, zunächst einen massiven Schlag gegen den Hohentwiel zu führen. Es dauerte einige Zeit, bis die Innsbrucker Regierung diesen Plan realisieren konnte. Erst am 18. September 1639 kam ein Vertrag zwischen Erzherzogin Claudia, dem Kaiser und den Spaniern, mithin ein gesamthabsburgischer Vertrag zustande, der ein gemeinsames Vorgehen aller Beteiligten gegen das französisch-schwedische Bündnis beinhaltete. Damit war die Schrecksekunde längst verstrichen, die auf der gegnerischen Seite nach dem Tod Bernhards von Weimar entstanden war.

Erzherzogin Claudia von Tirol.

Bereits vor dieser habsburgischen Absprache hatte im Juni 1639 eine kaiserliche und bayerische Offensive begonnen, die eine Blockade des Hohentwiel unter dem Feldmarschall Huyn von Geleen umfaßte. Diese Belagerung verlief jedoch ebenso halbherzig und wirkungslos wie jene des Jahres 1635/36. Die spektakulärste Aktion dieser Blockade war die Einnahme des Vorhofs am 9. Juli 1639, wobei einige Zivilisten, darunter die Frau und die kleine Tochter des auf dem Hohentwiel gefangengesetzten Generals Sperreuter, getötet wurden. Ein weiterer Angriff auf den Vorhof am 29. August konnte dagegen zurückgeschlagen werden. Als sich die Nachricht vom Tod Bernhards von Weimar verbreitete, sah man auf Seiten der Belagerer eine Chance, den Hohentwiel auf friedlichem Weg zu bekommen. Zwei Aufforderungen, die Festung herauszugeben, begegnete Widerholt mit Ablehnung, worauf die Belagerer Anfang September mit einer nutzlosen

Beschießung antworteten. Wegen der Vorgänge im Norden war Feldmarschall Geleen gezwungen, vom Hohentwiel abzurücken. Er überließ die Fortsetzung der Blockade zunächst dem Obristen von Holtz; im November übernahm der bayerische Obrist Truckmüller das Kommando, doch schon Anfang Januar 1640 brachen die Belagerer, die übrigens durch Fahnenflucht große Verluste hatten, die unergiebige Aktion ab. Am 4. Januar überfielen die Hohentwieler bereits das nahe Städtchen Engen, denn Widerholt brauchte Proviant.

Auf kaiserlicher Seite – und übrigens auch auf der Württembergs – hatte man die Hoffnung, daß Widerholts Bindung an Frankreich nach dem Tod Herzog Bernhards von Weimar gegenstandslos geworden sei. Kaiser Ferdinand III. (1637–57) wandte sich in diesem Sinne an Herzog Eberhard von Württemberg, er möge den widerspenstigen Kommandanten erneut zu der vertraglich vorgesehenen Übergabe der Festung bewegen. Doch Widerholt weigerte sich auch dieses Mal. Nachdem im Oktober 1639 der Generalmajor von Erlach, ein gebürtiger Berner, den Oberbefehl über die französischen Truppen erhalten hatte, war der Hohentwieler Kommandant in dessen Dienste getreten. Der Hohentwiel behielt also weiterhin seine Funktion als strategisch wichtiger Posten in den schwedisch-französischen Planungen. Erlach nützte die Bewegungsfreiheit, die im Jahr 1640 entstanden war, um im Juni den Hohentwiel zu verproviantieren. Bei dieser Gelegenheit bemächtigte auch er sich, mit Hilfe Widerholts, der Stadt Engen.

Trotzdem konnte die österreichische Regierung in Innsbruck auch jetzt den Kaiser noch nicht davon überzeugen, wirkungsvoll gegen den Hohentwiel vorzugehen. Zwar wurde für den Herbst eine Einschließung der Festung geplant, aber durch die geringe Entschlossenheit auf kaiserlicher Seite war sie wieder zum Scheitern verurteilt. Im September begann diese dritte Blockade des Hohentwiel unter Führung des Spaniers Don Federigo d'Enriquez. Durch die halbherzige Einschließung schaffte es jedoch der Erlachsche Obristleutnant Rosen schon frühzeitig, die Festung zu entsetzen. Durch zahlreiche Ausfälle und Scharmützel konnten Rosen und Widerholt die Belagerer so sehr zermürben, daß viele kaiserliche Soldaten überliefen. Als d'Enriquez im November 1640 mit seinen Abteilungen abzog, weil sich die Situation in Spanien verschlechtert hatte, war die Belagerung bereits gescheitert. Die Verhandlungen, die der Obrist Aescher, Kommandant von Bregenz, seit dem 24. November mit Widerholt wegen einer Übergabe führte, konnte dieser schon als Schwäche deuten. Er zeigte dem Obristen die kalte Schulter, obwohl der bevollmächtigt war, Widerholt für die Übergabe des Hohentwiel nicht nur 30000 Gulden in bar, sondern auch die kaiserliche Gnade und eine Übernahme in kaiserliche Dienste in Aussicht zu stellen.

Auch diese Blockade war kläglich gescheitert, und es wurde nun endgültig klar, daß die Festung nur zu zwingen war, wenn sie durch eine zahlenmäßig starke Truppe ernsthaft eingeschlossen würde. Um eine solche machtvolle

Impresa gegen den Hohentwiel durchzusetzen, mußte der Kaiser von den Vorteilen der Eroberung überzeugt werden. Diese Aufgabe übernahmen die Erzherzogin Claudia und ihr Kammerpräsident Volmar auf dem Reichstag in Regensburg.

Die große Impresa von 1641

Auf dem Reichstag, der 1640 und 1641 in Regensburg tagte, wurden Claudias und Volmars Pläne für eine massive Unternehmung gegen den Hohentwiel zunächst kontrovers diskutiert. Die Zustimmung wurde schließlich durch militärische Aktionen des Feindes gefördert. Der Schreck, der den Teilnehmern des Reichstages in die Glieder fuhr, als am 20. Januar 1641 plötzlich die Schweden und Franzosen vor Regensburg auftauchten und nur durch das Tauwetter, das das Eis auf der Donau schmolz, am weiteren Vormarsch gehindert wurden, mochte sie von der Notwendigkeit eines militärischen Gegenschlags ebenso überzeugt haben wie eine Nachricht, die wenig später in Regensburg eintraf. Wie erwähnt, hatte der Hofkriegsratspräsident Graf von Schlick 1635 die württembergischen Ämter Balingen, Ebingen und Tuttlingen zugesprochen erhalten. Es waren die dem Hohentwiel am nächsten gelegenen Ämter, die vor dem Krieg traditionsgemäß zur Versorgung der Festung beigetragen hatten. Es war ein offenes Geheimnis, daß es in diesen Ämtern durchaus Sympathien für Widerholt gab und daß manche Amtleute mit ihm »fraternisierten«. So bekam Widerholt vom Balinger Amtmann Dr. Johann Oßwaldt den Wink, daß sich in seiner Stadt eine reichgefüllte Amtskasse befinde, die er demnächst dem Grafen von Schlick abliefern sollte. Dies ließ sich der Hohentwieler nicht zweimal sagen: In der Nacht vom 18. auf den 19. Januar 1641 überrumpelte er mit 30 Reitern und 100 Mann zu Fuß sowie mit Unterstützung des französischen Generals d'Oysonville die Torwache von Balingen, bemächtigte sich der Amtskasse mit 20000 Reichstalern, plünderte die Stadt und zog sich wieder zurück, nicht ohne aus der Umgebung reichlich Pferde und Vieh mitzunehmen.

Grund genug für den Grafen von Schlick, sich der groß angelegten Aktion gegen Widerholt anzuschließen. Im April wurde das Projekt von Obrist Keller akzeptiert, doch die Realisierung verzögerte sich um lähmende Monate. Dies gab Widerholt Zeit, sich auf den drohenden Gegenschlag vorzubereiten. Durch Streifzüge und Kontributionen besserte er seine Vorräte auf. Am 8. Juni 1641 äscherte er ein Dorf bei Rottweil ein, am Tag darauf wurde Sernatingen am Bodensee ausgeraubt, am 29. Juni überfielen Widerholts Soldaten Baitenhausen bei Meersburg. Bis Pfullendorf und Rottweil zwang er Zimmerleute auf den Hohentwiel, die zur Befestigung des Vorhofs eingesetzt wurden. Das Land im Umkreis von 20 Meilen, so hieß es im kaiserlichen Lager, stehe unter Kontribution an Widerholt.

Die große Belagerung des Hohentwiel von 1641.

Die zögernde Realisierung der beschlossenen Belagerung war ein schlechtes Omen für ihren Ausgang. Eine zweite ungünstige Voraussetzung bestand in der Zusammensetzung des Kommandos. Als sich um den 10. Oktober 1641 die Truppen in gebührender Distanz zum Hohentwiel zusammenzogen – Feldzeugmeister Sparr in Radolfzell, Generalfeldwachtmeister Gil de Haes in Engen, der bayerische Generalwachtmeister von der Horst in Aach –, drückte sich in der zögernden Annäherung auch eine Distanz der Befehlshaber zueinander aus. Gemeinsame Besprechungen in Radolfzell gestalteten sich schwierig, weil die Offiziere Vorbehalte gegeneinander hatten. Zwischen Obrist Keller, dem Kommandanten von Konstanz, der die Impresa geplant hatte, und Feldzeugmeister Sparr, der das Oberkommando führte, gab es bald schon Reibereien. Von der Horst, der von Kurfürst Maximilian von Bayern nur mit Einschränkungen zu dieser Unternehmung abkommandiert worden war, unterstellte sich Sparr widerwillig. Und von Kammerpräsident Dr. Volmar, der im Auftrag der Erzherzogin Claudia in Radolfzell die politische Leitung der Aktion übernehmen sollte, wollten sich die Offiziere allesamt nicht dreinreden lassen.

So begann die Einschließung des Hohentwiel mit Hindernissen. Am 19. Oktober 1641 rückte Sparr vor die Festung, um jedoch gleich wieder zu weichen, nachdem das Gerücht aufkam, der französische General Erlach rücke heran. Am 22. Oktober begann dann endlich die Belagerung, die Merian auf seinem berühmten Stich darstellte. Die Kaiserlichen unter Gil de

Haes waren ca. 1300 Mann stark, die Bayerischen unter von der Horst und Obrist von Neuneck verfügten über ca. 800 Mann, und ebenso viele befehligten die vorderösterreichischen Kommandanten Obrist Keller und Obrist Gaudenz von Rost. Insgesamt unterstanden dem Feldzeugmeister Sparr damit ca. 2300 Mann zu Fuß und 600 Reiter. Die Größe der Besatzung auf dem Hohentwiel ist dagegen nicht so leicht einzuschätzen. Hatten 1638 auf der Festung noch über 1000 Soldaten gelegen, so dürften sich hier Ende 1641 nur noch ca. 600 Bewohner aufgehalten haben, darunter auch Frauen und Kinder, so daß die Mannschaft vielleicht nur um 500 Mann stark gewesen sein dürfte. 61 Artillerie-Waffen waren damals ferner auf der Festung. Erlach seinerseits, der einen Entsatz des Hohentwiel versuchen sollte, dessen Standort aber niemand recht kannte, hatte etwa 1800 Mann zur Verfügung, darunter ca. 500 Reiter.

Unter der ständigen Furcht, Erlach könne mit seinem Entsatzheer eintreffen, geriet die Belagerung zu einem Wettlauf mit der Zeit. Weitere Hindernisse stellten sich in den Weg: die Reibereien zwischen Sparr und Keller, Geld- und Versorgungsnöte, die Unzuverlässigkeit der Bayern, schließlich zunehmend schlechtes Wetter. Spät begann die militärische Bedrängung der Festung; am 23. November wurden drei Halbkartaunen am Berg installiert, wegen des naßkalten Wetters schritten die Belagerer erst am 28. zur Beschießung. Um die Artillerie zu stören, wagten die Eingeschlossenen am 27. November einen Ausfall gegen die Kaiserlichen, tagsdarauf gegen die Bayern. Der Versuch, den Vorhof zu unterminieren und zu sprengen, erwies sich als illusorisch. Am 3. Dezember wurde es sehr kalt, Schneefall setzte ein. Viele Belagerer waren dienstunfähig, alle waren unzufrieden. Die Verpflegung wurde knapp. Sparrs Anstrengungen, doch noch zum Erfolg zu kommen, wurden zunehmend verzweifelter; von abgefangenen hohentwielischen Soldaten wußte er, daß sich die Situation auch auf der Festung bedrohlich verschlechtert hatte; die Bewohner litten Not, in den Zisternen stand faules Wasser. Es war eine Frage von wenigen Tagen oder Wochen, bis Widerholt aufgeben mußte. Am 11. Dezember versuchte Sparr die Übergabe durch ein Amnestieangebot zu beschleunigen, was Widerholt auf gewohnte Weise zurückwies. Inzwischen hatte Obrist Keller seine Stellung am Staufen im Ärger verlassen, die Konflikte mit dem Feldzeugmeister focht nun Kellers Stellvertreter Obrist Rost aus. Gil de Haes beschwerte sich über die Einmischung Dr. Volmars, der die Unternehmung bereits für gescheitert ansah. Und am 24. Dezember, als auch noch ein Teil der Bayern abrückte, befand sich die Stimmung der Belagerer auf einem Tiefpunkt.

Auch auf dem Hohentwiel herrschte Verzweiflung. Durch das Abfangen zweier kaiserlicher Reiter kannte Widerholt die Lage seiner Widersacher. Umso sehnlicher wünschte er sich herbei, was jene fürchteten: die Ankunft der Franzosen unter Erlach, bevor er wirklich zur Aufgabe genötigt wäre. Ende Dezember verdichtete sich das Gerücht vom Herannahen der Franzosen; die Spannung wuchs auf beiden Seiten ins Unerträgliche. Gil de Haes rückte nach Blumberg ab, um sich Erlach in den Weg zu stellen. Anfang Januar gelang es Dr. Volmar, die Verpflegung der verbliebenen Bayern sicherzustellen; das erhöhte die Hoffnung auf deren weiteres Bleiben. Aber die Nachrichten vom unaufhaltsamen Näherrücken Erlachs dämpften die Kampfmoral empfindlich. Am 6. Januar 1642 brach der General bei Laufenburg auf, am 8. stand er vor Waldshut. Sein Eintreffen war eine Frage von wenigen Tagen. Am 10. Januar 1642 beschloß Sparr den Rückzug; am Vormittag des 11. Januar räumte er die Schanzen und wich nach Radolfzell zurück. Gegen Mittag verließen weitere Abteilungen ihre Schanzen fluchtartig, Munition und Geschütze zurücklassend, und bei Ankunft der Generale Erlach und d'Oysonville am frühen Nachmittag ergriffen auch die verbliebenen kaiserlichen Truppen die Flucht.

Die Ankunft der Franzosen verwandelte die Spannung und Verzweiflung auf dem Hohentwiel in Gefühle von Triumph und Sieg, vor allem füllte sie die Keller und Scheunen mit Lebensmitteln; auf 50 Wagen und Karren ließ Erlach Proviant in die Festung fahren. Damit stand Widerholt, als sich Erlach am 16. Januar zurückzog, fürs erste wieder auf eigenen Beinen. Anfang März erreichte Widerholt ein Schreiben König Ludwigs XIII. von Frankreich, der ihn zur Bezwingung der Belagerer beglückwünschte, ihm als Präsent eine goldene Kette schickte und weitere Unterstützung durch General d'Oysonville in Aussicht stellte. Dieser Brief unterstreicht, welch wichtige strategische Bedeutung dem Hohentwiel von den Franzosen beigemessen wurde, und bestätigt letztendlich die Einschätzung der österreichischen Regierung. Am Hof zu Innsbruck kehrte indessen Entmutigung ein. Die erfolglose Impresa, die Erzherzogin Claudia und ihre Regierung so energisch geplant hatten, hatte das Land nicht nur 233 307 Gulden gekostet, sondern auch den Traum von der endgültigen Aneignung dieser stolzen Festung.

Widerholts Triumph

Die offensive Kriegsführung, zu der Widerholt bald nach der gescheiterten Belagerung überging und an der ihn die vorderösterreichischen Garnisonen in Konstanz und Radolfzell kaum hinderten, gab der Erzherzogin Claudia noch nachträglich recht. Widerholt warf sich, ohne daß das Gebiet nördlich des Bodensees unter französischer Besatzung gestanden hätte, zum eigentlichen Herrn in der Landgrafschaft Nellenburg und der weiteren Umgebung auf. Schon am 21. Februar 1642 hatten hohentwielische Reiter in Stockach 16 Häuser niedergebrannt. Im März hörte man von Überfällen im Linzgau, zwischen dem Bodensee und Pfullendorf. Im April wurde das Dorf Sipplingen zur Kontribution gezwungen, am 17. Juli die Burg Hohenbodman

Soldaten überfallen ein Dorf im Dreißigjährigen Krieg.

eingeäschert. Im Oktober fiel den Hohentwielern der Kommandant von Radolfzell, der schon bekannte Obrist Rost, in die Hände; um dieselbe Zeit drangen Widerholts Reiter bis zum Kloster Blaubeuren auf der Schwäbischen Alb vor und entführten den Abt.

All diese »Nadelstiche« waren nur möglich, weil sich die Kriegslage der Alliierten günstig entwickelte. Schweden und Franzosen errangen Siege am Niederrhein und in Schlesien; am 2. November 1642 siegten sie in der Schlacht bei Breitenfeld. Dies ermunterte die Befehlshaber im Süden zu größeren Unternehmungen. Am 26. November traf General Erlach, von Schwaben kommend, mit 2500 Mann am Hohentwiel ein. Zwar mißlang Widerholt, zusammen mit Erlach, am 29. November der Anschlag auf die wichtigste vorderösterreichische Festung, Konstanz. Dafür bezwang er im Januar 1643 die Stadt Überlingen. Von dieser bedeutenden Reichsstadt hatte Widerholt schon einmal, 1634 mit General Horn, unverrichteter Dinge weichen müssen; jetzt gelang es ihm gemeinsam mit d'Oysonville, die Wache in der Nacht vom 29. auf 30. Januar zu überrumpeln und die Stadt zu plündern. Bis Mai 1644 blieb Überlingen von den Franzosen besetzt.

Die günstige Kriegslage der Alliierten wendete sich im Herbst 1643. Die Spitze der französischen Führung war inzwischen eine andere. Im Dezember

1642 war Kardinal Richelieu gestorben, Mazarin sein Nachfolger geworden; im Mai 1643 starb Ludwig XIII. König Ludwig XIV. kam an die Regierung. Und auch in der militärischen Führung tauchten mit General Guébriant und Marschall Turenne neue Namen auf. Im November 1643 entschlossen sich die Franzosen zu einem Winterfeldzug, um ihre günstige Position in Süddeutschland noch auszubauen. Doch dieser Feldzug endete in einem Debakel. Nach einem ersten Erfolg, der Eroberung Rottweils am 19. November, begab sich die französische Armee bei Tuttlingen ins Winterquartier, wo sie sich ohne Sicherheitsvorkehrungen einrichtete. In dieser Situation wurden die Franzosen von den unbemerkt donauaufwärts heranrückenden kaiserlichen und bayerischen Truppen unter Johann von Werth am 24. November überfallen und vollständig vernichtet. Die gesamte französische Generalität geriet in kaiserliche Gefangenschaft; den Frauen der Gefangenen wurde gestattet, via Hohentwiel in die Schweiz abzureisen.

Damit war die vorteilhafte Lage des Hohentwiel mit einem Schlag in ihr Gegenteil verkehrt, und sie wurde noch bedrohlicher, als der bayerische Feldmarschall Mercy im Mai 1644 die Reichsstadt Überlingen zurückeroberte und am 19. Mai vor den Hohentwiel rückte, um ihn zu belagern. Widerholt war nicht mehr bereit, die Festung und ihre Besatzung einer neuerlichen Impresa auszusetzen. Schon im Vorfeld hatte er Herzog Eberhard von Württemberg durch Vermittlung des befreundeten Stadtschreibers von Stein am Rhein, Johann Jakob Immenshauser, wissen lassen, daß er bereit sei, ihm die Festung Hohentwiel unter bestimmten Bedingungen zurückzustellen. Hierüber sollte zwischen Württemberg, Bayern und Widerholt verhandelt werden. Eine eilig zusammengerufene bayrisch-württembergische Kommission entwarf auf dem Hohentwiel bis zum 31. Mai 1644 einen Vergleich, der unter der Bezeichnung *Hohentwielischer Recess* bekannt wurde. Der Vergleich sah folgende Vereinbarungen vor: Die Festung wird dem Herzog von Württemberg übergeben; Österreich verzichtet auf seinen Anspruch; die hohe Gerichtsbarkeit geht auf Württemberg über; die Feindseligkeiten werden auf beiden Seiten eingestellt. Ein Vertragspunkt regelte die Verpflegung der Garnison bis zur Unterzeichnung des Vertrags. Dem Kommandanten und den Offizieren wurde Generalpardon gewährt.

Dieser Vertrag war ein Unding. Weder der Kaiser noch Österreich waren an den Verhandlungen beteiligt gewesen, dafür war mit Bayern eine Partei ins Spiel gekommen, die mit dem Hohentwiel nur gerade soviel zu tun hatte, als sie ihn eben belagerte. Und Württemberg, das sich vor zehn Jahren offen gegen das Reich gestellt hatte und nur unter der Bedingung der Herausgabe genau dieser Festung restituiert worden war, sollte nun, unter Annullierung des Vertrags von 1637, geradezu spielerisch in den Besitz des Hohentwiel gelangen. Der Erzherzogin Claudia erschien der Vergleich *impertinent*, und es war kaum zu erwarten, daß ihn der Kaiser ratifizieren würde. Vielleicht bestand der ganze Sinn des *Hohentwielischen Recesses* lediglich in der vierwöchigen Ratifizierungsfrist, in der auf dem Hohentwiel Waffenpause herrschte. Dann wäre der Vertrag als diplomatisches Kabinettsstück Widerholts anzusehen, der so einen Monat Aufschub und Sicherstellung der Verpflegung für seine Mannschaft erreichte. Die Tatsache, daß Marschall Turenne, der seit Januar 1644 in Breisach stationiert war, gerade im Juni einen Entsatz des Hohentwiel unternahm, der bei Stühlingen abgewehrt wurde, legt nahe, daß Widerholt in Wahrheit auf eine Änderung der militärischen Lage hoffte.

Während Württemberg dem *Hohentwielischen Recess* sofort zustimmte, wurde der Vergleich in Bayern und in der Umgebung des Kaisers anders bewertet. Kurfürst Maximilian von Bayern gab zu bedenken, daß der Hohentwiel seinerzeit nur zum Schein an Frankreich übergeben worden sei; der wahre Besitzer sei dagegen immer Württemberg gewesen. Insofern sei nichts zurückzugeben, und Widerholt könne niemals Vertragspartner sein. Damit wurde die Haltung Österreichs unterstützt, das an den Verhandlungen über den Vertrag gar nicht beteiligt gewesen war. Jedenfalls unterzeichneten weder Bayern noch der Kaiser den Vertrag. Ferdinand III. nannte ihn sogar schändlich (*trattato infame*). Mercy wurde angewiesen, die Belagerung fortzusetzen. Und auch Widerholt nahm den Kampf unter dem Lilienbanner wieder auf.

Feldmarschall Mercy überließ die Blockade des Hohentwiel dem Obristen Morimont, der nur eine weiträumige Einschließung zustandebrachte und diese Anfang August 1644 ganz aufgeben mußte. Denn mittlerweile war eine neue Kriegslage entstanden. Mercy war, nachdem er Turenne zurückgedrängt hatte, diesem in den Breisgau gefolgt, hatte dort mit der Eroberung Freiburgs am 28. Juli einen bedeutenden Sieg errungen, war dann aber steckengeblieben. Der Gegenzug der Franzosen in der Ortenau und rheinabwärts bis Philippsburg leitete die letzte große Offensive dieses Krieges ein; in einer Zangenbewegung brachten Schweden und Franzosen zunächst Bayern, dann Österreich in Bedrängnis. Kaum hatte Widerholt seine Bewegungsfreiheit wiedererlangt, als er zu seiner gewohnten Politik zurückkehrte. Um die großräumigen militärischen Bewegungen seiner Verbündeten zu flankieren, führte er seine gefürchteten Beutezüge in der näheren Umgebung aus. Am 17. Februar 1645 besetzte er die Stadt Tuttlingen; Raubzüge führten ihn bis Rottweil, Pfullendorf, Buchhorn (Friedrichshafen) und Tettnang. Im Juni 1645 war der Hohentwieler Keller, Stephan Stockmayer, in Schaffhausen von Bauern festgesetzt und den Bayern übergeben worden. Um diesen wichtigen Mann seiner Garnison auszulösen, besann sich Widerholt eines bewährten, aber perfiden Mittels: Im fernen Kloster Weingarten bemächtigte er sich des Abtes Dominikus Laymann, der ihm den Gegenwert für Stockmayer zu gelten schien, und in der Tat kam so der Keller wieder frei. Anfang 1646 unternahm Widerholt einen Beutezug auf die Insel Reichenau. Der zugefrorene Untersee kürzte den Hinweg erheblich ab; doch auf dem

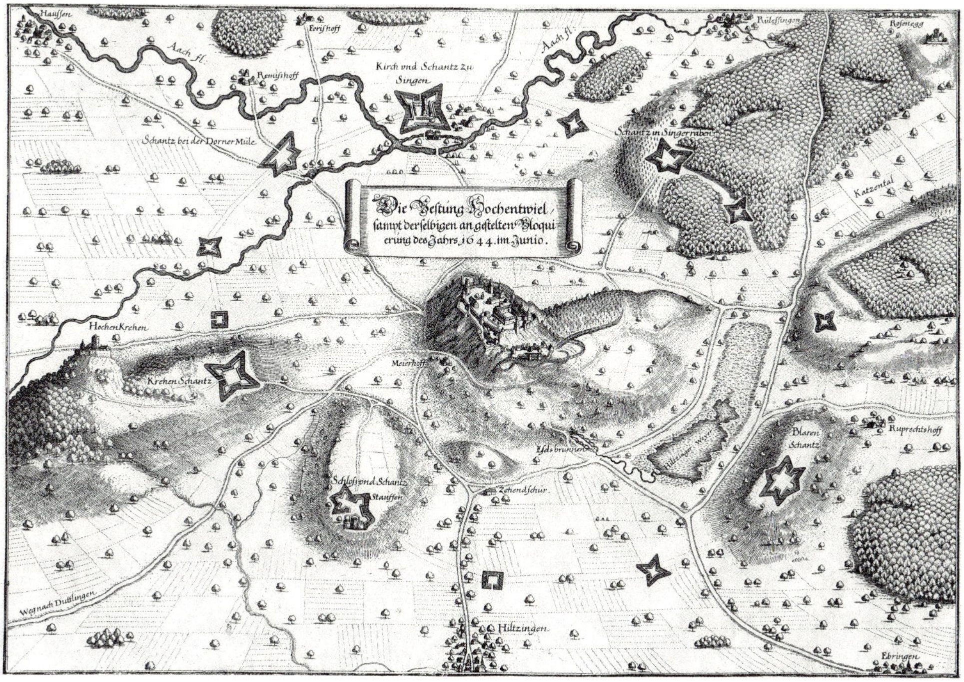

Die Blockade des Hohentwiel von 1644.

Rückweg konnten Widerholt und seine Leute auf dem brechenden Eis nur mit Mühe ihre Beute und ihr Leben retten.

Inzwischen verhandelten die Franzosen in Ulm mit den Bayern über einen Separatfrieden, der am 14. März 1647 zustande kam. Die Friedenssehnsucht griff nach annähernd dreißig Jahren Krieg um sich; doch die Parteien suchten – trotz der Bereitschaft, den Krieg zu beenden – noch durch militärische Operationen ihre Position für die Friedensverhandlungen zu stärken. Österreichs Lage wurde so gegen Ende des Krieges nochmals äußerst bedrohlich. 1647 war ganz Vorderösterreich, außer Konstanz, in den Händen der schwedisch-französischen Allianz. Anfang des Jahres war der schwedische General Wrangel bis nach Tirol vorgedrungen, jedoch vor Lindau und Überlingen gescheitert, das er mit der Hilfe Widerholts belagert hatte. Noch im Mai 1648 geriet Tirol erneut in Bedrängnis. Aber jetzt standen die Verhandlungen, die in Münster und Osnabrück seit längerer Zeit geführt wurden, vor ihrem Abschluß, und am 24. Oktober 1648 verbreitete der reitende Bote zum ersten Mal seit Jahrzehnten eine wirklich frohe *Zeyttung*: Es herrschte Frieden in Deutschland.

Als an diesem Tag in allen Kirchen des Landes zur Feier die Glocken geläutet wurden, konnten einige Gemeinden im Hegau nicht oder nur mit verminderter Kraft in den klingenden Chor einstimmen. Die Hohentwieler

Der reitende Bote verkündet den Frieden 1648.

hatten im Verlauf des Krieges aus vielen Orten Glocken fortgeschafft, bei Ende des Krieges lagen auf der Festung neun fremde Glocken. Die Singener und die Eigeltinger Bauern bemühten sich noch Jahre nach Kriegsende um die Herausgabe der ihnen geraubten Glocken. Eine Orgel, die Widerholt nach der Einnahme der Stadt Überlingen 1643 hatte abtragen lassen, erklang mittlerweile in der Kirche auf dem Hohentwiel, die der Kommandant während des Krieges *aus sonderbarem christlichem gottseeligem Eiffer zu der allein seeligmachenden Lehr des hailigen Evangelium der wahren ohngeänderten Augspurgischen Confession* hatte bauen lassen und die 1645 geweiht worden war.

Der streng protestantische, religiöse Eifer war ein Charakterzug Konrad Widerholts und zugleich eine Triebfeder seiner Handlungen, auch seines Durchhaltevermögens. Wie sich sein Christentum mit seinen Raubzügen, sein Protestantismus mit seiner Parteinahme für den katholischen König von Frankreich vertragen konnte, ist eine offene Frage. Diese Widersprüche erklären sich vielleicht mit Widerholts Denken in militärischen Kategorien, mit einer Diplomatie im Dienste seines politischen Überlebens. Er selbst empfand sich als *ein getrewer Teutscher Patriot*, dem es mit Gottes Hilfe gelungen war, die ihm anvertraute württembergische Festung durch alle Fährnisse des Krieges zu manövrieren und sie nun seinem rechtmäßigen Besitzer Eberhard III. von Württemberg zurückzugeben. Schon am 29. November 1648 stellte er dem Herzog die Restitution der Festung in Aussicht. Doch es dauerte bis zum 10. Juli 1650, bis die Übergabe an Eberhard feierlich begangen werden konnte.

Zwischen zwei Kriegen

Auswirkungen des Dreißigjährigen Krieges

Nach dem Westfälischen Frieden von 1648 etablierte sich in Europa mit dem Aufstieg neuer Großmächte wie Frankreich, Schweden und den Niederlanden jenes Staatensystem relativen Gleichgewichts, das die folgenden 150 Jahre prägen sollte, bis ein neuer Krieg, mit dem Namen Napoleons verbunden, auch diese politische Konstellation nachhaltig verändern sollte. Die habsburgische Hegemonie war durch den Krieg gebrochen, das Deutsche Reich geschwächt, die Schweiz und die Niederlande waren aus dem Reichsverband ausgeschieden. Die kaiserliche Gesetzgebung wurde an die Zustimmung des Reichstags gebunden. Das bedeutete einen Sieg der fürstlichen *Libertät* über die kaiserliche Zentralgewalt. Die Reichsstände erhielten volle Souveränität; das umfaßte auch das Recht, sich mit Mächten außerhalb des Reiches zu verbünden, sofern dies nicht gegen Kaiser und Reich gerichtet war.

Letztendlich waren Fürstentümer wie Bayern und Brandenburg, aber auch mittlere Territorien wie Württemberg als Sieger aus der Auseinandersetzung hervorgegangen. Lediglich Österreich erlitt in seinen Vorlanden empfindliche territoriale Verluste; es verlor seine elsässischen Gebiete einschließlich der bedeutenden Festung Breisach an Frankreich, behauptete aber seine Besitzungen längs des Hochrheins bis in den Breisgau und erhielt von Frankreich eine finanzielle Entschädigung. Ein Ziel gab Innsbruck indes endgültig auf: Es verzichtete 1648 für alle Zeiten auf den Hohentwiel. Die Festung fiel ebenso an Herzog Eberhard III. von Württemberg zurück wie die 1635 an Österreich verlorenen Herrschaften. So konnte Württemberg, das im Krieg politisch und militärisch nicht eben eine glückliche Rolle gespielt hatte, mit dem Ausgang der Verhandlungen zufrieden sein. Allerdings mit einer wesentlichen Einschränkung. Der eigentliche Verlierer dieses verheerenden Krieges war die bäuerliche Bevölkerung, und dies läßt sich am Beispiel Württembergs besonders drastisch verdeutlichen: Lebten im Herzogtum vor der Schlacht von Nördlingen 1634 ca. 470000 Einwohner, so waren es vier Jahre nach dem Krieg, 1652, nur noch rund 140000 Menschen, das bedeutet eine Bevölkerungsabnahme um mehr als zwei Drittel.

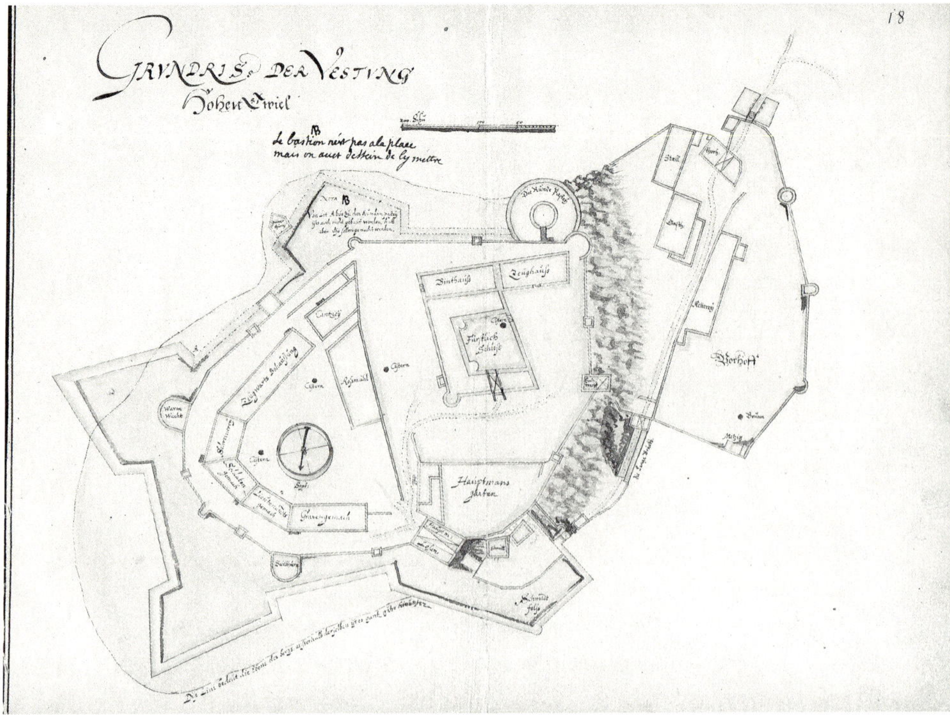

Grundriß des Hohentwiel Mitte des 17. Jahrhunderts. Original im Stadtarchiv Singen.

Ähnlich katastrophal war die Lage im Elsaß, und vergleichbare Verluste dürfen wir auch für die vorderösterreichischen Gebiete am Bodensee annehmen. Vom Dorf Singen am Fuß des Hohentwiel heißt es in einem herrschaftlichen Bericht aus dem Jahr 1650, daß der Ort nicht nur ... *uber daß Halbteil Abgebranndt,* sondern daß *Bey diesem so langwierigen Krieg mehr Allß der 2. Theil von den Underthanen von dieser weldt Abgescheiden* sei. Der gewaltige Bevölkerungsrückgang im Hegau hatte dabei zwei Gründe: Erstens war er direkte Folge des Kriegs, zweitens Folge von Auswanderung in dieser ausweglosen Situation. Bedenkt man, wie zäh Bauern an ihrer Scholle festhalten, kann man das Elend jener Zeit erahnen. Als die Dörfer – besonders nach der Impresa von 1641 – von Widerholt unter Androhung der schärfsten Strafen zu Kontributionen gezwungen wurden, andererseits von ihrer österreichischen Herrschaft, ebenfalls unter Androhung schärfster Strafen, angewiesen wurden, jene zu verweigern, da verließen viele Familien scharenweise diesen verrückt gewordenen Landstrich.

Nach den Schrecken des Krieges kehrte allmählich der Alltag zurück, und der Hohentwiel fand zwei Jahre nach dem Friedensschluß wieder zu einem normalen Garnisonsleben. Am 10. August 1650 wurde die Festung offiziell an Württemberg übergeben, zwei Tage darauf dankte Obrist Konrad Widerholt ab; am 17. August kam Herzog Eberhard III. selbst auf die Festung, um den Hohentwiel in Besitz zu nehmen. Vom Diakon Matthäus Esenwein aus Tübingen wurde er poetisch begrüßt mit der *Hohen=Twielschen Hochzeit Das ist Heilwünschendes vnd hertzliches Frewden=Gedichte.* Mit dieser zum *Lobspruch Der Weitberühmten Vestung Hohen=Twiel* erweiterten Verherrlichung Widerholts (1650) beginnt die verklärende Geschichtsschreibung der Festung im Dreißigjährigen Krieg, die bis zum Beginn unseres Jahrhunderts fortlebte: In schrecklichen Zeiten werden die Unerschrockensten zu Helden. (Eine Biographie Konrad Widerholts, die diesem Mann gerecht und seine Diplomatie im Dreißigjährigen Krieg verständlich machen würde, steht bis heute aus.) Widerholt übrigens wurde mit dem Rittergut Neidlingen belehnt und zum Obervogt von Kirchheim unter Teck ernannt. Als solcher ist er am 13. Juni 1667 in Kirchheim gestorben.

Das Festungsleben zwischen zwei Kriegen

Nachfolger Widerholts wurde ein weitläufig Verwandter, Johann Georg von Wiederhold, der sogleich den Wiederaufbau der Festung betrieb. Aus seiner Zeit stammen die Pläne von 1652 zur Wiederherstellung des Meierhofs und die Anlage neuer sternförmiger Bastionen vor dem Vorhof. Diese vorgerückten Verteidigungswerke waren eine Antwort auf die mehrfache Eroberung des Vorhofs im Dreißigjährigen Krieg. Ein anderes, eigenwilliges Bauwerk, ein gegen die Burg Staufen gerichtetes Bollwerk, mußte aufgrund eines Einspruchs der österreichischen Regierung in Innsbruck 1655 wieder abgebrochen werden. Eine zweite Ausbaustufe der Festung läßt sich seit 1664 erkennen. Seit diesem Jahr wirkte der württembergische Baumeister Matthias Weiß auf dem Hohentwiel; außer dem Neuen Portal zur Oberen Festung ist ihm jedoch kein Bauwerk ganz sicher zuzuschreiben. Davon abgesehen, wurden in den 70er Jahren des 17. Jahrhunderts die Windmühle, die Pfarrwohnung, das Bindhaus und ein neues Wachthaus fertiggestellt. Die dritte bedeutende Ausbaustufe fällt bereits ins 18. Jahrhundert. Herzog Karl Alexander (1733–37), der als Reichsfeldmarschall genügend Sachverstand besaß, beauftragte den Ingenieuroffizier Samuel von Herbort mit der weiteren Bastionierung des Geländes vor dem Vorhof. Die neuen Werke mit bedeckten Wegen, Kasematten, Galerien und überwölbten Durchfahrten vergrößerten die untere Festung so enorm, daß diese mit insgesamt 7 ha 75 a die obere Festung mit 2 ha 18 a an Fläche bei weitem übertraf.

Waren Johann Georg von Wiederholds Befestigungswerke eine Reaktion auf die militärischen Erkenntnisse aus dem Dreißigjährigen Krieg, so stand die zweite Ausbauphase der Festung am Ende des 17. Jahrhunderts im Zusammenhang mit der expansiven Außenpolitik Ludwigs XIV. von Frank-

Liste der Keller auf dem Hohentwiel 1650–1800

Joachim Bödecker	1650–1655
Johann Joseph Marquardt	1655–1659
Johann Sigmund Strobelberger	1659–1660
Martin Hauser	1660–1664
Friedrich Joachim Binder	1664–1669
Johann Philipp Öttinger	1669–1674
Wolfgang Peter Zilger	1674–1679
Friedrich Hafenreffer	1679–1686
Veit Jakob Neuffer	1686–1694
Jakob Bernhard Sprenger	1694–1699
Philipp Jakob Faber	1699–1700
Johann Albrecht Brodhag	1700–1702
Johann Ulrich Reuchlin	1702–1724
Alexander Weiß	1725–1766
Konrad Friedrich Märklin	1766–1802

Liste der Kommandanten von 1650–1800

Johann Georg von Wiederhold	1650–1672
David Roth	1672–1692
Johann Heinrich Eckbrecht von Türkheim	1692–1694
Johann Dietrich von Wiederhold	1694–1713
Ludwig von Laval	1713–1715
Johann Jakob von Linkensdorf	1715–1729
Christian Ludwig von Schlewitz	1729–1752
Karl August von Kommerstädt	1752–1761
Philipp Joachim von Roman	1761–1786
(residierte seit 1771 nicht mehr auf Hohentwiel)	
Ernst Ferdinand von Larisch, Vicekommandant	1765–1780
Friedrich Carl von Grégoire, Vicekommandant	1780–1786
Christoph Friedrich von Gablenz (residierte in Stuttgart)	1786–1794
Johann Carl Albrecht von Wolfskeel	1794–1797
Georg Bernhard von Bilfinger	1797–1800
Friedrich von Wolff, Vicekommandant	1799–1800

Ansicht des Hohentwiel von J. B. Gumpp 1692. Links im Vordergrund Galgen und Rad.

reich. Bereits in den 70er Jahren und dann wieder im Pfälzischen Erbfolgekrieg (1688–97), als wirklich ein Einbruch der Franzosen vom Rhein her zu befürchten war, wurde die Besatzung auf dem Hohentwiel durch Zusatz aus der Landmiliz erhöht. Dies führt zu der Frage, wie groß wir uns die Garnison auf dem Hohentwiel nach dem Dreißigjährigen Krieg vorzustellen haben.

Wie wir wissen, hatte man sich auf dem Hohentwiel während des Dreißigjährigen Krieges an enge Verhältnisse gewöhnt; zeitweise hatten sich über tausend Personen auf der Festung aufgehalten. Damit verglichen, waren die Verhältnisse nach der Abdankung Konrad Widerholts geradezu komfortabel geworden. Die Besatzung wurde auf 81 Mann reduziert. Da die meisten Soldaten ihre Familien bei sich hatten, darf man sich um 1650 eine Garnisonsgröße von etwa 200 bis 300 Personen vorstellen. Genauere Daten aus späteren Jahren zeigen, daß diese Schätzung realistisch ist. 1667 bestand die Mannschaft auf dem Hohentwiel aus 84 Mann, von denen nur 14 ledig waren; einschließlich der 70 Frauen und 164 Kinder, wovon aber nur 119 auf der Festung lebten, umfaßte die Garnison 273 Personen. (1678 zählte man auf der Festung sogar 654 Bewohner bei 300 Soldaten; im Jahr 1692, bei 273 Mann Besatzung, 651 Seelen. Diese hohen Zahlen signalisieren schon die drohende Franzosengefahr.) Der kleinstädtische Charakter der Garnison, den wir bereits für das späte 16. Jahrhundert festgestellt haben und der durch die spezifische Wirtschaftsstruktur der Festung bedingt war, ist also auch für diese Zeit kaum zu leugnen. Jedenfalls lag die Bevölkerungszahl auf dem Hohentwiel um 1700 erheblich über der des nahegelegenen Dorfes Singen.

Nach Beendigung des Pfälzischen Erbfolgekrieges erwog Herzog Eberhard Ludwig (1693–1733), die Besatzung auf 60 Mann herabzusetzen, weil sie der Landeskasse erhebliche Kosten verursachte; doch die politische Entwicklung ließ diese Entscheidung nicht zu. Württemberg war nach dem Dreißigjährigen Krieg wesentlich stärker als zuvor in das politische System der europäischen Staaten einbezogen und gezwungen, auf Konflikte zu reagieren. Als 1701 der Krieg um die spanische Erbfolge ausbrach, wurden die württembergischen Landesfestungen in Verteidigungsbereitschaft gesetzt. Die Franzosen, die mit den Bayern verbündet waren, streiften 1703 in der Gegend von Tuttlingen; die Mannschaft auf dem Hohentwiel war auf 500 Soldaten erhöht worden. Dies bedeutete allerdings die unmittelbarste militärische Bedrohung des Hohentwiel zwischen 1648 und 1799.

Im 18. Jahrhundert pendelte sich die Besatzung auf etwa 110 Mann ein. Einen letzten Höhepunkt erreichte ihr Stand 1748 mit 130 Soldaten, einen absoluten Tiefpunkt 1779 mit 66 Mann. Die durchschnittliche Bevölkerungsgröße der Garnison dürfte bei 300 Personen gelegen haben. Am Vorabend der Zerstörung, 1799, lebten auf dem Hohentwiel 279 Menschen bei einem Mannschaftsstand von 110. Die Reduzierung der Mannschaftsstärke hing mit den Kosten zusammen. Bereits 1729 war der Soldrückstand auf 27000 Gulden angewachsen; die herzogliche Rentkammer sollte diese Schulden nie vollständig begleichen können. Die Kommandanten klagten, daß beinahe alle Soldaten in der Schweiz oder sonstwo verschuldet seien. Auch gegenüber den Angehörigen der Soldaten betrieb Herzog Karl Eugen (1744–93) eine rigorosere Politik. Nur die Hälfte der Soldaten durfte verheiratet sein. Da 1732 von 130 Männern bereits 88 verehelicht waren, sollte bis auf weiteres keine Heiratserlaubnis mehr erteilt werden.

Ansonsten ging das Leben auf der Festung seinen gewohnten Gang. Rebleute pflegten die Reben und ernteten den Wein, Fuhrleute brachten Getreide und Heu in die Speicher, Pferde hielten die Roßmühle in Bewegung, Esel, von denen es 1667 noch 15 gab, trugen Vorräte, Holz und Baumaterial in die obere Festung. Ein Wirt sorgte weiterhin für das leibliche Wohl der Besatzung, obwohl nun die Familien sich weitgehend selbst versorgten. In der 2. Hälfte des 18. Jahrhunderts befand sich im Vorhof eine eigene Brauerei. Der Bäcker buk riesige Mengen Brot, und der Commiß-Metzger versorgte die Garnison mit Fleisch. Einzig die Wasserversorgung gestaltete sich im 18. Jahrhundert schwieriger. Durch die Größe der Garnison mußte 1770 eine *Wasserordnung* das Wasser der fünf Zisternen streng rationieren; zum Waschen war kein Wasser vorgesehen. Ein Feldscherer verarztete die kleinen Wunden, die sich die Soldaten bei ihren Schlägereien zuzogen, und betreute die Invaliden – 1698 ging ein Capitänleutnant Hartich

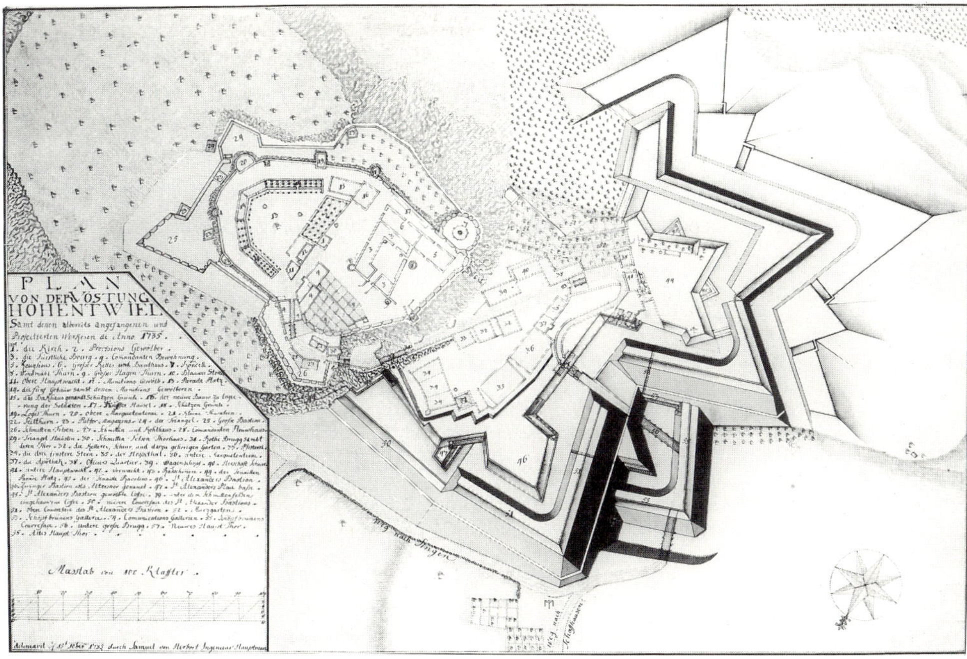

Grundriß des Hohentwiel nach den Plänen des Ingenieur-Hauptmanns Samuel von Herbort 1735.

auf einem Stelzenbein, Leutnant von Reischach hatte einen Gehörfehler, ein Gefreiter im Krieg seine rechte Hand verloren; gegen Ende des 18. Jahrhunderts häuften sich die Klagen, daß der Hohentwiel immer mehr zu einer Alten- und Invalidenanstalt geworden sei. Zeitweilig gab es die Stelle eines Feldapothekers, ehe sie 1755 im Zuge der Einsparungsmaßnahmen wieder abgeschafft wurde. Dabei wurde auch einer der zwei Präzeptoren eingespart, die damals 66 schulpflichtige Kinder zu unterrichten hatten. Der künftige Schulmeister sollte sowohl deutsch als auch lateinisch unterrichten können, jedoch ein größeres Gewicht auf das deutsche Schulwesen legen. Ein Pfarrer bemühte sich um die Seelsorge der Garnison; Gottesdienste, Unterrichtsaufgaben, Taufen, Hochzeiten, Konfirmationen und Leichenbegängnisse füllten sein Leben bei der Größe der Gemeinde reichlich aus. Doch seine Zusprache, seine Ermahnungen und sein Trost reichten nicht immer aus, um der Besatzung über ihre Sorgen, ihre Gefühle von Enge und Eingeschlossensein, ihre Vereinsamung und Melancholie hinwegzuhelfen.

Im Januar 1696 entwichen fünf Mann der Besatzung und flohen in die Schweiz; im Februar 1701 machten es ihnen weitere fünf Soldaten nach. Ihre Namen wurden, da man der Personen nicht habhaft werden konnte, auf Blechtäfelchen geschrieben und symbolisch an den Galgen geschlagen. 1779 gelang dem Leutnant Cappes die Flucht, nachdem ruchbar geworden war, daß er die bucklige Tochter des Festungsschmieds geschwängert hatte. Zwei Fälle von Selbstmord sind uns bekannt. Am 12. Juni 1669 erhängte sich der Oberküfer; seine stark verweste Leiche mußte der aus Balingen angeforderte Scharfrichter verscharren. Am 6. Juli 1711 erschoß sich der Hauptmann Jäger. Der Herzog wies an, daß sein Körper bei Nacht außerhalb der Festung an einem entlegenen Ort vergraben werden mußte; der Pfarrer aber sollte am folgenden Sonntag *andern zum Exempel eine scharfe Predigt von des Entleibten geführten gottlosen Leben* halten. Der Artikelbrief von 1744 belegt übrigens, daß *das unmäßige Trinken, welches die Leute dem Vieh gleich macht, und sie also des großen Vorzugs, so die Menschen vor den Thieren voraus haben, nämlich der Vernunft beraubet,* noch immer ein erhebliches Problem auf der Festung darstellte.

Trotz bedrückender Enge, trotz rigider Abschottung der Garnison nach draußen verschafften sich in zunehmender Zahl Besucher, mit herzoglicher Erlaubnis, Zugang zur Festung, und der Hohentwiel scheint bereits seit dem 17. Jahrhundert so etwas wie ein touristisches Interesse gefunden zu haben.

Das Willkommbuch

Im Juni 1652 hatte sich Herzog Eberhard III. mit großem Gefolge und zahlreichen geladenen Gästen auf dem Hohentwiel aufgehalten. Bei dieser Gelegenheit hatte er ein Gästebuch gestiftet, das er selbst mit dem französischen Wahlspruch *Tout avec Dieu* (Alles mit Gott) eröffnete. Das in Leder gebundene Willkommbuch, übrigens aus bestem Zürcher Papier, sollte in den folgenden 148 Jahren rund 900 Reime und Sinnsprüche von Gästen und Besuchern aufnehmen. Mit der Stiftung des Willkommbuchs erinnerte Eberhard III. an einen alten Brauch, der von Herzog Ulrich mehr als hundert Jahre zuvor eingeführt worden war. Jeder Besucher mußte sich verpflichten, wenigstens 40 Pfund Steine auf die Festung zu tragen; dafür stand ihm, oben angekommen, ein Willkommtrunk aus einem vergoldeten Becher zu. Außerdem: Wer die Keller der Festung besichtigen wollte, mußte sich dem *Kieffer Recht* unterwerfen, eine Art Initiationsritus, der vielleicht darin bestand, daß die Besucher, ohne Ansehen ihres Standes, vom Küfer ausgestäupt wurden.

Selbstverständlich stehen im Willkommbuch an erster Stelle Eintragungen von Gästen, die im Gefolge Ihrer Fürstlichen Gnaden auf den Hohentwiel gekommen waren. Außer 1652 gab es drei weitere große Fürstenbesuche mit einer Fülle von Einträgen: Am 17. März 1702 kam Herzog Eberhard Ludwig aus Anlaß des Spanischen Erbfolgekrieges auf die Festung; 1734 weilte die gesamte herzogliche Familie Karl Alexanders mit großem Gefolge auf dem Hohentwiel, und im Jahr 1741 brachte man die drei jungen Prinzen Karl Eugen, Ludwig Eugen und Friedrich Eugen wegen der französischen Truppenbewegungen infolge des Österreichischen Erbfolgekrieges auf die Festung in Sicherheit. Neben den Offizieren der Festung, die sich im Gästebuch verewigten, finden sich Einträge von Pfarrern und geistlichen Würdenträgern; im 17. Jahrhundert waren es vor allem Adlige aus dem Norden, aus Schweden, Pommern, Sachsen, Westfalen, die auf ihren Kavaliersreisen den Hohentwiel besuchten. Erst seit 1734 kann man die Eintragungen von Frauen lesen, von Angehörigen des Herzogshauses und Hofdamen in erster Linie, und im 18. Jahrhundert nehmen auch die bürgerlichen Besucher zu.

In deutscher, französischer, lateinischer Sprache, ja gelegentlich auf Griechisch und Hebräisch haben uns die Hohentwielbesucher ihre Wahlsprüche, Aphorismen und Reime hinterlassen. Verständlich, daß eine ganze Reihe auf den Brauch des Steineschleppens anspielten. So unter dem Datum des 12. April 1697 ein Freiherr von Ow:

Ich trug ein Stein auf Hohentwiel
Von 50 Pfund ist gar nicht viel,
Doch tranke aus dem Becher Wein,
Gott woll mir weiter gnädig seyn.

Dem entgegnete lapidar ein Graf von Forstner:

Ich hab getragen gar nicht schwer,
Hergegen gesoffen desto mehr.

Vive l'amour et la gverre, fiel dem schwedischen Baron von Scalaborg auf dem Hohentwiel ein (1659). Andere junge Adlige vertrauten auf Gott und ihre Waffen, so Hans Jacob Kolb von Reindorff 1660: *Gottes seegen, Pistohl Vnd Degen, Kraut Vnd Loht hatt mir offt geholfen Aus der noth.* Andere hielten es mit Gott allein, wie der Herzog Heinrich von Sachsen 1668: *Si Deus pro nobis quis contra nos.* Den einen gefiel der Aufenthalt auf dem Hohentwiel, so *Johan fritrich Krombholtz, leib fentrich, ist gestanden auff Hoen Wihl Drei monat lanck das ist mir gar wol bekomd,* anno 1700. Andere wie der Sekretär und Geheime Registrator Johann Christoph Knab, der 1741 die drei württembergischen Prinzen auf die Festung begleitete, fühlten sich dort ausgesprochen unbehaglich:

Wenn jemand mich in Stuttgardt sucht,
So sprecht ich sey mit in der Flucht,
Zu Hohen Twiel, auf Felß und Stein,
Wo rauhe Lufft und saurer Wein,
Vergnügenheit mein ganz vergißt,
Den hohl der Fuchs, so schuld dran ist.

Bewahre meine Seele und errette mich, schrieb am 9. Mai 1660 der Untervogt von Leonberg, Samuel Schmidt, der auf dem Hohentwiel *ein Kriegs= vnd Standrecht über einen alhie Verhafften Guardi=Knecht, Welcher den Majer im Hof Vor der Vöstung mit einem Stein Tod geworffen,* gehalten hatte. So bezog sich das Willkommbuch also gelegentlich auf die inneren Verhältnisse der Festung, wodurch es uns auch hierfür als Quelle unerläßlich geworden ist.

Verflucht seye der des Herrn Werckh Lässig thut, zitierte am 15. Juni 1670 der württembergische Oberrat Johann Ulrich Zeller den Vers 48.10 Jer. und fügte hinzu, daß er der *Vhr Enckel* von weiland Herzog Ulrichs Werkmeister auf dieser Festung, Johannes Zeller, sei. Darin kommt nicht nur die württembergische Traditionsbildung gegenüber dieser Festung zum Ausdruck, die auf die Zeit Herzog Ulrichs rekurriert; hier demonstrierte einer ein ausgesprochenes Familienbewußtsein. Zeller besuchte den Ort, den Herzog Ulrich für Württemberg erworben und zu dessen Standfestigkeit der eigene Urgroßvater beigetragen hatte.

Einen Besuch auf dem Hohentwiel aus einem ähnlichen familiären Motiv kennen wir aus dem späten 18. Jahrhundert, allerdings nicht aus dem Willkommbuch, sondern aus einem Reisebericht des Göttinger Professors und Bibliothekars Christoph Meiners, der 1782 in Begleitung seiner Frau den Hohentwiel erklomm: *Meine Frau und ich kletterten mutig die ersten Anhöhen und Absätze hinan, empfanden große Hitze, die uns oft zum Rasten zwang, und da sahen wir den herrlichen Bodensee mit seinen Inseln. Mit einem Empfehlungsschreiben aus Stuttgart kamen wir in die untere Festung, ein Soldat machte den Führer. Wir sahen die an Ketten hängenden Steine, die, wie mehrere Reiseberichter mitteilen, von Fürsten und Prinzen des Württembergischen Hofs heraufgetragen wurden, darunter ungeheure Stücke ... Wir kamen zu dem Schloß, wo unser verehrungswürdiger Großvater manch kummervolle Jahre in dem härtesten Gefängnis zubrachte. Wir sahen die Aussicht, die ihn entzückte, wie er in seinem »Leben« beschrieben ... Der Gefängniswärter freute sich, eine Enkelin des Konsuls Moser zu sehen ... Z. Zt. ist seit 12 Jahren der Herr von Knobelsdorf auf der oberen Festung, der, wie gesagt wird, den Herzog in heftigen Wutanfällen über seine verlorenen Jahre immer wieder in seinem Gefängnis verflucht.* Diese Passage erinnert daran, daß der Hohentwiel im Laufe des 18. Jahrhunderts immer mehr die Funktion eines Staatsgefängnisses übernahm, daß in seinen Kerkern bekannte (und weniger bekannte) Personen schmachteten.

Der Hohentwiel als Staatsgefängnis

Hohentwiel ist mehr ein Verbannungsort als ein Lustort, schrieb ein anonymer Teilnehmer einer Reisegesellschaft aus Winterthur, die am Johannistag 1789, also drei Wochen vor Ausbruch der Französischen Revolution, auf dem

Hohentwiel einem Gottesdienst beigewohnt hatte. Diesen Eindruck konnte man erst in den letzten Jahrzehnten des 18. Jahrhunderts gewinnen; erst um diese Zeit war ständig eine größere Anzahl Strafgefangener auf der Festung interniert. Freilich diente ein Turm auf der hohen Wacht während der ganzen Festungsgeschichte als Disziplinierungsort für Angehörige der Garnison, die sich etwas hatten zuschulden kommen lassen, wie beispielsweise 1587 der zauberkundige Festungsmüller Hans Rielin. Und natürlich hatte dieses Gefängnis eine Vorgeschichte, die in die Zeiten der Herren von Klingenberg und letztlich wohl in die ersten Tage der Burg Twiel zurückreicht. Die frühesten Häftlinge auf Twiel, deren Namen wir kennen, sind ein Hans Vink aus Oberuhldingen und ein Dies Wisser genannt Rieß aus Hattingen, die Heinrich von Klingenberg 1450 bzw. 1459 gefangen genommen und auf eine Urfehde hin wieder freigelassen hatte. Im Dreißigjährigen Krieg waren dort manche Kriegsgefangenen interniert, darunter der Generalfeldwachtmeister Sperreuter (1638–40) und der Obrist Gaudenz von Rost (1642). Den Abt von Blaubeuren und den Abt Dominikus Laymann von Weingarten, die Widerholt 1642 bzw. 1645 auf den Hohentwiel verschleppt hatte, kann man zwar nur mit Einschränkung als Kriegsgefangene bezeichnen, aber auch sie gehören zu der illustren Schar, die in der Festung eingekerkert waren.

Die Funktion eines Staatsgefängnisses übernahm der Hohentwiel dagegen erst nach dem Dreißigjährigen Krieg, und zu keiner Zeit erlangte er in dieser Beziehung eine ähnliche Bedeutung wie etwa die Festung Hohenasperg. Gefängnisse und Zuchthäuser im modernen Sinn gibt es in Württemberg seit 1736. Davor (aber auch danach noch) dienten einzelne Stadttürme und einige Landesfestungen als Strafplätze. Seit 1658 ist überliefert, daß auf dem Hohentwiel Häftlinge zu Zwangsarbeit verurteilt waren. Im Jahre 1697 wurde ein Tübinger Stipendiat namens Bantz wegen *fanatischer Irrthümer in Religionssachen* auf ein Vierteljahr zur Besserung auf den Hohentwiel geschickt; er durfte sich innerhalb der Festung unter Aufsicht des Pfarrers frei bewegen. Schon im 17. Jahrhundert deutete sich an, daß es zwei Klassen von Häftlingen gab. Gemeine Verbrecher niederer sozialer Herkunft wurden in den Gewölben der Festung inhaftiert, in Eisen geschlagen und zu Arbeitsdiensten gezwungen. 1716 wurde etwa ein Wilderer zu lebenslanger Zwangsarbeit auf dem Hohentwiel verurteilt. Ansonsten erfahren wir von diesen Schellenwerkern, die wegen ihrer Ketten und einer Schellenkappe so genannt wurden, wenig, bis gegen Ende des 18. Jahrhunderts einige Mitglieder aus der berüchtigten Räuberbande des Hannikel auf den Hohentwiel kamen.

Der Zigeuner Jakob Reinhard genannt Hannikel bildete mit seiner Gefolgschaft eine der zahlreichen Räuberbanden, die in der zweiten Hälfte des 18. Jahrhunderts im südwestdeutschen Raum ihr Unwesen trieben. Die Hannikelbande fiel seit etwa 1770 durch Diebstähle und Raubüberfälle im

Romantisierendes Portrait des Räubers Hannikel. Sein Bruder und sein Sohn saßen seit 1787 auf dem Hohentwiel gefangen.

ganzen Land auf; eine ernsthafte Strafverfolgung war wegen der politischen Zersplitterung Südwestdeutschlands lange Zeit unmöglich. Erst der Mord an einem württembergischen Soldaten brachte 1786 die herzoglichen Behörden auf den Plan. Dem Sulzer Oberamtmann Georg Jakob Schäffer, der für seine Erfolge in der Bekämpfung des Räuberwesens bekannt war, gelang im Raum Hohenstaufen ein erster Schlag gegen die Hannikelbande; 27 Bandenmitglieder wurden gefaßt, Hannikel selbst konnte (noch) entkommen. Aufgrund eines von Schäffer verbreiteten Steckbriefs wurde er allerdings wenig später im schweizerischen Graubünden aufgegriffen. Schäffer persönlich holte ihn und 28 weitere Bandenmitglieder dort ab. In Sulz am Neckar wurde ihnen der Prozeß gemacht. Hannikel wurde zusammen mit drei Kumpanen am 17. Juli 1787 hingerichtet; ihre Gefährten wurden zu langjährigen oder lebenslänglichen Strafen, im Zuchthaus Ludwigsburg oder auf der Festung Hohentwiel, verurteilt.

Am 19. Juli 1787 wurden Hannikels Bruder Johannes Jacobi genannt Geuder und Hannikels Sohn Johann Carl Reinhard genannt Bastardi auf den Hohentwiel überstellt. Sie trafen dort auf sieben weitere Bandenmitglieder, die Schäffers erster Razzia zum Opfer gefallen und bereits seit September 1786 auf dem Hohentwiel interniert waren; ein Ausbruchsversuch dieser sieben war zu Beginn des Jahres 1787 vereitelt worden. Der Vicekommandant, von Grégoire, war angewiesen worden, die Häftlinge *neben harter Arbeit noch mit Kugeln zu belegen, insbesondere aber auf sie Acht zu haben, und, da Mir an dem Nichtentkommen dieser Bösewichte alles gelegen, mit dessen eigener Person dafür zu haften.* Drei der Häftlinge sind zwischen 1787 und 1790 auf dem Hohentwiel gestorben; am 30. Dezember 1788 Hannikels Sohn Bastardi. Da später zwei weitere Bandenmitglieder nachgeschickt worden waren, befanden sich nach einem Bericht des Hauptmanns Weis im November 1793 noch neun *Jauner und Zigeuner* als *Schellenwerker ad dies vitae* auf der Festung. Daß man das Ende ihrer Tage hier nicht abwarten wollte, deutete der Vicekommandant von Grégoire schon 1789 an. Als sich dann am Horizont neue Kriegsereignisse abzeichneten, wurden im Frühjahr 1794 fünf starke und diensttaugliche Häftlinge, darunter Franz Leinberger genannt Wildinger, Peter Lambeer oder Descherte und Jacob Reinhard, nach Stockach in kaiserliche Kriegsdienste entlassen. Über das Schicksal der übrigen Häftlinge aus der Hannikelbande ist nichts bekannt.

Neben den Schellenwerkern gab es unter den Gefangenen auf dem Hohentwiel allerlei Abenteurer, gescheiterte Existenzen und Taugenichtse von Stand; daneben Offiziere und Persönlichkeiten von Rang und Namen, deren Vergehen in politischer Unbotmäßigkeit oder inopportuner geistiger Haltung bestanden hatten. Sie wurden nicht wie die Zwangsarbeiter im Gewölbe eingekerkert, sondern in den Zimmern im oberen Stock an der Südwestecke der Herzogsburg bewacht. Wir kennen eine Reihe solcher Gefangener auf dem Hohentwiel. 1719 wurde ein Leutnant Hoyqueslot wegen Ehrenkränkung des württembergischen Hofmeisters interniert, seine ursprünglich nur dreijährige Strafe wurde wegen seiner stolzen und trotzigen Haltung gegenüber dem Herzog verlängert, bis er schließlich 1753 in geistiger Verwirrung auf dem Hohentwiel verstarb. Von 1733 bis 1735 verbüßte hier der Obersthofmeister Graf von Grävenitz, ein Bruder der Mätresse des früheren Herzogs Eberhard Ludwig († 1733), eine Festungshaft. Von 1732 bis 1736 und wieder von 1743 an war auf dem Hohentwiel ein Johann Adam von Diemar inhaftiert auf Wunsch seines Vaters, eines sächsischen Offiziers, der seinen mißratenen Sohn durch den Festungsdienst zu disziplinieren gedachte. Diemar schaffte in der Nacht vom 13. auf den 14. Juli 1743 das Kunststück, an aneinandergebundenen Leintüchern aus der Festung und über die steilen Felsen des Berges in die Freiheit zu entkommen.

Auf dem Hohentwiel waren mehrfach Gefangene aus vornehmen Fami-

Johann Jakob Moser.

lien, die, zu Trinkern, Abenteurern, Betrügern geworden, von ihren Familien in Festungshaft gezwungen wurden und so zur Raison gebracht werden sollten. So saß hier von 1752 an, seines *verschwenderischen und besonders dem Trunke ergebenen Lebenswandels wegen,* der Sohn des Geheimrats von Welser aus Augsburg. Dem gefiel es entgegen der Absicht seines Vaters auf der Festung so gut, daß er bis an sein Lebensende blieb; er starb 1796 im Alter von 77 Jahren. Von 1762 bis 1767 büßte der Oberst von Rieger, nachdem er einer Hofintrige zum Opfer gefallen war, hier unter unwürdigen Umständen eine fünfjährige Festungshaft ab; 1772 wurde er rehabilitiert. Ein letzter hochrangiger Staatsgefangener war der preußische Werbeoffizier von Knobelsdorff, der langgewachsene Soldaten aus der württembergischen Garde in preußische Dienste abgeworben hatte. Er trat 1771, erst 22jährig, seine lebenslange Festungsstrafe an und zeigte schon bald Zeichen von Schwermut und psychischer Zerrüttung; er bekam Tobsuchtsanfälle. Knobelsdorff war jener Gefangene, von dem Professor Meiners, als er 1782 den Hohentwiel besuchte, berichtete, er verfluche in heftigen Wutanfällen den Herzog. Erst im Jahr 1800, nach der Übergabe der Festung an die Franzosen, wurde dem gebrochenen Mann freigestellt, nach Berlin zurückzukehren.

Der bedeutendste Staatsgefangene auf dem Hohentwiel, dessen Andenken der Besuch Professor Meiners gegolten hatte, war kein Offizier und kein Abenteurer; es war der Rechtsgelehrte Johann Jakob Moser (1701–1785), der »Vater des deutschen Staatsrechts«. Moser verbüßte auf der Festung von 1759 bis 1764 eine fünfjährige Haftstrafe, ohne eigentliche Verurteilung. Bereits mit 19 Jahren hatte Moser eine außerordentliche Professur an der Universität Tübingen inne; 1725 erhielt er eine Regierungsratsstelle in Württemberg, 1736 wurde er Professor der Rechte an der Universität Frankfurt an der Oder. Um sich der Niederschrift seines großen Werkes über das deutsche Staatsrecht widmen zu können, bat er 1739 um Entlassung. 1751 trat Moser in Stuttgart die Stelle eines Landschaftskonsulenten an; als solcher vertrat er die Interessen des württembergischen Landtags gegenüber der Regierung und dem Herzog. Als er sich den herzoglichen Geldforderungen zum Unterhalt des Militärs, ohne Einberufung des Landtages, widersetzte, zog er sich die Ungnade des Herzogs Carl Eugen zu, der Moser im Juli 1759 auf den Hohentwiel verbannte. Erst am 25. September 1764 wurde der Staatsrechtler, für den sich viele bedeutende Persönlichkeiten bis hin zum König von Preußen verwendet hatten, entlassen. Der Jurist, der sich im Zeichen der Aufklärung um eine Vereinheitlichung des deutschen Staatsrechts bemüht hatte, erfuhr auf dem Hohentwiel am eigenen Leib, wie weit die absolutistische Kleinstaaterei von den Idealen eines aufgeklärten Zeitalters noch entfernt war.

Der Untergang des Hohentwiel

Fast 150 Jahre lang konnten sich Kommandanten und Besatzung des Hohentwiel daran gewöhnen, daß in den immerwährenden Kriegen (Pfälzischer Erbfolgekrieg 1688–97, Spanischer Erbfolgekrieg 1701–14, Österreichischer Erbfolgekrieg 1740–48) Truppenbewegungen in Südwestdeutschland stattfanden, ohne den Hohentwiel ernsthaft zu tangieren. Zwar stellte man sich durch den Festungsausbau und die zeitweilige Erhöhung der Besatzung auf militärische Konflikte ein, doch das Festungsleben wurde vom Alltag bestimmt; die Beaufsichtigung der verschiedenen Gefangenen beschäftigte die Garnison mehr als die vielbeschworene Franzosengefahr. So blieb die Festung auch von den Ereignissen des 1. Koalitionskrieges gegen Frankreich (1792–97) offensichtlich recht unbeeindruckt. Die Kommandantur nutzte die Gelegenheit lediglich, um sich einiger unliebsamer Häftlinge

Letzte Darstellung des Hohentwiel vor der Zerstörung von Capitänleutnant Weiß 1799.

zu entledigen, die man 1794 ans österreichische Heer abgab. Es mochte so scheinen, als sei dieser Krieg Teil der seit langem andauernden Expansionsbestrebungen Frankreichs und als würde die große Koalition aus England, Österreich, Preußen und Spanien den Franzosen ein- für allemal Einhalt gebieten. Doch was sich da vom revolutionären Frankreich her über Europa ausbreitete, war kein Krieg mehr alter Prägung, sondern der Beginn eines neuen Zeitalters. Napoleon erzwang mit seiner neuformierten Armee nicht nur eine neue Art der Kriegsführung, er weckte in den anderen Nationen eine Bereitschaft zu Reformen im Rechts- und Staatswesen, die das Gesicht Europas grundlegend verändern sollten. Trotz der militärischen Überwindung Frankreichs endeten die Napoleonischen Kriege mit der Zerschlagung der politischen Grundlagen des Ancien Régimes. Daß diesen Umwälzungen auch der Hohentwiel zum Opfer fallen sollte, das konnte und wollte man sich auf der Festung bei Ausbruch des Krieges nicht vorstellen.

1796 waren sowohl französische als auch österreichische Truppen am Hohentwiel vorbeimarschiert, ohne sich für die Festung zu interessieren; sie wurde von beiden Parteien als neutral anerkannt. Die Österreicher hatten zwar erwogen, sich der Anlage zu bemächtigen, doch der Bericht des österreichischen Ingenieur-Hauptmanns Benezur, dem es gelungen war, inkognito auf die Festung zu gelangen, wies dem Hohentwiel einen zu geringen strategischen Wert zu. Auch im Frühjahr 1799, als beide kriegführenden Parteien erneut durch den Hegau zogen, blieb die Festung unbehelligt. War der Hohentwiel schon in der zweiten Hälfte des 18. Jahrhunderts in vielerlei Hinsicht vernachlässigt worden, so machte die Regierung in Stuttgart auch jetzt keinerlei Anstalten, der bedrohlicher gewordenen Lage Rechnung zu tragen. 1797 hatte Kommandant Oberst von Wolkskeel ein Memoriale über den unzulänglichen Verteidigungszustand der Festung nach Stuttgart gesandt. Sein Nachfolger Oberst Georg Bernhard von Bilfinger und dessen Vicekommandant Oberstleutnant von Wolff wiederholten die Klage über den maroden Zustand von Festung und Besatzung. Es geschah aber wenig – außer daß im August 1799 Herzog Friedrich (1797–1816) persönlich und mit großem Gefolge erschien, um am Aachufer bei Singen dem Vorbeimarsch der russischen Truppen in die Schweiz beizuwohnen. Von diesem Feldzug erwartete man sich die Beendigung des Krieges. Ins Willkomm-Buch schrieb Herzog Friedrich am 20. August die Worte *Per aspra ad astra,* und der Prinz Paul fügte hinzu: *Siegen ohne Gefahr ist siegen ohne Ruhm.* Sie konnten nicht ahnen, daß dies die letzten Einträge im Hohentwieler Gästebuch bleiben sollten.

Im April 1800 starteten die Franzosen aus der Schweiz heraus einen neuen Feldzug. Der Oberbefehlshaber des 100000-Mann-Heeres war General Moreau. Am 28. April standen seine Truppen schon am Rhein. Ein Bericht des Singener Obervogts Johann Nepomuk Müller vom 29. April atmet die Spannung, die damals in den Hegauorten herrschte: Ihn *marterte ... die Furcht vor dem Feind – denn Sicherheit sehen wir noch keine – aber totales Verderben, wenn unsere Armee nicht glücklich seyn – oder der Friede, von dem man neuerlich spricht, dem Elend nicht ein Ende machen sollte.* Am Abend des 1. Mai zog der französische General Vandamme in Singen ein; 24000 Franzosen lagerten in den folgenden Tagen in der Ebene unterhalb des Hohentwiel.

Und nun geschah, womit niemand gerechnet hatte. Vandamme forderte die Festung Hohentwiel zur Übergabe auf. Zwei Stunden erhielt der zehnköpfige Offiziersstab Zeit, sich zu beraten. Da außer Hauptmann Reizenstein keiner eine Chance sah, sich militärisch zu verteidigen, boten sie den Franzosen Übergabeverhandlungen an. Vicekommandant von Wolff und Hauptmann von Zuccato wurden zur Vereinbarung der Kapitulationsbedingungen ins französische Lager geschickt; Vandamme stellte in Aussicht, daß die Festung nach der Übergabe nicht demoliert werde. Noch am selben Abend, um 11 Uhr, wurde die Kapitulation im Singener Pfarrhaus unterzeichnet. Die Besatzung sollte bereits am 2. Mai um 6 Uhr morgens aus der Festung in Ehren abziehen. In Punkt 11 der Kapitulationsbedingungen verpflichtete sich General Vandamme, sich bei der französischen Regierung dafür zu verwenden, *daß die Festung beim Friedensschlusse in demselben Zustande, in welchem sie jetzt an die französischen Truppen abgegeben wird, an Württemberg zurückgegeben werde.*

Ein Soldat der Festung Hohentwiel in der zweiten Hälfte des 18. Jahrhunderts.

Den Kommandanten der Festung war klar, daß dieses Versprechen keinerlei Garantie für die Rettung des Hohentwiel war. Nachdem sie am 11. Mai nach Stuttgart gereist waren, um persönlich Bericht zu erstatten, wurden Bilfinger und Wolff verhaftet und am 17. Mai 1800 zum Tode verurteilt; der Herzog begnadigte die beiden letzten Kommandanten der Festung Hohentwiel zu lebenslänglicher Haft. Während die Franzosen die Festung in Besitz nahmen, retteten die 279 Bewohner des Hohentwiel ihre Habseligkeiten zunächst in den Meierhof, um von dort aus später nach Tuttlingen weiterzuziehen. Die ehemalige Mannschaft sollte als Polizeiwache in einer Stuttgarter Kaserne Verwendung finden. Zwei Arrestanten namens Liebenstein und Schnabel wurden auf den Hohenasperg verbracht, während der an Leib und Seele verletzte Knobelsdorff, wie gesagt, seine Freiheit erhielt. Der Stabskeller Konrad Friedrich Märklin, der seit 1768 die Verwaltung auf dem Hohentwiel geleitet hatte, blieb dagegen mit anderen Zivilbediensteten im Vorhof wohnen. Bis in den September hinein bewahrte sich Märklin die Hoffnung, eine Schleifung der Festung sei nicht zu besorgen. Dabei hatte bereits im August *der Erste Consul, der oberste Bürger* – also kein anderer als Napoleon selbst – entschieden, die Festung Hohentwiel zu zerstören. Gene-

Der Hohentwiel nach der Zerstörung.

ral Moreau, und durch diesen General Vandamme, erhielten den Befehl, die Maßnahme durchzuführen.

So geschah es. Mit Hilfe von über hundert Mineuren der französischen Armee und unter der Zwangsrekrutierung von 500 Arbeitern und 10 Fuhrwerken aus der weiteren Umgebung begann Mitte Oktober 1800 die planmäßige Demolierung der einst so stolzen Festung Hohentwiel. Der Singener Lehrer Karl Helf wurde zum Generalaufseher über das Zerstörungswerk bestellt. Dies war ein undankbares Amt, denn die zu dieser Arbeit gezwungenen Dörfer und Ämter erfüllten ihre Verpflichtungen zögernd, viele Arbeiter weigerten sich. Erst als die Franzosen Exekutionsmannschaften in die saumseligen Orte schickten, kam der Abbruch der Festung allmählich zu einem Ende. Am 31. März 1801, nach mehr als einem halben Jahr, war das Zerstörungswerk vollbracht. Wertvolle Gegenstände und Materialien wie Eisen, Kupfer, eiserne Öfen, Glocken, Türen, Fenster, Bau- und Brennholz usw. waren seit dem Februar an die meistbietenden Interessenten in der Umgebung verkauft worden. Insbesondere die gußeisernen Öfen vom Hohentwiel sind heute noch in der Umgebung zu finden – einer etwa im Hilzinger Museum. Die Gebäude waren vollständig entkernt worden, das Phonolithmauerwerk, von den Dächern befreit, ragte, kaum noch ahnend, was einmal sein Sinn gewesen war, stumm und gleichmütig in den Himmel. Der Hohentwiel war, wie dies der Keller Märklin befürchtet hatte, *dergestalt geschleift und minirt* worden, *daß nur noch eine Gaise* (Geiß) *da wandlen könne.* 900 Jahre Leben auf dem Hohentwiel waren damit zu Ende.

Die Nachgeschichte

Wem gehört der Hohentwiel?

Es mutet wie eine bittere Ironie des Schicksals an, daß ausgerechnet Frankreich, das unter König Franz I. Herzog Ulrich den Erwerb des Hohentwiel finanziell ermöglicht und unter König Ludwig XIII. den Verbleib der Festung bei Württemberg garantiert hatte, nun unter dem Ersten Consul Napoleon ihren Untergang verursachte. Dies umso mehr, als eine militärisch zwingende Notwendigkeit zur Zerstörung der Festung nicht gegeben war. Napoleon machte jedoch die Schmach, die er den Württembergern damit antat, später mehr als gut. Hatte Württemberg im 1. Koalitionskrieg 1796 seine linksrheinischen Gebiete und Mömpelgard (Montbéliard) an Frankreich verloren, so wurde es hierfür durch Säkularisierung (Aufhebung geistlicher Herrschaftsgebiete) und Mediatisierung (Anschluß zahlreicher Reichsstädte und kleiner weltlicher Herrschaften) im Reichsdeputationshauptschluß von 1803 reichlich entschädigt. Herzog Friedrich wurde gleichzeitig mit der Kurfürstenwürde belohnt. Nach seinem Anschluß an Napoleon im 3. Koalitionskrieg 1805 wurde Württemberg sogar zum Königreich erhoben.

Seit Napoleons großer politischer Flurbereinigung von 1803 gab es im deutschen Südwesten nur noch drei Territorien: Württemberg, Baden und Hohenzollern. Die frühere Markgrafschaft Baden war u.a. durch den Zugewinn der ehemaligen österreichischen Vorlande um ein Vielfaches angewachsen und von Napoleons Gnaden zum Großherzogtum geworden; auch die Landgrafschaft Nellenburg, die zwischen 1805 und 1810 unter württembergischer Verwaltung gestanden hatte, fiel wie die übrigen vorderösterreichischen Gebiete an Baden. Der Hohentwiel hingegen war bei Württemberg verblieben, er wirkte nun allerdings als württembergische Exklave inmitten Badens geradezu anachronistisch. Es mußte die badischen Behörden also verlocken, sich die württembergischen Gemarkungen Bruderhof und Hohentwiel einzuverleiben, zumal sie nach der Zerstörung der Festung keine militärische Bedeutung mehr hatten. Der 1820 im *Schwäbi-*

schen Merkur ausgeschriebene Verkauf der Hohentwieler Brauerei weckte auf badischer Seite die Erwartung, Württemberg beabsichtige, den Hohentwiel zu veräußern. Und obwohl die Stuttgarter Regierung dies damals heftig dementierte, entwickelten sich daraus zwanzigjährige Verhandlungen über eine Abtretung der Domänen Bruderhof und Hohentwiel an Baden. In Karlsruhe machte man sich ernsthafte Gedanken über Tauschobjekte, die man den Württembergern für die 44-Seelengemeinde Hohentwiel anbieten könnte. Doch die Verhandlungen, die auf württembergischer Seite ohne großen Ernst geführt worden waren, wurden 1840 ergebnislos abgebrochen und in eine ferne Zukunft verschoben.

Diese Zukunft ließ mehr als hundert Jahre auf sich warten. Nachdem im Zuge der politischen Neuordnung nach dem Zweiten Weltkrieg die ehemaligen Staaten Baden und Württemberg zu einem Bundesland zusammengewachsen waren, erübrigte sich jeder Vertrag zwischen diesen Partnern. Das Interesse, die Gemarkungen Bruderhof und Hohentwiel zu erwerben, kam nun von anderer Seite: von der jungen Stadt Singen am Fuß des Hohentwiel. Seit 1955 versuchte der damalige Oberbürgermeister Theopont Diez per Gesetz eine Eingliederung von Bruderhof und Hohentwiel in die Gemeinde Singen zu erreichen. Erst nach vierzehn Jahren führte die Initiative zum Ziel: 1967 ging zunächst die Gemarkung Bruderhof in der Singener Stadtgemarkung auf, und am 1. Januar 1969 wurde der Hohentwiel in einem großen Freudenfest mit der Stadt Singen vereinigt. So wuchs nach tausendjähriger Trennung wieder zusammen, was einst zusammengewesen war.

Singen und der Hohentwiel

Die Lagebezeichnung »Singen am Hohentwiel« oder der offizielle Name der Stadt »Singen (Hohentwiel)« hören sich an wie ein Markenzeichen, wie ein Ganzes; als wäre der eine Teil ohne den anderen nicht lebensfähig. Dabei waren das Dorf Singen und die Burg Hohentwiel jahrhundertelang, herrschaftlich und politisch, verschiedene Wege gegangen. Ursprünglich wohl gemeinsam im Fiskus Bodman, dem königlichen Verwaltungsbezirk, dürften sich die Wege beider bereits im 10. Jahrhundert getrennt haben, nachdem das Dorf Singen vom König an den herzoglichen Vasallen Babo und seine Nachfolger verliehen worden war. Nur drei Jahre, zwischen 1518 und 1521, waren Singen und der Hohentwiel noch einmal – in der Hand Hans Heinrichs von Klingenberg – vereint. Zersplitterungen von ursprünglich einheitlichen Herrschaftsbezirken waren im Mittelalter durchaus üblich, und das Nebeneinander zweier Herrschaften wäre auch nicht weiter bemerkenswert, wenn die Nachbarschaft in diesem Fall nicht durch den österreichisch-württembergischen Gegensatz und nach der Reformation zusätzlich durch die konfessionelle Spaltung besondere Brisanz erhalten hätte.

Von Singen aus war diese Nachbarschaft zum »feindlichen« Hohentwiel dennoch stets als eine historisch einander verpflichtete Gemeinschaft empfunden worden. Auch im heutigen Bewußtsein der Singener ist die Geschichte von Singen so stark an die Geschehnisse um den Hohentwiel gekoppelt, daß es geradezu natürlich schien, diesen »Hausberg« der 1899 zur Stadt erhobenen Gemeinde »zurückzufordern«. Gleichwohl soll an dieser Stelle einmal hervorgehoben werden, daß, vom Hohentwiel her gesehen, die zweite Nachbargemeinde, Hilzingen, zeitweilig mindestens ebenso eng zur Festung gehörte wie Singen. Während der steile Felsen des Hohentwiel Singen gleichsam die kalte Schulter zeigte, bot sich den Bewohnern beim Verlassen der Festung als erstes der Anblick des lieblich in der Senke gelegenen Hilzingen dar. Mit Vorliebe siedelten die Guardiknechte ihre Ehefrauen in Hilzingen an, dort prügelten sie sich auf der Kirchweih, dort verhandelte Ulrich von Württemberg im Bauernkrieg mit den Aufständischen, dort zechte er im Wirtshaus; in Hilzingen auch bezogen die Feinde ihr Hauptquartier, und von dem auf Hilzinger Gemarkung liegenden Staufen gingen bei allen Belagerungen die Angriffe auf die Festung aus. Die Hilzinger Pfarrer waren es, die im 18. Jahrhundert die wenigen katholischen Soldaten auf dem Hohentwiel seelsorglich betreuten. Fast schon überflüssig zu erwähnen, daß sich am 1. Januar 1528 mit den Singener Mädchen auch die Hilzinger Jungfrauen am Burgtor versammelten, um Herzog Ulrich das Neue Jahr anzusingen.

Die Ressentiments zwischen den katholischen, österreichischen Untertanen Singens und den überwiegend evangelischen, württembergischen Bewohnern des Hohentwiel führten, gesteigert durch die mit der Festung verbundenen Gefahren, häufig zu Spannungen zwischen den Nachbarn, doch auf amtlicher Ebene strebte man zu allen Zeiten gutnachbarliche Beziehungen an. Dazu waren beide Seiten allein deshalb gezwungen, weil es auch in Singen württembergische Güter und württembergische Leibeigene gab: Württemberg zog in Singen einen Teil des Zehnten ein; die Singener Bauern waren seit dem 16. Jahrhundert durch die sogenannte *Tragerey* verpflichtet, zur Verpflegung der Festung beizutragen. Weiderechte und Holznutzungen der Singener in württembergischen Waldungen forderten ständige Absprachen, führten häufig zu Streitereien und sogar zu Prozessen. 1576/77 etwa klagte Dorothea Liebin aus Singen gegen den Hohentwieler Keller Adolf Heininger, der die Singener ein *Schelmen Volck* genannt hatte. Natürlich beschimpften auch Singener gelegentlich Angehörige der Hohentwieler Garnison, aber ansonsten sann man auf Ausgleich und wechselseitige Unterstützung. 1587 lieferten die Hohentwieler Bauholz und Steine nach Singen, damit dort die im Schweizerkrieg 1499 zerstörte Mühle wieder errichtet werden konnte; umgekehrt versorgte diese Sägemühle den Hohentwiel jahrzehntelang mit Schnittholz, bis sie 1639, während der zweiten Belagerung, erneut in Schutt und Asche fiel. Die Verhandlungen um ihren

Wiederaufbau zwischen dem Müller und Dorfvogt Andreas Schrott, der österreichischen Regierung und dem Kommandanten Widerholt nach 1641 zeigen, wie sehr die Singener gerade in Kriegszeiten vom Hohentwiel abhängig waren; die österreichische Regierung in Innsbruck konnte genehmigen, was sie wollte; ohne die Zustimmung Widerholts ging damals in Singen gar nichts. Dies mag ein Grund sein, daß Konrad Widerholt, der doch oft der Feind, jedenfalls eher Bedränger als Beschützer war, bis heute als bedeutende Gestalt der Singener Geschichte verehrt wird.

Die Tradition des gewerblichen Austauschs zwischen Singen und dem Hohentwiel überdauerte den Untergang der Festung. Noch 1858 richtete der Hohentwieler Schultheiß Christian Pfizer ein Gesuch an die Gemeinde Singen, auf ihrer Gemarkung eine Dreschmaschine aufstellen zu dürfen. Es steht jedenfalls fest, daß die Gemeinde Singen und die Festung Hohentwiel, wie getrennt ihre Wege auch immer waren, durch ihre besondere Beziehung zueinander eine gemeinsame Geschichte haben und daß der Berg insofern tatsächlich zu Singen gehört. Bereits im 19. Jahrhundert wurde der Hohentwiel zum Ausflugsziel der Singener Familien, Vereine und Parteien. Er bildete um die Jahrhundertwende für alle sozialen Gruppen und Schichten der aufblühenden Industriestadt einen erhabenen Ruhepol jenseits des bürgerlichen Alltags und – ihren Identifikationspunkt. Es war keine Frage, wo August Bebel, als er am 4. August 1895 von der jungen SPD-Ortsgruppe nach Singen eingeladen war, sprechen sollte: auf dem Hohentwiel.

Literarisches Nachleben

Obwohl der Hohentwiel auf württembergischem Hoheitsgebiet stand, eignete sich im Lauf des 19. Jahrhunderts nicht nur die Singener Bevölkerung sein Terrain als Sonntagswiese erwachenden bürgerlichen Selbstbewußtseins an; sein Boden und seine Geschichte wurden gleichsam in nationales Eigentum überführt. Wenn wir Spuren touristischen Interesses an der Festung bereits im 17. Jahrhundert gefunden haben, so gewann der Hohentwiel nach der Zerstörung als Ausflugs- und Reiseziel einen hervorragenden Rang. Der Stuttgarter Regierung war schon 1820 aufgefallen, daß der *Hohentwiel wegen seiner vorteilhaften Lage und reizenden Aussicht immer von Fremden besucht wird,* so daß *hier ein verständiger Wirt täglichen Absatz nicht nur im kleinen, sondern auch im großen* habe. Angeregt von der faszinierenden Fernsicht und den Ahnungen einer in ihren Überresten verborgenen, großen Geschichte wurde die Festungsruine zu einem Identifikationspunkt nationaler Begeisterung. Der Hohentwiel erlangte zwar nie die Bedeutung der Burg Hohenzollern, die von 1850–67 als Denkmal großdeutscher Ideologie wiederaufgebaut worden war (übrigens trug man sich 1863 auch in Stuttgart mit der Absicht, den Hohentwiel wiederzuerrichten), doch um die Jahrhundertwen-

Joseph Victor von Scheffel.

de strahlte auch sein Name weit ins Land hinaus. Eine studentische Burschenschaft nannte sich »Hohentwiel«, und in Rottweil gründete sich sogar eine »Hohentwiel-Gesellschaft«. Anders als der Hohenzollern bot sich der Hohentwiel als Projektionsfläche für ein breites gesellschaftliches Spektrum an: vom national-konservativen Flügel über das liberale Bürgertum bis hin zur Arbeiterschaft.

Diese Popularisierung wurde durch die beiden historischen Darstellungen des Hohentwiel-Pfarrers Ottmar F. H. Schönhuth (1835) und des württembergischen Offiziers Karl von Martens' (1857) gefördert, sie verdankte sich jedoch in erster Linie Joseph Victor von Scheffels Roman »Ekkehard«. Dieser trug den Namen Hohentwiel und die Geschichte von der tragischen Liebe der Herzogin Hadwig zu ihrem Lehrer, dem Mönch Ekkehard, in die Stuben des deutschen Bürgertums. Scheffel hatte sich vom 10. April bis zum 16. Mai 1854 im Wirtshaus des Hohentwieler Schultheißen Christian Pfizer eingemietet, um hier seinen Roman zu schreiben. Bei historischen und rechtsgeschichtlichen Studien war er auf die Arbeiten der St. Galler Mönche im frühen Mittelalter gestoßen, auch auf die »Casus Sancti Galli« Ekkehards IV., der die Geschichte Hadwigs und Ekkerhards überlieferte. Statt zu habilitieren, schrieb der junge Rechtsgelehrte indes einen Roman, in dem er das historisch belegte Lehrer-Schüler-Verhältnis zwischen Ekkehard II. und Herzogin Hadwig zu einer Liebesgeschichte ausweitete. Dafür suchte Scheffel die Schauplätze seiner Geschichte – St. Gallen, die Reichenau, die Aachniederung gegen Radolfzell und den Hohentwiel – persönlich auf. Und so gewann der Roman seine Überzeugungskraft aus der Unmittelbarkeit der Landschaftsbeschreibungen.

Die Literarisierung seiner Geschichte verfestigte im Zeitalter der zweiten deutschen Reichsgründung nicht nur den Nimbus des Hohentwiels als Symbol deutscher Größe, indem sie in die heroische Zeit des ersten Deutschen Reiches zurückführte; sie förderte auch die Entdeckung der Ruine als Kulisse für Theater-Inszenierungen. Gerade fünfzig Jahre nach Erscheinen des »Ekkehard« wurden in Singen die Hohentwiel-Festspiele ins Leben gerufen. 1905 wurde unterhalb des Hohentwiels eine riesige Festspielhalle für etwa 2000 Besucher errichtet. Dieses nach Plänen des Stuttgarter Professors Albert Bauder errichtete Bauwerk war ein eigenwilliges Denkmal der historistischen Architektur um die Jahrhundertwende. In der Gesamtanlage einer Kaiserpfalz der romanischen Epoche nachempfunden, benutzte Bauder Stilelemente der Spätgotik sowie der frühen Renaissance und suchte insgesamt den Eindruck einer mittelalterlichen Burg zu vermitteln, in deren Baukörper sich alle Stilepochen altdeutscher Baukunst niedergeschlagen hatten. Dazu paßte, daß 1906 das von dem Schauspieler Rudolf Lorenz verfaßte Stück »Unter der Reichssturmfahne« aufgeführt wurde, das in fünf Aufzügen das Leben in einer deutschen Ritterburg vorführen wollte, dazwischen aber in vier historischen Bildern Stationen früher deutscher Geschichte von Karl dem Großen über Hadwig und Barbarossa bis hin zum Untergang des Staufers Konradin in Szene setzte. Daß Fürst Egon von Fürstenberg, der die Schirmherrschaft über die Festspiele übernommen hatte, gemeinsam mit Kaiser Wilhelm II. während der Vorbereitungen die Festhalle und den Hohentwiel besuchte, beförderte das ganze Spektakel zu einem Gesamtkunstwerk wilhelminischer Geschichtsaneignung. Dieser Auftakt der Hohentwiel-Festspiele wurde zwar als künstlerischer Erfolg gewertet, finanziell war er jedoch ein Debakel.

1907 wurde von einer auswärtigen Theatergruppe die »Rabensteinerin« des damals beliebten Dramatikers Ernst von Wildenbruch gespielt; 1913 gab es Schillers »Wilhelm Tell«, 1914 Schillers »Wallenstein« und »Jungfrau von Orleans« sowie Goethes »Götz von Berlichingen«. Die Hohentwiel-Festspiele wurden zwar von einer großen Theatergemeinde, bis weit in die Schweiz hinein, getragen, doch der Zuspruch aus der Bevölkerung und die finanziellen Möglichkeiten der jungen Stadt Singen reichten nicht aus, um

Die Singener Festspielhalle unter dem Hohentwiel nach dem historisierenden Gemälde des Architekten Albert Bauder 1905.

das Unternehmen zu unterhalten. Der Arlener Industrielle ten Brink hatte die Festspielhalle vorfinanziert und war 1906 zu ihrem formellen Besitzer geworden. Da im Ersten Weltkrieg die Festspiele nicht stattfanden und also keine Einnahmen erzielt werden konnten, entschloß er sich, die Halle im Februar 1918 abzubrechen. Es war das Ende dieser ersten Phase der Hohentwiel-Festspiele.

Schon 1920 gründete sich eine »Scheffelgemeinde auf dem Hohentwiel«, die die Festspielidee wiederbeleben wollte. Nun war man aber auf die Freilichtkulisse des Hohentwiel selbst angewiesen, was ein völlig anderes Theaterspiel erforderte. Manfred Hausmann warb für die Freilichtspiele. Mit Schauspielern großer Bühnen wagte man sich in den 20er Jahren an ein breites Spielprogramm heran: Hauptmanns »Versunkene Glocke«, »Der Arme Konrad« von Friedrich Wolf, »Medea« und »Antigone«, »Wilhelm Tell« und »Götz von Berlichingen«, Hofmannsthals »Jedermann« und Shakespeares »König Lear«, »Hamlet«, »Sommernachtstraum« und »Der Widerspenstigen Zähmung« standen 1922–1925 auf dem Spielplan. Verheerende Verluste in der Spielzeit 1925, als man eigens an der Aach die Scheffelhalle errichtet hatte, führten jedoch dazu, daß sich diese »Scheffelgemeinde« auflöste.

An ihrer Stelle wurde 1926 die »Scheffelgemeinde in Singen« gegründet, womit die dritte Phase der Hohentwiel-Festspiele begann. Man behielt zwar einen Teil des klassischen Repertoires bei, kehrte aber wieder stärker zu Laienspielern zurück und zu lokalen Stoffen. Mehrere Bühnenfassungen des »Ekkehard« kamen zur Aufführung; 1927 wurde das mittelmäßige Heldenspiel »Konrad Widerhold« von Franz Kaim zum besten gegeben. Auch diese Spiele gerieten bald in eine finanzielle Krise – und in die Abhängigkeit des Dritten Reiches; 1936 konnten sie nur durch namhafte Zuschüsse der Stadt Singen, des badischen Kultusministeriums und des Reichspropagandaministeriums fortgesetzt werden. 1937 sah man auf dem Hohentwiel noch den »Schinderhannes« und den »Zigeunerbaron«. Mit dem Jahr 1939, das u.a. den »Freischütz« und »Jürg Jenatsch« zur Aufführung brachte, kamen die Hohentwiel-Festspiele zum Erliegen.

Die Idee der Freilichtspiele wurde nach dem Zweiten Weltkrieg nicht mehr institutionalisiert; gelegentlich fanden aber auf der Karlsbastion, am Eingang zum Vorhof der alten Festung, noch Theateraufführungen statt. Man beschränkte sich zumeist darauf, Scheffels »Ekkehard« in einer dramatisierten Fassung aufzuführen. Die vorläufig letzte Aufführung des »Ekkehard« fand im Rahmen der 1200-Jahr-Feier der Stadt Singen im Sommer 1987 statt.

Natur und Kultur im Konflikt

Als der Hohentwiel-Besucher Johann Andreas Planer am 7. Februar 1734 in einem Gedicht für das Willkommbuch den Satz formulierte: *die Natur und Kunst hat Hohentwiel gemacht,* konnte er nicht ahnen, daß 250 Jahre später dieses Begriffspaar im Zusammenhang mit dem Hohentwiel die heftigsten Kontroversen auslösen würde. 900 Jahre lang ist der Phonolithklotz von Menschenhand überformt worden. Nach der Zerstörung der Festung pilgerten Hunderttausende auf den Hohentwiel, um ein Kulturdenkmal zu besteigen – und um eines einmaligen Naturerlebnisses willen. Seit dem Beginn unseres Jahrhunderts fanden in den von der Vegetation überwucherten Ruinen Theateraufführungen statt; seit der Berg der Stadt Singen gehört, veranstaltet diese alljährlich das Hohentwiel-Fest, wozu bis zu 80000 Besucher auf den Berg kommen. Heute sind es Hunderttausende, die die berühmte Festungsruine jährlich besichtigen. Das Staatliche Liegenschaftsamt in Konstanz, dem die Verwaltung der Festungsruine obliegt, plant im Auftrag des Landes Baden-Württemberg, auf der Hohentwiel-Terrasse ein Informationszentrum aufzubauen, um den Besuchern Geschichte und Natur des Hohentwiel näherzubringen. Geschichte und Landschaft, Kultur und Natur bilden, so könnte man meinen, auf dem Hohentwiel eine harmonische Einheit.

Von dieser Annahme ging eine Singener Interessengemeinschaft aus, die im Mai 1988 mit einem Konzept an die Öffentlichkeit trat, den Hohentwiel werbewirksam zu vermarkten. Ein Museum, eine Hausbrauerei, die an die Tradition der Bierbrauerei auf der Festung anknüpfen sollte, ein Festplatz mit verschiedenen Freizeiteinrichtungen und ein Hotel garni an Stelle des bisherigen Gasthofs sollten dort entstehen. Die Idee fand zunächst die Unterstützung des Oberbürgermeisters Möhrle und rechnete mit der Zustimmung des Finanzministeriums. Womit die Initiatoren nicht gerechnet hatten, war der Sturm der Entrüstung, den ihr Ansinnen auslöste. Im November 1988 wandten sich der Bund für Umwelt und Naturschutz Deutschland und der Deutsche Bund für Vogelschutz, aber auch der Altoberbürgermeister Diez heftig gegen das Konzept der Interessengemeinschaft; sie wiesen auf die desolate ökologische Situation am Hohentwiel hin. Da der Hohentwiel seit Jahrzehnten nur als attraktive Kulisse für sportliche und kulturelle Ereignisse betrachtet werde, sei durch menschliche Störungen des ökologischen Gleichgewichts die Zahl der Brutvogelarten beispielsweise innerhalb von 20 Jahren um 33 Prozent zurückgegangen, der Apollofalter sei ausgestorben, seltene Pflanzen seien verschwunden oder stark dezimiert. Von einer Verwirklichung der Pläne der Interessengemeinschaft befürchteten die Kritiker nur die Verstärkung dieser katastrophalen Tendenz.

Dabei steht der Hohentwiel seit 1941 mit einer Fläche von 108 ha unter Naturschutz; das heißt, hier sind von Gesetzes wegen keinerlei Eingriffe in die natürlichen Gegebenheiten erlaubt. Diesen Schutz verdankt der Hohentwiel seiner außergewöhnlichen Vielfalt seltener Tiere und Pflanzen; hier hat sich eine Flora erhalten aus Pflanzen, die sonst im alpinen Raum zu Hause sind (wie die Gemeine Felsenbirne) oder die mediterrane Standorte bevorzugen (wie das Bleiche Knabenkraut) oder gar im Schwarzmeer-Raum auftreten (wie die Goldaster). Spezifische Tier- und Pflanzengemeinschaften, die die Trockenrasen der Schafweiden, die Hecken- und Strauchergruppen oder den »Ur«-Wald (der sich erst seit 1800 bilden konnte) bevölkern, die sich an den Felsen sonnen oder in den Ritzen der Ruinengemäuer Zuflucht suchen, sind durch die zahlreichen Besucher, durch Lärmbelästigung und Scheinwerferbestrahlung extrem beeinträchtigt worden. Hinzu kommen indirekte Belastungen wie Eingriffe in den Grundwasserhaushalt, die Immissionen der benachbarten Industrie und der Autobahnbau, der das Naturschutzgebiet Hohentwiel beinahe zu einer Insel gemacht hat, ohne Verbindung zu den Naturräumen der Umgebung.

Die ökologischen Probleme der letzten Jahrzehnte haben hinlänglich verdeutlicht, daß der Mensch der Industriegesellschaft allzu bedenkenlos mit der Natur umgegangen ist, ja vergessen zu haben schien, daß er selbst Teil der Natur ist. So hat sich die menschliche Zivilisation immer deutlicher

Die Festungsruine Hohentwiel aus der Vogelperspektive.

in einen Gegensatz zu ihren natürlichen Voraussetzungen gebracht. Dies wird eben auch am Hohentwiel sichtbar, weil hier ein einmaliges Refugium schützenswerter Pflanzen und Tiere mit einem erstrangigen Kulturdenkmal koexistieren muß. Eine Lösung des Konflikts kann nur darin bestehen, daß der Besucherstrom nicht durch künstliche Freizeitangebote, die vorrangig kommerziellen Interessen dienen, erhöht wird; vielmehr sollte das Bewußtsein der Besucher, die aus einem historischen oder naturkundlichen Interesse auf den Berg kommen, geschärft werden für die Probleme unserer Zivilisation, die sich in der Geschichte der Festung in extremer Weise spiegeln. Das Umweltverträglichkeitsgutachten, das Ende 1989 die Pläne der »Interessengemeinschaft Hohentwiel-Aktivierung« zurückgewiesen hat, ist ein Schritt in die richtige Richtung. Nicht der Hohentwiel muß aktiviert werden, sondern unser Bewußtsein für ein vernünftiges Verhältnis unserer Kultur zu ihren natürlichen Voraussetzungen.

Quellen- und Literaturverzeichnis

(*Vgl. Heinrich Ihme,* Hohentwiel-Bibliographie. In: *Berner,* Hohentwiel, S. 369–384)

Siglen und Abkürzungen

ADB	Allgemeine Deutsche Biographie.
Berner, Hohentwiel	*Berner,* Herbert (Hg.), Hohentwiel. Bilder aus der Geschichte des Berges. Konstanz 1957.
Berner, Singen 1	*Berner,* Herbert (Hg.), Singen – Ziehmutter des Hegaus. Singener Stadtgeschichte Bd. 1. Konstanz 1987.
Berner, Singen 2	*Berner,* Herbert (Hg.), Singen – Dorf und Herrschaft. Singener Stadtgeschichte Bd. 2. Konstanz 1990.
DA	Deutsches Archiv.
FOLG	Forschungen zur oberrheinischen Landesgeschichte.
HStASt	Hauptstaatsarchiv Stuttgart.
Martens	*Martens,* Karl von, Geschichte von Hohentwiel. Stuttgart 1857.
MGH	Monumenta Germaniae Historica.
Stehle, Bruderhof	*Stehle,* Johann, Geschichte der Exklave Bruderhof und der Hohentwieler Waldungen (Beiträge zur Singener Geschichte Bd. 2). Singen 1973.
SVGB	Schriften des Vereins für die Geschichte des Bodensees.
VuF	Vorträge und Forschungen.
WVjh.	Württembergische Vierteljahreshefte.
ZGO	Zeitschrift für Geschichte des Oberrheins.
ZRG (GA)	Zeitschrift für Rechtsgeschichte (Germanistische Abteilung).
ZWLG	Zeitschrift für Württembergische Landesgeschichte.

Einführung

Ein neues Bild vom Hohentwiel

Schönhuth, Ottmar F. H., Geschichte der ehemaligen Bergveste Hohentwiel, aus urkundlichen Quellen dargestellt. Tuttlingen 1835. – Zu Schönhuth siehe *Kastner,* Adolf, Der Geschichtsschreiber und Volksschriftsteller Ottmar Friedrich Heinrich Schönhuth, Pfarramtsverweser auf Hohentwiel (1830–1837). In: *Berner,* Hohentwiel, S. 280–322; *Ders.,* Ottmar F. H. Schönhuth. In: Hegau 8 (1959) S. 227–231 und *Diesbach,* Alfred, Das Konstanzer Wochenblatt 1832–1833. In: Hegau 10 (1965) S. 243–275. – *Martens,* Karl von, Geschichte von Hohentwiel, Stuttgart 1857. – *Fraas,* Oskar, Paul *Hartmann* u.a., Hohentwiel. Beschreibung und Geschichte. Stuttgart 1882. – *Berner,* Herbert (Hg.), Hohentwiel. Bilder aus der Geschichte des Berges. Konstanz 1957. – *Zentner,* Wilhelm, Scheffel, Ekkehard und der Hohentwiel. In: *Berner* (Hg.), Hohentwiel, S. 340–350. – Die farbige Zeichnung des Hans *Dorn* befindet sich im HStASt unter A 360 Bü 28.

Annäherung

Berner, Herbert, Hegau, Klettgau und Hochrhein auf Hans Conrad Gygers Karte des Kantons Zürich 1667. In: Hegau 27/28 (1970/71) S. 493. – *Faessler,* Peter, Bodensee und Alpen – die literarische Entdeckung eines Landschaftsbildes. In: SVGB 99/100 (1981/82) S. 5–32. – *Hentznerus,* Paulus, Itinerarium Germaniae, Galliae, Angliae, Italiae. Nürnberg 1612, berührt S. 26 den Hohentwiel. – *Oehme,* Ruthardt, Johannes Oettinger: Das Tvtlinger Ampt vnd Hohentwiel 1612. In: Hegau 32 (1987) S. 7–18. – *Weiner,* Otto, Die Bergschlösser und hohen Hübel. Reiseberichte aus dem Hegau. In: Hegau 21/22 (1966) S. 133–158. Dort die Zitate Felix Platter S. 133, Goethe S. 143, Theodor Heuss S. 156.

Kleine Entstehungsgeschichte der Hegaulandschaft

Hofmann, Franz, Das moderne geologische Bild des Hegauvulkanismus. In: Hegau 10 (1960) S. 301–313. – *Ders.,* Neuere Aspekte der eiszeitlichen Landesgeschichte im Bodensee- und Hochrheingebiet. In: SVGB 95 (1977) S. 141–152. – *Schreiner,* Albert, Hegau und Westlicher Bodensee. Sammlung Geologische Führer Bd. 62. – *Ders.,* Zur Geologie von Singen und Umgebung. In: *Berner* (Hg.), Singen 1, S. 30–46.

Frühe menschliche Kulturen am Hohentwiel

Aufdermauer, Jörg, Vorgeschichtliche Siedlungen, Gräber und Wallanlagen des Singener Raums. In: *Berner* (Hg.), Singen 1, S. 102–115. – *Funk,* Albert, Kelten, Römer und Germanen im Raum um den Hohentwiel. In: *Berner* (Hg.), Hohentwiel, S. 39–87. – *Kimmig,* Wolfgang, Urgeschichte rings um den Hohentwiel. In: *Berner* (Hg.), Hohentwiel, S. 13–38. – *Krause,* Rüdiger, Zur Belegung des frühbronzezeitlichen Gräberfeldes von Singen am Hohentwiel und seine Bedeutung für die Bronzezeitforschung. In: *Berner,* Singen 1, S. 116–125. – *Theune,* Claudia, Die Zeit der Alamannen (500–700). In: *Berner,* Singen 1, S. 126–134. – *Dobler,* Eberhard, Die Urkunde vom 15. Februar 787. In: *Berner,* Singen 1, S. 135–148. – *Boesch,* Bruno, Die Orts- und Gewässernamen der Bodenseelandschaft. In: SVGB 99/100 (1981/82) S. 233–280.

Der Hohentwiel – Herzogsresidenz in ottonischer Zeit

Geschichtliche Voraussetzungen

Borgolte, Michael, Geschichte der Grafschaften Alemanniens (VuF Sonderband 31). Sigmaringen 1984. – *Feger,* Otto, Zur Geschichte des alemannischen Herzogtums. In: ZWLG 16 (1957) S. 41–94. – *Keller,* Hagen, Fränkische Herrschaft und alemannisches Herzogtum im 6. und 7. Jahrhundert. In: ZGO 124 (1976) S. 1–30.

Die Erneuerung des schwäbischen Herzogtums oder wie der Hohentwiel entstand

Quellen zu den Vorgängen von 911–920: *Lendi,* Walter, Die Murbacher Annalen. Untersuchungen zur frühalemannischen Annalistik (Scrinium Friburgense 1). Fribourg 1971, S. 186ff. – *Haefele,* Hans F. (Hg.), Ekkehardi IV. Casus Sancti Galli. Darmstadt 1980, S. 48/49. – *Meyer von Knonau,* Gregor, Ekkeharts IV. Casus Sancti Galli (Die Geschichtsschreiber der deutschen Vorzeit 38). Leipzig 1925.
Literatur: *Borgolte,* Michael, Die Grafen Alemanniens in merowingischer und karolingischer Zeit. Eine Prosopographie. Sigmaringen 1986, S. 81 und 85. – *Borst,* Arno, Die Pfalz Bodman. In: *Berner,* Herbert (Hg.), Bodman. Dorf, Kaiserpfalz, Adel. Sigmaringen 1987, S. 169–230. – *Fuhrmann,* Horst, Die Synode von Hohenaltheim (916) – quellenkundlich betrachtet. In. DA 43 (1987) S. 440–468. – *Hellmann,* Manfred, Die Synode von Hohenaltheim (916). In: Historisches Jahrbuch 73 (1953) S. 127–143. – *Mau-*

rer, Helmut, Konstanz als ottonischer Bischofssitz. Zum Selbstverständnis eines geistlichen Fürstentums im 10. Jahrhundert (Veröffentl. d. Max-Planck-Instituts f. Gesch. 39). Göttingen 1973. – *Schmid,* Karl, Königtum, Adel und Klöster am Bodensee bis zur Zeit der Städte. In: SVGB 99/100 (1981/82) S. 531–576. – *Ders.,* Die Urkunde König Heinrichs I. für Babo aus dem Jahr 920. – In: *Berner,* Singen 2, S. 30–42 mit Edition der Urkunde. – *Walther,* Helmut G., Der Fiskus Bodman. In: *Berner,* Herbert (Hg.), Bodman. Dorf, Kaiserpfalz, Adel. Sigmaringen 1977, S. 231–275.

Das schwäbische Herzogtum in ottonischer Zeit und Herzog Burkhard III.

Grundlegend *Maurer,* Helmut, Der Herzog von Schwaben. Grundlagen, Wirkungen und Wesen seiner Herrschaft in ottonischer, salischer und staufischer Zeit. Sigmaringen 1978. – *Decker-Hauff,* Hans-Martin, Die Ottonen und Schwaben. In: ZWLG 14 (1955) S. 233–371. – *Goetz,* Hans-Werner, »Dux« und »Ducatus«. Begriffs- und verfassungsgeschichtliche Untersuchungen zur Entstehung des sogenannten »jüngeren« Stammesherzogtums an der Wende vom neunten zum zehnten Jahrhundert. Bochum 1977. – *Hellmann,* Manfred, Der deutsche Südwesten in der Reichspolitik der Ottonen. In: ZWLG 18 (1959) S. 193–216. – *Klewitz,* Hans-Walter, Das alemannische Herzogtum bis zur staufischen Epoche. In: *Maurer,* Friedrich (Hg.), Oberrheiner, Schwaben und Südalemannen. Straßburg 1942, Bd. 2, S. 79–110. – *Lintzel,* Martin, Heinrich I. und das Herzogtum Schwaben. In: *Ders.,* Ausgewählte Schriften (1961) Bd. 2, S. 73–84. – *Mayer,* Theodor, Das schwäbische Herzogtum und der Hohentwiel. In: *Berner,* Hohentwiel, S. 88–113. – *Tellenbach,* Gerd, Kritische Studien zur großfränkischen und alemannischen Adelsgeschichte. In: ZWLG 15 (1956) S. 169–190. – *Zotz,* Thomas L., Artikel Hohentwiel. In: Lexikon des Mittelalters 2, S. 940. – Zum Marktrecht *Gönnenwein,* Otto, Marktrecht und Städtewesen im alemannischen Gebiet. In: ZGO 59 (1950) S. 345–376. – Eine Sonderfrage am Rand unseres Themas, die für die Stammtafel von Belang ist, behandeln *Faußner,* Hans Constantin, Kuno von Öhningen und seine Sippe in ottonisch-salischer Zeit. In: DA 27 (1981) S. 20–140; *Wolf,* Armin, Wer war Kuno von »Öhningen«? Überlegungen zum Herzogtum Konrads von Schwaben († 997) und zur Königswahl vom Jahre 1002. In: DA 36 (1980) S. 25–83 und *Hlawitschka,* Eduard, Wer waren Kuno und Richlint von Öhningen? Kritische Überlegungen zu einem neuen Identifikationsvorschlag. In: ZGO 128 (1980) S. 1–49; *Ders.,* Die Thronkandidaturen von 1002 und 1024. Gründeten sie im Verwandtenanspruch oder in Vorstellungen von freier Wahl? In: Reich und Kirche vor dem Investiturstreit (Festschrift Gerd Tellenbach). Sigmaringen 1985, S. 49–64; *Ders.,* Untersuchungen zu den Thronwechseln der ersten Hälfte des 11. Jahrhunderts und zur Adelsgeschichte Süddeutschlands. Zugleich klärende Forschungen um »Kuno von Öhningen« (VuF Sonderband 35). Sigmaringen 1987. Den Vorschlägen *Hlawitschkas* in Bezug auf die Abstammung Herzog Konrads I. ist der Vorzug zu geben, andererseits sind *Faußners* Zweifel an der Abstammung Burkhards III. von Burkhard II. nicht ganz von der Hand zu weisen. Nur seine Begründung, Burkhard III. und seine Schwester Berta müßten verschiedenen Ehen ihrer Mutter Reginlind entstammen, weil sonst die Ehe von Bertas Enkelin Gerberga mit Herzog Hermann II. eine Nahehe gewesen wäre (a.a.O. S. 34), setzt in einem Zirkelschluß seine unbewiesene These, Hermann II. sei ein Sohn Itas gewesen, voraus.

Hadwig

Grundlegend *Feger,* Otto, Herzogin Hadwig in Dichtung und Wirklichkeit. In: *Berner,* Hohentwiel, S. 114–124. – Zu den Frauen der Ottonen *Beuys,* Barbara, Familienleben in Deutschland. Neue Bilder aus der deutschen Vergangenheit. Hamburg 1980, S. 98ff. und *Ennen,* Edith, Frauen im Mittelalter. München 1984, S. 63ff. – *Mütherich,* Florentine, Die Regensburger Buchmalerei des 10. und 11. Jahrhunderts. In: Regensburger Buchmalerei. Von frühkarolingischer Zeit bis zum Ausgang des Mittelalters. München 1987,

S. 23–29. – *Reindel,* Kurt, Bayern vom Zeitalter der Karolinger bis zum Ende der Welfenherrschaft. In: *Spindler* (Hg.), Handbuch der Bayerischen Geschichte, Bd. 1. München 1981, S. 294–302. – *Schmid,* Karl, Sasbach und Limburg. Zur Identifizierung zweier mittelalterlicher Plätze. In: ZGO 137 (1989) S. 33–63. – *Zotz,* Thomas L., Der Breisgau und das alemannische Herzogtum. Zur Verfassungs- und Besitzgeschichte im 10. und beginnenden 11. Jahrhundert (VuF Sonderband 15). Sigmaringen 1974.

Das Hohentwielkloster St. Georg

Quellen: *Feger,* Otto (Hg.), Die Chronik des Klosters Petershausen (Schwäbische Chroniken der Stauferzeit 3). Sigmaringen 1978, S. 74ff. Bericht über die Stiftung des Klosters und Epfendorfer Urkunde, S. 62ff. zur Stiftung des Klosters Petershausen. – *Autenrieth,* Johanna/*Geuenich,* Dieter/*Schmid,* Karl (Hg.), Das Verbrüderungsbuch der Abtei Reichenau (MGH Libri memoriales et Necrologia. Nova Series 1). Hannover 1979, im Faksimile-Teil S. 5 die Einträge von Burkhard und Hadwig, S. 149 die Konventsliste des Hohentwielklosters. – In *Analecta Hymnica Medii Aevi* LI (Leipzig 1908) ist S. 180 Nr. 155 der Hymnus »In sancti Georgii« abgedruckt.

Literatur: *Beyerle,* Franz, Das Burgkloster auf dem Hohen Twiel. In: *Berner,* Hohentwiel, S. 125–135. – *Germania Benedictina.* Die Benediktinerklöster in Baden-Württemberg. Augsburg 1975, S. 31 und 309–312. – *Keller,* Hagen, Kloster Einsiedeln im ottonischen Schwaben (FOLG 13). Freiburg 1964, bes. S. 21, 78f., 84 und 103f. – *Zettler,* Alfons, Die frühen Klosterbauten der Reichenau. Ausgrabungen – Schriftquellen – St. Galler Klosterplan. Sigmaringen 1988, S. 102ff. zu den Stiftergräbern.

Castellum Tviel – Fragen an die Burg Hohentwiel

Fehring, Günther P., Kirche und Burg, Herrensitz und Siedlung. In: ZGO 120 (1972) S. 1–50. – *Hecht,* Joseph und Konrad, Die frühmittelalterliche Wandmalerei des Bodenseegebiets, 2 Bde. Sigmaringen 1979, Bd. 1 S. 37ff. zu Goldbach, S. 65ff. zu St. Georg Reichenau. – *Jäschke,* Kurt-Ulrich, Burgenbau und Landesverteidigung um 900. Überlegungen zu Beispielen aus Deutschland, Frankreich und England (VuF Sonderband 16). Sigmaringen 1975. – *Restle,* Günter, Die mittelalterliche Burg auf dem Hohentwiel. In: Hegau 32 (1987) S. 19–43, bes. 27ff. – *Streich,* Gerhard, Burg und Kirche während des deutschen Mittelalters. Untersuchungen zur Sakraltopographie von Pfalzen, Burgen und Herrensitzen (Teil 1: Bis zur staufischen Zeit). Sigmaringen 1984, S. 126, 358, 363 und 450.

Das Ende der Herzogsresidenz

Quellen: MGH Diplomata Ottonis III Nr. 152, 154, 157, 158, 370–372; MGH Diplomata Heinrici II Nr. 511 und 171.

Literatur: Hauptsächlich *Maurer,* Herzog von Schwaben. – *Fleckenstein,* Josef, Bemerkungen zum Verhältnis von Königspfalz und Bischofskirche im Herzogtum Schwaben unter den Ottonen. In: Schauinsland 90 (1972) S. 51–59 und *Jänichen,* Hans, Der Besitz des Klosters Stein am Rhein. In: Jahrbücher für Statistik und Landeskunde von Baden-Württemberg 4 (1958/59) S. 76–86.

Von der Herzogsresidenz zur Adelsburg

Neue Machtträger im Hegau

Hils, Die Grafen von Nellenburg im 11. Jahrhundert (FOLG 19). Freiburg 1967. – *Ders.,* Die Grafen von Nellenburg. In: Hegau 12 (1987) S. 7–25. – *Heyck,* Eduard, Geschichte der Herzoge von Zähringen. Freiburg 1891, bes. S. 25ff., 78ff., 139ff., 259ff. – *Schmid,* Karl, Königtum, Adel und Klöster am Bodensee bis zur Zeit der Städte. In: SVGB 99/100 (1981/82) S. 537–576; *Ders.,* Adel und Reform in Schwaben. In: *Ders.,* Gebetsgedenken und adliges Selbstverständnis im Mittelalter. Sigmaringen 1983, S. 336–362; *Ders.,* Zähringergeschichte und Zähringertradition als Themen der Zähringerforschung. In: *Ders.*, Die Zähringer. Eine Tradition und ihre Erforschung. Sigmaringen 1986, S. 211–228.

Der Investiturstreit

Blumenthal, Uta-Renate, Der Investiturstreit. Stuttgart/Berlin/Köln/Mainz 1982. – *Flekkenstein,* Josef (Hg.), Investiturstreit und Reichsverfassung (VuF 17). Sigmaringen 1973. – *Tellenbach,* Gerd, »Gregorianische Reform«. Kritische Besinnungen. In: Reich und Kirche vor dem Investiturstreit (Festschrift Gerd Tellenbach). Sigmaringen 1985, S. 99–113.

Bürgerkrieg am Bodensee

Quelle für die gesamten Ereignisse: *Meyer von Knonau,* Gregor (Hg.), Continuatio Casuum Sancti Galli. In: St. Galler Mitteilungen zur vaterländischen Geschichte 17 (1879). – Literatur: *Meyer von Knonau,* Gregor, Waffengänge und geistige Kämpfe in der Gegend des Bodensees im Beginne des Investiturstreits. In: SVGB 23 (1894) S. 17–28. – *Ders.,* Die Kämpfe des Abtes Ulrich III. von St. Gallen gegen die Gregorianer 1077–1086. In: St. Galler Mitteilungen zur vaterländischen Geschichte 17 (1879) S. 120–131. – *Berner,* Herbert, Kriegerisches Geschehen um den Hohentwiel im 10. und 11. Jahrhundert. In: *Berner,* Singen 2, S. 75–80.

Schaffhausen 1087

Büttner, Heinrich, Zur frühen Geschichte von Allerheiligen in Schaffhausen. In: *Patze,* Hans (Hg.), Schwaben und Schweiz im frühen und hohen Mittelalter (VuF 15). Sigmaringen 1972, S. 181–189. – *Eimer,* Manfred, Bischof Gebhard III. und Cluny. In: ZGO 98 (1950) S. 284–287. – *Wischermann,* Heinrich, Romanik in Baden-Württemberg. Stuttgart 1987. – *Sandermann,* Wolfgang, Die Herren von Hewen und ihre Herrschaft (FOLG 3). Freiburg 1956.

Die Herren von Singen und Twiel

Quellen: *Baumann,* F. Ludwig (Hg.), Die ältesten Urkunden von Allerheiligen in Schaffhausen Bd. 2 (1883), S. 16, 17, 55, 56, 58, 73, 102, 113, 133 und 190; Thurgauisches Urkundenbuch Bd. 6 Nachtrag Nr. 6, 11; *Flamm,* Hermann, Ein neues Blatt des Rotulus San Petrinus aus dem Freiburger Stadtarchiv. In: ZGO 67 (1913) S. 84.
Literatur: *Jänichen,* Hans, Die Herren von Singen-Twiel. In: *Berner,* Hohentwiel, S. 136–147. – *Ders.,* Zur Genealogie der älteren Grafen von Veringen. In: ZWLG 27 (1968) S. 1–30. – *Person,* Gerlinde, Die Herren von Singen-Twiel und der Reichenauer Kelhof in Singen. In: *Berner,* Singen 2, S. 43–74. – *Schmid,* Karl, Burg Twiel als Herrensitz (12. bis 15. Jahrhundert). In: *Berner,* Hohentwiel, S. 148–155.

Die Burg Twiel im hohen Mittelalter und die Burgenlandschaft Hegau

Restle, Günter, Die mittelalterliche Burg auf dem Hohentwiel. In: Hegau 32 (1987) bes. S. 24–27 und 31–33. – *Dobler,* Eberhard, Der Staufen, eine Zähringerburg im Hegau. In: Hegau 23/24 (1967) S. 27–36. – *Ders.,* Die Schrotzburg, eine alemannische Herzogsburg im Hegau. In: Hegau 36/37 (1979/80) S. 7–26. – *Heine,* Hans-Wilhelm, Studien zu Wehranlagen zwischen junger Donau und westlichem Bodensee (Forschungen und Berichte der Archäologie des Mittelalters in Baden-Württemberg 5). Stuttgart 1978, bes. S. 96. – *Maurer,* Hans-Martin, Die Entstehung der hochmittelalterlichen Adelsburg in Südwestdeutschland. In: ZGO 117 (1969) S. 295–332. – *Ders.,* Hochmittelalterliche Burgen im Hegau. In: ZGO 123 (1975) S. 65–91. – *Neugart,* Codex diplomaticus Alemannorum 2, bringt S. 261 ein Regest der Urkunde vom 19.8.1267, die Ulrich von Klingen als Besitzer des Twiel nennt.

Der Hohentwiel – eine Ritterburg im Herbst des Mittelalters

Die Herren von Klingenberg und die Grundlagen ihrer Herrschaft

Quellen: Württembergisches Urkundenbuch Bd. 11 S. 374 Nr. 5436 Urk. Konstanz 1300 Febr. 16; Württembergische Regesten (Stuttgart 1916) S. 369–373 Hohentwiel; Thurgauisches Urkundenbuch Bd. 4 Nr. 1609 zu 1338, Bd. 6 Nr. 2614 zu 1362, Nr. 3056 zu 1370 und Nachtrag Nr. 154 zu 1358; Fürstenbergisches Urkundenbuch Bd. 5 Nr. 358 zu 1323; ZGO 19 (1866) S. 107f. Regest einer Urkunde zu 1489 Nov. 24; Der Twieler Burgfrieden vom 4. Oktober 1475, übertragen von Karl *Schmid* und Eduard *Hlawitschka.* In: *Berner,* Hohentwiel, S. 396–400; *Schadelbauer,* Karl, König Sigmund befiehlt Caspar von Klingenberg die Wiederlösung der Stadt Stein (1425). In: Hegau 13 (1968) S. 108; *Krezdorn,* Siegfried, Mizellen zur Geschichte des Hohentwiels. In: Hegau 23 (1978) S. 247 bringt drei Urkundenregesten zu 1517 und 1518; *Miller,* Max (Hg.), Das Hohentwiel-Lagerbuch von 1562 und weitere Quellen über die Grundherrschaft und das Dorf Singen (Veröffentl. d. Komm. f. geschichtl. Landeskunde in Baden-Württemberg Reihe A Quellen 20). Stuttgart 1968, ediert das Salbuch Albrechts von Klingenberg ca. 1495 und Auszüge aus dem Kaufbrief von Singen 1530.

Literatur: *Bittmann,* Markus, Die Familie von Klingenberg und Singen. In: *Berner,* Singen 2, S. 104–126. – *Kindler von Knobloch,* Oberbadisches Geschlechterbuch Bd. 2 (Heidelberg 1899), S. 299–305. – *Rüeger,* J. J., Chronik der Stadt und Landschaft Schaffhausen, hg. vom Historisch-antiquarischen Verein des Kantons Schaffhausen (Schaffhausen 1892), Bd. 2 S. 668–683. – *Schmid,* Karl, Burg Twiel als Herrensitz (12. bis 15. Jahrhundert). In: *Berner,* Hohentwiel, S. 155–169. – *Stehle,* Bruderhof, S. 53ff. – *Stiefel,* Otto, Geschichte der Burg Hohenklingen und ihrer Besitzer. Diss. Bern 1921 (München 1921). – Allgemein zum Adel im Spätmittelalter *Bumiller,* Casimir, Studien zur Sozialgeschichte der Grafschaft Zollern im Spätmittelalter. Sigmaringen 1990. *Köhn,* Rolf, Einkommensquellen des Adels im ausgehenden Mittelalter, illustriert an südwestdeutschen Beispielen. In: SVGB 102 (1985) S. 33–62. – *Meyer,* Fredy, Adel und Herrschaft am Bodensee. Geschichte einer Landschaft. Stockach 1987. – Zu den Judenschulden der Klingenberger siehe Württembergische Regesten Nr. 9646 und 9675.

Die Eidgenossen kommen oder das Rittertum in der Krise

Quellen: *Henne,* Anton (Hg.), Die Klingenberger Chronik. Gotha 1861; dort S. 132f. und 136 die Schilderung der Schlacht bei Näfels (Übertragung C. B.). – Fürstenbergisches Urkundenbuch Bd. 4 S. 222–228 und Bd. 7 S. 331–337 zur Geschichte des Schweizerkrieges; dort Bd. 7 S. 332 der Brief Schellenbergs an Graf Lupfen und Bd. 4 S. 227 der Bericht der Schweizer vom 25. Februar 1499 (Übertragung C. B.). – *Roder,* Christian (Hg.), Heinrich Hugs Villinger Chronik von 1495 bis 1533 (Schriften des litterarischen Vereins Stuttgart). Tübingen 1883, S. 6–16 über den Schweizer Krieg. – *Zehnder,* Leo, Volkskundliches aus der älteren schweizerischen Chronistik (Schriften der Schweizerischen Gesellschaft für Volkskunde 60). Basel 1976 zitiert S. 660 den Reim am Hilzinger Wirtshaus.

Literatur: *Berner,* Herbert, »... do haben sich die grafen der kriegshandlungen und reutereien beholfen und sich damit wellen erneren«. Kriegerisches Wetterleuchten um den Twiel im 14. und 15. Jahrhundert. In: *Berner,* Singen 2, S. 136–148. – *Dürrenmatt,* Peter, Schweizer Geschichte. Zürich 1963, bes. S. 13–158. – *Mau,* Hermann, Die Rittergesellschaften mit St. Jörgenschild in Schwaben. Ein Beitrag zur Geschichte der deutschen Einungsbewegung im 15. Jahrhundert. Stuttgart 1941. – *Maurer,* Helmut, Schweizer und Schwaben und ihr Auseinanderleben am Bodensee im Spätmittelalter (Konstanzer Universitätsreden 136). Konstanz 1983 erwähnt S. 31 die Kuh am Hilzinger Wirtshaus. – *Peyer,* Hans Conrad, Die Entstehung der Eidgenossenschaft. In: Handbuch der Schweizer Geschichte 1 (Zürich 1972), S. 161–238. – *Roder,* Christian, Überlingen und der Hegau im Anfang des Schweizerkrieges 1499. In: SVGB 29 (1900) S. 17–30.

Fehden und Raubritterstreiche

Die Chronik Johanns von Wintherthur, in: MGH Scriptores N.S. 3 (1924) S. 105 überliefert den Tod eines Klingenbergers in der Fehde mit Rottweil. – *Berner,* Herbert, Singen und Singerbruck. In: *Berner,* Singen 2, S. 19–21. – *Blezinger,* Harro, Der schwäbische Städtebund in den Jahren 1438–1445 (Darstellungen aus der württembergischen Geschichte 39). Stuttgart 1954 beschreibt S. 70ff. den Städtekrieg 1441. – *Bumiller,* Casimir, Hans von Rechberg – ein Raubritterleben im Herbst des Mittelalters. Rundfunkmanuskript SDR 1986. – *Dobler,* Eberhard, Burg und Herrschaft Hohenkrähen im Hegau. Sigmaringen 1986 beschreibt S. 149, 176, 191ff. und 217 ff. die im Text berührten Fehden. – *Kanter,* Erhard Waldemar, Hans von Rechberg von Hohenrechberg. Ein Zeit- und Lebensbild. Diss. Zürich 1902. – *Mone,* Franz Joseph, Der Überfall von Rheinfelden 1448. In: ZGO 3 (1852) S. 450–456 zu Hans von Rechberg. – *Ders.,* Zur praktischen Diplomatik. In: ZGO 20 (1867) S. 70 und *Ders.,* Verhandlungen der Gesellschaft des St. Georgenschilds in Schwaben und im Hegau, ebd. S. 257–289 ediert die wichtigsten Quellen zur Werdenberger Fehde. – *Schubring,* Klaus, Ein Adelsbund als neutraler Schiedsrichter. Der St. Georgenschild im Hegau und die Roßhaupter Fehde. In: SVGB 96 (1978) S. 7–29. – *Schulte,* Aloys, Geschichte des mittelalterlichen Handels und Verkehrs. Bd. 1 (Leipzig 1900), berichtet S. 494f. von den Straßen und Überfällen am Bodensee. – *Semler,* Alfons, Kriegszug der schwäbischen Reichsstädte in den Hegau. In: SVGB 68 (1941/42) S. 39–49. – *Wiesflecker,* Hermann, Kaiser Maximilian I. Das Reich, Österreich und Europa an der Wende zur Neuzeit. 5 Bde. München 1971–1986, berührt Bd. 5 S. 100f. die Hohenkrähenaffäre 1512.

Das Leben auf der spätmittelalterlichen Burg Twiel

Die Beschwerde des H. Beck 16. 11. 1464 nach *Mone* in ZGO 20 (1867) S. 280f. – Der Twieler Burgfrieden vom 4. Oktober 1475 in *Berner,* Hohentwiel, S. 396–400. – Das Inventar von 1521 HStASt A 360 Bü 1. – Zum Keller Hans der Hattinger Württembergischen Regesten Nr. 9601, 9604 und 6911.

Abschied im Zorn

Trillitzsch, Winfried, Der Brief Ulrichs von Hutten an Willibald Pirckheimer. In: Ulrich von Hutten. Ritter, Humanist, Publizist 1488–1523 (1988), S. 211–229. Der Brief ist hier wiedergegeben in der Übersetzung von Arno *Borst,* Lebensformen im Mittelalter (Ullstein Tb 34004), S. 173ff. – Zum Ende der Klingenberger *Martens,* S. 20ff. – Die Briefe Albrechts und Hans Heinrichs von Klingenberg HStASt A 360 Bü 1 und Bü 2.

Herzog Ulrich von Württemberg und der Hohentwiel

Die politischen Kräfte in Schwaben seit dem 13. Jahrhundert

Grundlegend *Bader,* Karl Siegfried, Der deutsche Südwesten in seiner territorialstaatlichen Entwicklung. Sigmaringen ²1978. – Zu Vorderösterreich siehe *Baum,* Wilhelm, Österreich und Württemberg im späten Mittelalter. In: Hegau 45 (1988) S. 25–42. – *Feine,* Hans Erich, Die Territorialbildung der Habsburger im deutschen Südwesten, vornehmlich im späten Mittelalter. In: ZRG (GA) 67 (1950) S. 176–308. – *Hamann,* Brigitte (Hg.), Die Habsburger. Ein biographisches Lexikon. Wien 1988. – *Mayer,* Theodor, Schwaben und Österreich. In: ZWLG 16 (1957) S. 261–278. – *Metz,* Friedrich (Hg.), Vorderösterreich. Eine geschichtliche Landeskunde. Freiburg ²1967 (darin *Berner* über die Landgrafschaft Nellenburg). – *Press,* Volker, Vorderösterreich in der habsburgischen Reichspolitik des späten Mittelalters und der frühen Neuzeit. In: *Ders./Maier*, Hans (Hg.), Vorderösterreich in der frühen Neuzeit. Sigmaringen 1989, S. 1–42. – *Rauh*, Rudolf, Beziehungen zwischen dem Hegau, Oberschwaben und Vorarlberg. In: Hegau 15/16 (1963) S. 5–26.

Zu Württemberg *Ernst*, Fritz, Eberhard im Bart. Die Politik eines deutschen Landesherrn am Ende des Mittelalters. Stuttgart 1933. – *Himmelein*, Volker, Graf Eberhard V. von Württemberg. In: *Rinker*, Reiner/*Setzler*, Wilfried (Hg.), Die Geschichte Baden-Württembergs. Stuttgart 1986. – *Stehle*, Bruderhof, S. 33ff. und 63ff. – *Uhland*, Robert (Hg.), 900 Jahre Haus Württemberg. Leben und Leistung für Land und Volk. Stuttgart 1984. – *Raff*, Gerhard, Hie gut Wirtemberg allewege. Das Haus Württemberg von Graf Ulrich dem Stifter bis Herzog Ludwig. Stuttgart 1988. – *Weller*, Karl, Die Grafschaft Wirtemberg und das Reich bis zum Ende des 14. Jahrhunderts. In: WVjh. 38 (1932) S. 113–163 und ZWLG 4 (1940) S. 18–47. – *Weech*, Friedrich von, Schloß Mägdeberg im Hegau. In: ZGO 25 (1873) S. 280–320.

Zum Herzogtum Schwaben im Spätmittelalter siehe *Hofacker*, Hans-Georg, Die schwäbische Herzogswürde. Untersuchungen zur landesfürstlichen und kaiserlichen Politik im deutschen Südwesten im Spätmittelalter und in der frühen Neuzeit. In: ZWLG 47 (1988) S. 71–148. – Zum Schwäbischen Bund *Bock*, Ernst, Der schwäbische Bund und seine Verfassungen 1488–1534. Ein Beitrag zur Geschichte der Zeit der Reichsreform. Breslau 1927 (ND Aalen 1968).

Herzog Ulrich von Württemberg

Noch immer grundlegend *Heyd*, Ludwig Friedrich, Ulrich Herzog zu Württemberg. Ein Beitrag zur Geschichte Württembergs und des deutschen Reichs im Zeitalter der Reformation. 3 Bde. Stuttgart 1841–1844. – *Berner*, Felix, Der Maßlose. Herzog Ulrich von Württemberg 1487–1550. In: *Ders.*, Baden-Württembergische Portraits. Gestalten aus 1000 Jahren. Stuttgart 1985. – *Borst*, Otto, Herzog Ulrich. In: *Ders.*, Württemberg und seine Herren. Landesgeschichte in Lebensbildern. Eßlingen/München 1988, S. 53–76. – *Press*, Volker, Herzog Ulrich. In: *Uhland*, Robert (Hg.), 900 Jahre Haus Württemberg. Stuttgart 1984, S. 110–135.

Zu Ulrichs Politik von 1511–1519 siehe *Düring*, Joseph, Ulrich von Württemberg und die Eidgenossen bis 1521. In: Der Geschichtsfreund 41 (1886) S. 128–172. – *Gönner*, Eberhard, Der Blaubeurer Vertrag von 1516. In: Blaubeuren. Die Entwicklung einer Siedlung in Südwestdeutschland, hrsg. von Hansmartin *Decker-Hauff* und Immo *Eberl*. Sigmaringen 1986, S. 245–263. – *Grube*, Walther, Der Stuttgarter Landtag 1457–1957. Von den Landständen zum demokratischen Parlament. Stuttgart 1957, S. 74ff. – *Haller*, Johannes, 1519 im deutschen Reich und in Württemberg. In: *Ders.*, Reden und Aufsätze zur Geschichte und Politik. Stuttgart/Berlin 1934, S. 100–128. – *Öhler*, Heinrich, Der Aufstand des Armen Konrad im Jahr 1514. In: WVjh. 38 (1932) S. 401–486. – *Rau*, Reinhold, Zum Tübinger Vertrag 1514. In: ZWLG 9 (1949/50) S. 147–174. – *Sauter*, Frida, Herzogin Sabine von Wirtemberg. In: ZWLG 8 (1944/48) S. 298–355. – *Sydow*, Jürgen, Zum Problem kaiserlicher Schiedsverfahren unter Maximilian I. Der Tübinger Vertrag von 1514. Graz 1973. – *Ulmann*, Heinrich, Fünf Jahre württembergische Geschichte unter Herzog Ulrich 1515–1519. Leipzig 1867.

Herzog Ulrich im Exil und die Rolle des Hohentwiel

Quellen: HStASt Urkunden von 1521 A 360 U 1 und B 104 U 40. Akten Hohentwiel A 360 Bü 1.

Literatur: *Feyler*, Anna, Die Beziehungen des Hauses Württemberg zur schweizerischen Eidgenossenschaft in der ersten Hälfte des 16. Jahrhunderts. Diss. Zürich 1905, bes. S. 202–265; S. 212 die Hilzinger Rauferei 1522, S. 300ff. Ulrichs Raubüberfälle. – *Schneider*, Eugen, Herzog Ulrichs Hofhaltung in Mömpelgard, der Schweiz und Hohentwiel. In: WVjh. 9 (1886) S. 26–40 beschreibt Ulrichs Reisetätigkeit und liefert die Details der Reiserechnungen. – *Martens* S. 25ff.

Ulrichs Eroberungspläne

Quellen: *Roder,* Christian, Heinrich Hugs Villinger Chronik von 1495 bis 1533 (Schriften des litterarischen Vereins Stuttgart). Tübingen 1883, S. 98–151 zum Bauernkrieg. – Zu den heimlichen Praktiken gegen Ulrich siehe HStASt A 84 Bü 23 und A 360 Bü 5, dort auch die Staufen-Affäre 1531. – Die Mordbrenner-Akten befinden sich im HStASt A 43 Bü 3 zu 1527 und A 43 B 7 zu 1535; die Hinweise hierauf verdanke ich Monika *Spicker-Beck,* Freiburg, von der demnächst eine Dissertation über Mordbrennerbanden in Südwestdeutschland im 16. Jahrhundert vorliegen wird.
Literatur: *Berner,* Herbert, Der Bauernkrieg 1524/25. In: *Berner,* Singen 2, S. 176–181. – *Braun,* Otger, Warum Hans Link aus Ebringen vom Hohentwiel gestürzt wurde. In: Hegau 38 (1981) S. 149–150. – *Heyd,* Ulrich Herzog von Württemberg, Bd. 2 S. 162ff.; dort S. 175 das Zitat *Unsere Spieße werden den Herzog nicht stechen* (nach Crusius). – *Feyler,* Anna, Die Beziehungen des Hauses Württemberg zur schweizerischen Eidgenossenschaft, S. 265ff. – *Riegel,* Nikolaus, Der Högauer Bauernkrieg (1525). In: SVGB 7 (1876) S. 44–61. – *Scribner,* Robert, Mobility: Voluntary or enforced? Vagrants in Württemberg in the Sixteenth Century. In: *Jaritz,* Gerhard/*Müller,* Albert (Hgg.), Migration in der Feudalgesellschaft. Frankfurt/New York 1988, S. 65–88. –Der Bärentanz vom Juli 1527 nach *Schneider,* Eugen, Herzog Ulrichs Hofhaltung, S. 39.

Restitution und endgültige Aneignung des Hohentwiel

Der Kaufvertrag vom 24. Mai 1538 befindet sich im HStASt unter A 360 U 2. – *Press,* Volker, Ein Epochenjahr der württembergischen Geschichte. Restitution und Reformation 1534. In: ZWLG 47 (1988) S. 203–234.

ALLTAG AUF DER FESTUNG

Der Hohentwiel als württembergische Exklave

Grundlegend *Stehle,* Bruderhof, S. 69–122, zum Alter des Meierhofs S. 184. – Zur genaueren Datierung der Bauzeit des Meierhofs HStASt A 206 Bü 2592 (Steinmetz Fuchs) und Bü 2595 (Zimmermann Müller). – Das Zitat über das Dorf Singen nach *Miller,* Max (Hg.), Das Hohentwiel-Lagerbuch von 1562 und weitere Quellen über die Grundherrschaft und das Dorf Singen. Stuttgart 1968, S. 150 und 153. – Zum Zusammenhang *Danner,* Wilfried, Die Herren von Bodman in Singen in der 2. Hälfte des 16. Jahrhunderts. In: *Berner,* Singen 2, S. 182–191. – Zum Weinbau am Hohentwiel *Spahr,* Gebhard, Geschichte des Weinbaus im Bodenseeraum. In: SVGB 99/100 (1981/82) S. 198.

Der Ausbau zur württembergischen Landesfestung

Grundlegend *Maurer,* Hans-Martin, Die landesherrliche Burg in Wirtenberg im 15. und 16. Jahrhundert (Veröffentl. d. Komm. f. geschichtl. Landeskunde in Baden-Württemberg Reihe B Forschungen 1). Stuttgart 1958, S. 87ff. zu den Baukosten, S. 106ff. zur Bewaffnung, S. 144 das Urteil Schickhardts über den Hohentwiel. – Die frühen Bauvorhaben Herzog Ulrichs sind belegt in HStASt A 360 Bü 1 und Bü 2; das Schindeldach bei *Schneider,* Eugen, Herzog Ulrichs Hofhaltung in Mömpelgard, der Schweiz und Hohentwiel. In: WVjh. 9 (1886) S. 21. – Zum württembergischen Festungsbau und zu einzelnen Baumeistern *Dürer,* Albrecht, Etliche Underricht der Befestigung der Stett, Schloß und Flecken. Nürnberg 1527 (ND 1982). – *Fleischhauer,* Werner, Die Renaissance im Herzogtum Württemberg. Stuttgart 1971, S. 25, 27, 54. – *Giesecke,* Albert, Die Burgen und Vesten Ulrichs von Württemberg. In: Der Burgwart 23 (1922) S. 28–36. – *Klemm,* Alfred, Württembergische Baumeister und Bildhauer bis ums Jahr 1750. In: WVjh. 5 (1882) S. 138f. und 143f. – *Motz,* Paul, Hohentwieler Festungsbaugeschichte. In: *Berner,* Hohentwiel, S. 170–184. – *Neumann,* Hartwig, Festungsbaukunst und Festungsbautechnik. Koblenz 1988, S. 75–77. – Die Renaissance im deutschen Südwesten (Ausstellungskatalog). 2 Bde. Heidelberg 1986, Bd. 1 S. 136f. – *Restle,* Günter, die mittelalterliche Burg auf dem Hohentwiel. In: Hegau 32 (1987) S. 19–24. – *Schahl,* Adolf, Heinrich Schickhardt – Architekt und Ingenieur. In. ZWLG 18 (1959) S. 15–85.

Der Hohentwiel als Rechtsbezirk und Verwaltungsraum

Maurer, Hans-Martin, Die landesherrliche Burg in Wirtenberg, S. 114ff. – *Stehle,* Bruderhof, S. 411 zu den Kellern. – HStASt A 360 Bü 1 zu Freyberg, Bü 2 zu Sonnenberg, Bü 20 die Verschreibung des Kommandanten Hans Eben, Bü 9 Artikelbrief von 1534 (abgedruckt bei *Martens* S. 254f.), Bü 19 Staat und Ordnung für den Hausschneider 1594. – Zu den Staaten und Ordnungen siehe *Reyscher,* August Ludwig, Vollständige, kritisch bearbeitete Sammlung der württembergischen Gesetze. 19 Bde. Stuttgart/Tübingen 1828–51, Bd. 19 S. 64ff. – *Brunner,* J. C., Der Galgen auf dem Hohentwiel. In: Deutsche Bodenseezeitung vom 25. 8., 26. 8., 30. 8., 31. 8. 1939.

Die Festung Hohentwiel als Lebensraum

Zum Landsknechtswesen *Baumann,* R., Das Söldnerwesen im 16. Jahrhundert (Miscellanea Bavarica Monacensia 79). München 1978. – *Fiedler,* Siegfried, Kriegswesen und Kriegführung im Zeitalter der Kabinettskriege. Koblenz 1986. – *Möller,* Hans-Michael, Das Regiment der Landsknechte. Untersuchungen zu Verfassung, Recht und Selbstverständnis in deutschen Söldnerheeren des 16. Jahrhunderts. Wiesbaden 1976. – *Nell,* Martin, Die Landsknechte. Entstehung der ersten deutschen Infanterie. Berlin 1914. – *Schnitter,* Helmut, Söldnerheer und Landesdefension – militärische Alternativentwicklungen im Verhältnis von Volk, Staat und Streitmacht im spätfeudalen deutschen Reich in der Zeit des Übergangs vom Feudalismus zum Kapitalismus. In: *Timmermann,* Heiner (Hg.), Die Bildung des frühmodernen Staates – Stände und Konfessionen. Saarbrücken 1989, S. 405–420. – Zum Heerwesen in Württemberg *Reyscher,* Sammlung der württembergischen Gesetze, Bd. 19, S. I–XXXVII. – *Cordes,* Günter, Das Haus Württemberg und die Militärgeschichte des Landes. In: *Uhland,* Robert (Hg.), 900 Jahre Haus Württemberg. Stuttgart 1984, S. 689–702. – *Maurer,* Hans-Martin, Die landesherrliche Burg in Wirtenberg, S. 124 und 132 zur Größe der Garnison. – *Martens,* S. 47ff. – *Stehle,* Bruderhof, S. 181ff. über Kamine und Holzmengen. – Verwertete Quellen: HStASt A 360 Bü 3 zur Größe der Garnison, dort auch Nachweis der Waschweiber 1522; A 360 Bü 19: Größe der Garnison um 1550, dort auch Liste der Viktualien. Material zu den erwähnten Guardiknechten in HStASt A 206 Bü 2592 und A 360 Bü 3, 19, 23–27. Zum Hausschneider A 360 Bü 19; der Quadrant ist belegt in A 206 Bü 2599.

Soldatenleben: … ganz verdrießlich also eingesperrt zu sein

Das Kapitel basiert auf Akten des HStASt. Zum Gärtner Lutz (1594) A 206 Bü 2592; Barbier Graf (1590) ebd.; Jerg Heffelin und Abtage 1633 ebd.; Jacob Baur (1621) A 360 Bü 31; Thomas Schaffhauser (1621) ebd. Bü 23, Hans Walliser (1621) ebd. Bü 31; Wolf Ruw (1524) ebd. Bü 1 und (1531) Bü 2. Zur Verbreitung und Behandlung der Syphilis siehe *Peschke,* Michael, Ulrich Hutten und die Syphilis. In: Ulrich von Hutten. Ritter, Humanist, Publizist 1488–1523 (1988), S. 309–320. – Zur Solderhöhung 1573 HStASt A 206 Bü 2588; Kindbetterinnen und Hebammen auf dem Hohentwiel 1581 A 360 Bü 23; Michel Keller (1557) ebd. Bü 15; Ulrich Ferber (1563) ebd. Bü 18; Michel Wicker (1581) ebd. Bü 26; Streit Beller/Entenmann (1580) ebd. Bü 25; Machtolf (1591) A 206 Bü 2592; Totschlagsdelikte 1567, 1602 und 1606 in A 360 Bü 20, 29 und 30; vgl. hierzu *Maurer,* Die landesherrliche Burg in Wirtenberg, S. 123 und 130 und *Martens,* S. 54f.; *Martens,* S. 49f. sind die Zitate über Hauptmann Jacob Haan entnommen. – Zu Martin Bayer, Jerg Frick und Friedrich Bahr (1594) HStASt A 206 Bü 2592; zu Hans Rielin (1587) A 360 Bü 27.

Unterbrechungen des Alltags

Zur Feuersbrunst 1591 HStASt A 206 Bü 2592; zum Gewitter 1591 ebd. Bü 2591; der Erdrutsch 1588 in A 206 Bü 2589 und A 360 Bü 28, dort die farbige Zeichnung des Hofmalers Hans *Dorn.* Zu diesem siehe *Fleischhauer,* Werner, Die Malereien im Stuttgarter Lusthaus. In: Württembergische Vergangenheit. Stuttgart 1932, 305–333; *Ders.,* Die Renaissance im Herzogtum Württemberg. Stuttgart 1971, S. 59, 63, 164, 169, 181f. und 368; Die Renaissance im deutschen Südwesten (Ausstellungskatalog). Heidelberg 1986, Bd. 1 S. 312; *Rott,* Hans, Kunstgeschichte im XV. und XVI. Jahrhundert, Bd. 2. Stuttgart 1934, S. 288. – Das Zitat Schickhardt von 1600 nach *Martens,* S. 51. – Das *Verzaichnus was man für Stett, Schlößer, Clester, Derffer, Weyler Vnnd Höf Vff Twyel sehen kan* HStASt A 360 Bü 30.

Der Hohentwiel im Dreissigjährigen Krieg

Die europäische Dimension des Krieges

Barudio, Günter, Der Teutsche Krieg 1618–1648. Frankfurt 1985. – *Bosbach,* Franz, Die Habsburger und die Entstehung des Dreißigjährigen Krieges. Die »Monarchia Universalis«. In: *Repgen,* Konrad (Hg.), Krieg und Politik 1618–1648 (Schriften des Historischen Kollegs 8). München 1988, S. 151–168. – *Dülmen,* Richard van, Entstehung des frühneuzeitlichen Europa 1550–1648 (Fischer Weltgeschichte Bd. 24). Frankfurt 1982, S. 399ff. – *Heckel,* Martin, Die Krise der Religionsverfassung des Reiches und die Anfänge des Dreißigjährigen Krieges. In: *Repgen,* Konrad (Hg.), Krieg und Politik 1618–1648. München 1988, S. 107–132. – *Podraza,* Antoni, Das Mächteverhältnis im neuzeitlichen Europa vom 16.–18. Jahrhundert – Versuch einer Typologie. In: *Timmermann,* Heiner (Hg.), Die Bildung des frühmodernen Staates – Stände und Konfessionen. Saarbrücken 1989, S. 323–330. – *Parker,* Geoffrey, The Soldiers of the Thirty Year's War. In: *Repgen,* Konrad (Hg.), Krieg und Politik 1618–1648. München 1988, S. 303–316.
Zu Württemberg *Borst,* Otto, Herzog Eberhard III. In: *Ders.,* Württemberg und seine Herren. Eßlingen/München 1988, S. 133–142. – *Fischer,* Joachim, Herzog Eberhard III. (1628–1674). In: *Uhland,* Robert (Hg.), 900 Jahre Haus Württemberg. Stuttgart 1984, S. 195–209. – *Vann,* James Allan, Württemberg auf dem Weg zum modernen Staat 1593–1793. Stuttgart 1986.

Der Hohentwiel macht mobil

Quellen: HStASt A 206 Bü 2606–2617 und A 360 Bü 32, darin die Gesuche der Gemeinden Singen, Hilzingen und Riedheim. Diese sind wiedergegeben bei *Stehle,* Bruderhof, S. 195. – *Lembeck,* Hermann, Herzog Bernhard von Weimar und Gustav Horn in der Schlacht von Nördlingen. In: WVjh. 33 (1927) S. 261ff.

Konrad Widerholt

Quellen: HStASt A 360 Bü 33–35. *Baier,* Hermann, Akten zur Geschichte des dreißigjährigen Krieges am Bodensee. In: SVGB 44 (1915) S. 129–162. Eine der bedeutendsten Quellen, auch zu Widerholts Unternehmungen, ist ediert von *Semler,* Alfons, Die Tagebücher des Dr. Johann Heinrich von Pflummern 1633–1643 (Beiheft zur ZGO Bd. 98). Karlsruhe 1950.
Eine zeitgemäße Biographie Widerholts steht noch aus. Siehe vorläufig *Schönhuth,* Ottmar F. H., Kunrad Widerhold, Commandant der Feste Hohentwiel als Held und Christ. Konstanz 1833; *Schneider,* Eugen,

Konrad Wiederhold. In: ADB Bd. 42, S. 386–388; *Thoma,* Albrecht, Konrad Widerholt, der Kommandant von Hohentwiel. München 1903; *Weiher,* Sigfrid von, Widerholds Windturbine auf dem Hohentwiel. In: Badische Heimat 33 (1953) S. 221–223.
Die beste Darstellung der Vorgänge um den Hohentwiel in militärgeschichtlicher Sicht unter Auswertung der reichen Überlieferung im Wiener Haus-, Hof- und Staatsarchiv verdanken wir *Heydendorff,* Walther Ernst, Vorderösterreich im Dreißigjährigen Krieg. Der Verlust der Vorlande am Rhein und die Versuche zu deren Rückgewinnung. In: Mitteilungen des Österreichischen Staatsarchivs 12 (1959) S. 74–142 und 13 (1960) S. 107–195. – Hierzu ergänzend *Hirn,* Josef, Zur Geschichte des Hohentwiel. In: Jahrbuch der Leo-Gesellschaft für das Jahr 1895 (Wien 1895); aus der Position Widerholts *Merian,* Matthäus, Theatrum Europaeum. 5 Bde. Frankfurt 1644–1650; aus der Sicht Innsbrucks *Widmoser,* Eduard, Österreich ringt um den Hohentwiel. In: *Berner,* Hohentwiel, S. 185–197 und aus Schweizer Sicht *Steineigger,* Albert, Hohentwiel und Hegau im Dreißigjährigen Krieg. In: *Berner,* Hohentwiel, S. 198–219. – Zu den Kriegsereignissen im Hegau siehe auch *Denzel,* Otto, Randegg im Dreißigjährigen Krieg. In: Hegau 13 (1968) S. 261 und *Hug,* Albert, Schicksale unserer Grenzbevölkerung während des Dreißigjährigen Krieges. In: Hegau 11 (1966) S. 252–254.

Erste Belagerung und diplomatische Schachzüge

Quellen: HStASt A 360 Bü 35–37. – *Kramer,* Wolfgang, Briefe von Herzog Bernhard von Sachsen-Weimar an Konrad Widerhold. In: Hegau 28 (1983) S. 125–135.
Berner, Herbert, Fünf Hohentwiel-Belagerungen im Dreißigjährigen Krieg. In: *Berner,* Singen 2, S. 231–237. – Zum Hohentwiel im Dreißigjährigen Krieg siehe auch *Martens,* S. 60ff.; dort S. 260 ist der Vertrag zwischen Bernhard von Weimar und Widerholt wiedergegeben.

Österreich ringt um den Hohentwiel und Die große Impresa von 1641

Grundlegend *Heydendorff,* W. E., Vorderösterreich im Dreißigjährigen Krieg. In: Mitteilungen des Österreichischen Staatsarchivs 13 (1960) S. 107ff. und *Widmoser,* Österreich ringt um den Hohentwiel. In: *Berner,* Hohentwiel, S. 185–197. – *Osann,* Friedrich K., Das Archiv Weitenburg, eine Fundgrube für geschichtliche Quellen aus dem Hegau. In: Hegau 10 (1965) S. 301–306. – *Krezdorn,* Siegfried, Zur Geschichte der Stadt Engen im Dreißigjährigen Krieg 1618–1648. In: Hegau 14 (1969) S. 280f.

Widerholts Triumph

Quellen: HStASt A 360 Bü 37 (darin Brief Ludwigs XIII. an Widerholt vom 26. 2. 1642); A 360 Bü 38 (darin Widerholts Stiftungsbrief für die Hohentwieler Kirche); A 360 Bü 39 (darin Brief Widerholts an Herzog Eberhard III. vom 29. 11. 1648); A 360 U 31 Rückgabe der auf den Hohentwiel verschleppten Glocke nach Singen 1654. – *Heim,* Eigeltinger Glocken auf dem Hohentwiel. In: Hegau 6 (1961) S. 171. – *Schadelbauer,* Karl, Der Hohentwielische Receß von 1644. In: Hegau 14 (1969) S. 269–273. – *Stern,* Alfred, Die Einnahme der Stadt Ueberlingen durch die Hohentwieler am 30. Januar 1643. In: ZGO 22 (1869) S. 283–320.

ZWISCHEN ZWEI KRIEGEN

Auswirkungen des Dreißigjährigen Krieges

Zum Hintergrund *Vann,* James Allan, Württemberg auf dem Weg zum modernen Staat 1593–1793. Stuttgart 1986. – *Franz,* Günther, Der Dreißigjährige Krieg und das deutsche Volk (Quellen und Forschungen zur Agrargeschichte 7). Stuttgart/New York [4]1979, S. 52ff. zu Württemberg. – *Hippel,* Wolfgang von, Bevölkerung und Wirtschaft im

Zeitalter des Dreißigjährigen Krieges. Das Beispiel Württemberg. In: Zeitschrift für historische Forschung 5 (1978) S. 413–448. – *Mehring,* Gerhard, Schädigungen durch den Dreißigjährigen Krieg in Altwürttemberg. In: WVjh. 19 (1910) S 447–452. – Der Bericht über das Dorf Singen von 1650 befindet sich im Generallandesarchiv Karlsruhe unter 229/97938, letztes Blatt. – Die *Hohentwielische Hochzeit* und der Lobspruch des Matthaeus Esenwein befinden sich z. B. im HStASt unter A 360 Bü 39.

Festungsleben zwischen zwei Kriegen

Zum Ausbau der Festung *Fleischhauer,* Werner, Der Künstler der Renaissance- und Barockzeit in der bürgerlichen Gesellschaft. In: ZWLG 10 (1951) S. 146 zum Hohentwiel 1660. – *Klaiber,* Hans, Der fürstlich württembergische Baumeister Matthias Weiß. In: WVjh. 34 (1928) S. 100ff. – *Motz,* Paul, Hohentwieler Festungsbaugeschichte. In: *Berner,* Hohentwiel, S. 170–184. – *Schadelbauer,* Karl, Ein Streit um einen Fortifikationsbau 1655/56. – Für die Lebensverhältnisse folgt der Abschnitt im wesentlichen der Darstellung von *Martens',* S. 130–188; zu den Größenverhältnissen der Garnison S. 130, 140, 143, 147, 151, 170, 178; das Zitat über den Suizid des Hauptmanns Jäger S. 158, über das Trinken S. 167.

Das Willkommbuch

Das Willkommbuch befindet sich im HStASt unter A 360 Bü 168. *Miller,* Max, Das Willkomm-Buch von Hohentwiel. In: *Berner,* Hohentwiel, S. 233–252. – Zum Willkommbuch siehe auch *Martens,* S. 131 ff. und *Fraas u. a.,* Hohentwiel. Beschreibung und Geschichte. Stuttgart 1882, S. 62–92, dort S. 68, 69, 71, 78 und 89 die zitierten Passagen. – Der Bericht des Professors Meiners ist zitiert nach *Weiner,* Otto, Die Bergschlösser und hohen Hübel. Reiseberichte aus dem Hegau. In: Hegau 11 (1966) S. 137f.

Der Hohentwiel als Staatsgefängnis

Das Zitat des Winterthurer Anonymus nach *Weiner,* Die Bergschlösser und hohen Hübel. In: Hegau 11 (1966) S. 140. – Zu den Klingenberger Gefangenen von 1450 und 1459 siehe Württembergische Regesten Nr. 9646 und 9651. – Zu den Häftlingen auf Hohentwiel *Martens,* S. 151, 159, 160f., 164f., 166f., 169f., 172–176, 181 und 186. – *Bertsch,* Albert, Schuld und Sühne. Geschichtliches und Grundsätzliches aus dem Zuchthaus. Stuttgart 1929, bes. S. 36f. – *Brandstätter,* Horst, Asperg. Ein deutsches Gefängnis. Berlin 1978. – Zur Hannikelbande *Pflug,* Johann Baptist, Aus der Räuber- und Franzosenzeit Schwabens. Weißenhorn [3]1975, S. 10ff.; *Middendorf,* Wolf, Fahrendes Volk und Räuberbanden. Entstehung – Taten – Bekämpfung. In: Beiträge zur Landeskunde 1 (1987) S. 7–10; *Schäffer,* Georg Jakob, Sulzische Zigeunerliste und genaue Beschreibung des zum Schaden und Gefahr des Gemeinen Wesens meistens in Schwaben ... herum vagierenden Räuber- und Zigeunergesindels ... Tübingen 1787; *Schuler,* Kurt, Der »Hannikel« – ein populärer Unhold. In: Sulzer Heimat. Beilage des Schwarzwälder Boten Nr. 6–8 (Mai/November 1987). – Quellen zu den Schellenwerkern auf Hohentwiel befinden sich im HStASt unter A 202 Bü 1795 und A 360 Bü 58, hier der zitierte Brief an Vizekommandant Grégoire. Hinweise auf diese Quellen verdanke ich Thomas *Fricke,* Tübingen, von dem demnächst eine Dissertation über Sinti und Roma im 18. Jahrhundert in Württemberg zu erwarten ist. – Zu J. J. Moser siehe *Ruch,* Franz-Werner, Gefangene auf der Festung Hohentwiel. In: *Berner,* Hohentwiel, S. 220–232, der allerdings fast wörtlich aus *Martens* schöpft; die Württembergische Landesbibliothek bewahrt unter Ms. F 748 eine Handschrift *Hohentwiel Consignatio derer sämtlicher Verpflegungskosten des Consulent Mosers in seiner Detention allhier,* 13. Juli bis April 1760.

Der Untergang des Hohentwiel

Die Zerstörung des Hohentwiel dürfte erschöpfend behandelt sein durch *Martens,*

S. 189ff., *Berner,* Herbert, Französische Revolution und Napoleonische Kriege. In: *Berner,* Singen 2, S. 435–451 und *Ders.,* Fall und Zerstörung der Festung Hohentwiel. In: *Berner,* Hohentwiel, S. 253–279; dort die Zitate J. N. Müller S. 255, die Kapitulationsbedingungen S. 267, die Weisung zur Schleifung der Festung S. 270, der Bericht Märklins S. 271. – Die letzten Einträge im Willkommbuch bei *Miller,* Das Willkomm-Buch von Hohentwiel. In: *Berner,* Hohentwiel, S. 252.

Die Nachgeschichte

Wem gehört der Hohentwiel?

Press, Volker, König Friedrich I. – der Begründer des modernen Württemberg. In: Baden und Württemberg im Zeitalter Napoleons (Ausstellungskatalog). Stuttgart 1987, Bd. 2, S. 25–40. – *Wolfhard,* Herbert, Baden und Württemberg im Streit um den Hohentwiel. In: *Berner,* Hohentwiel, S. 323–339.

Singen und der Hohentwiel

Zur Singener Geschichte *Frei,* Alfred G., Ein Dorf wird Industriestadt: Singen 787–1987. In: *Ders.,* Habermus und Suppenwürze. Singens Weg vom Bauerndorf zur Industriestadt. Konstanz 1987; S. 9–63; *Bumiller,* Casimir, Bauern und Handwerker im alten Singen, ebd. S. 65–109 und neuerdings grundlegend *Berner,* Herbert, Singen – Dorf und Herrschaft. Singener Stadtgeschichte Bd. 2. Konstanz 1990. – Singener und Hilzinger Mädchen am Tor des Hohentwiel 1528 nach *Schneider,* Eugen, Herzog Ulrichs Hofhaltung im Mömpelgart, der Schweiz und Hohentwiel. In: WVjh. 9 (1886) S. 40. – *Ruch,* Franz-Werner, Jagd- und Jurisdictionsstreitigkeiten, die große Tragerey. In: Hegau 1 (1956) S. 55. – Der Prozeß zwischen dem Keller von Hohentwiel und Theis Reize bzw. seiner Witwe 1576/77 HStASt A 360 U 15 und A 360 Bü 22. – Bitte um Baumaterial zum Bau der Singener Mühle HStASt A 360 Bü 28. – Akten zur Wiedererrichtung der Singener Mühle nach 1639 Generallandesarchiv Karlsruhe 229/97935 Nr. 3–9. – Gesuch des Hohentwieler Schultheißen Pfizer um Errichtung einer Dreschmaschine auf Singener Gemarkung im Enzenberg-Archiv Singen (Dep. im Stadtarchiv) Nr. 627. – *Zang,* Gert (Hg.), Arbeiterleben in einer Randregion. Konstanz 1987, S. 43ff. zu A. Bebel auf dem Hohentwiel. – *Berner,* Herbert, Kriege und Patriotismus im 19. Jahrhundert. In: *Berner,* Singen 2, S. 510–512.

Literarisches Nachleben

Zitat über Fremdenverkehr auf dem Hohentwiel 1820 nach *Wolfhard,* Herbert, Baden und Württemberg im Streit um den Hohentwiel. In: *Berner,* Hohentwiel, S. 326. – *Bothe,* Rolf, Burg Hohenzollern. Von der mittelalterlichen Burg zum nationaldynastischen Denkmal im 19. Jahrhundert. Berlin 1979. – *Yelin,* Eugen, Die Rottweiler Hohentwiel-Gesellschaft 1868–1938. In: Schwäbischer Merkur 1939 Nr. 64, S. 5f. – *Zentner,* Wilhelm, Scheffel, Ekkehard und der Hohentwiel. In: *Berner,* Hohentwiel, S. 340–350. – *Schlegel,* Irmgard, Die Hohentwiel-Festspiele. In: *Berner,* Hohentwiel, S. 351–363.

Natur und Kultur im Konflikt

Das Zitat aus dem Willkommbuch nach *Fraas u.a.,* Hohentwiel, Beschreibung und Geschichte. Stuttgart 1882, S. 85. – Zum jüngsten Streit um den Hohentwiel siehe »Museum und Brauerei auf dem Hohentwiel«. In: Schwarzwälder Bote vom 20. 5. 1988; »Auf dem Hohentwiel wird Natur zurückgedrängt«. In: Schwarzwälder Bote vom 23. 11. 1988 und »Hohentwiel soll nun doch verschont werden«. In: Badische Zeitung vom 30. 1. 1990. – Zu Naturkunde und Naturschutz am Hohentwiel *Fix,* Hermann, Die Pflanzenwelt. In: *Berner,* Singen 1, S. 74–81; *Funk,* Dorothea, Der Hohentwiel – eine naturwissenschaftliche Betrachtung. In: *Berner,* Hohentwiel, S. 364–368; *Der Hohen-*

twiel. Eine naturwissenschaftliche Einzeluntersuchung. Vom Naturschutz in Baden-Württemberg 7 (1931) S. 5–94 (Jahreshefte des Vereins für vaterländische Naturkunde in Württemberg 86); *Homburger,* Wolfgang, Natur- und Umweltschutz. In: *Berner,* Singen 1, S. 149–169; *Müller,* Theo, Vegetationskundliche Beobachtungen im Naturschutzgebiet Hohentwiel. In: Veröffentl. der Landesstelle für Naturschutz und Landschaftspflege in Baden-Württemberg 34 (1966) S. 14–61; *Schurhammer,* Hermann, Landschaftsschutzgebiet Hegau und Naturschutzgebiet Hohentwiel. Informationsschrift für die Beauftragten der staatlichen Naturschutzstelle (1948); *Stoffler,* Hans Dieter, Über die wichtigsten natürlichen Waldgesellschaften des Hegaus, dargestellt am Beispiel der Umgebung Singens und Engens. In: Hegau 23/24 (1967) S. 161–194.

Bildnachweis

Avé-Lallemant, Das deutsche Gaunertum
S. 176

Bayerische Staatsbibliothek München
S. 32 (Clm 13601 fol. 3^{v}), S. 41 (Clm 4453 fol. 24^{r}), S. 44 (Clm 4456 fol. 11^{r}).

Borkert, Stefan, Konstanz
Fotos S. 16 und 121.

Bumiller, Casimir
Entwürfe und Zusammenstellungen der Karten, Stammtafeln und Listen S. 24, 26, 64, 96, 114, 118, 138, 140 nach einschlägigen Karten- und genealogischen Werken.

Fürstlich Fürstenbergische Sammlungen Donaueschingen Foto S. 190 (Aufnahme Georg Goerlipp).

Gleisberg, The german Single-leaf Wood Cut I S. 107 und 108/09 (Holzschnitte von H. S. Beham).

Hauptstaatsarchiv Stuttgart
Frontispiz (A 360 Bü 28), S. 61 (N 220 B 15), ältester Baubestand im Repro retouchiert), S. 66 (B 104 U 1), S. 112 (A 360 U 2), S. 128 (N 220 B 9), S. 169 (B 33 Nr. 71), S. 171. Alle Rechte vorbehalten.

Jacobeit, Illustrierte Alltagsgeschichte des deutschen Volkes, sind entnommen die Abb. S. 160 und 164, mit freundlicher Genehmigung des Pahl-Rugenstein Verlags, Köln.

Kultur- und Verkehrsamt Singen
Luftbild S. 193.

Landesbildstelle Stuttgart
S. 100 und 144 nach dem Orig. Kupferstich in der WLB Stuttgart.

Meyers Illustrierte Weltgeschichte
S. 48 und 51.

Oehme, Ruthardt, Die Geschichte der Kartographie des deutschen Südwestens, Karte 41, ist der Vorsatz entnommen: Die Bodenseekarte Tibians von 1603. Abdruck erfolgt mit freundlicher Genehmigung des Jan Thorbecke Verlags Sigmaringen.

Österreichische Nationalbibliothek Wien, Bildarchiv S. 154 (NB 500.484/BR).

Scherr, Deutsche Kultur- und Sittengeschichte S. 83 und 94.

Schneiders, Toni
Fotos S. 53 und 76.

Schweizerisches Landesmuseum Zürich
Foto S. 73 (AG 125).

Staatsarchiv Schaffhausen
Foto S. 55 (Urk. Nr. 9).

Stadler Verlag, Der Bodensee in alten Kartendarstellungen S. 78 (Ausschnitt).

Stadtarchiv Singen
S. 70, 146, 157, 163, 166, 178, 180, 182 (Ausschnitt aus koloriertem Orig. Stich), 183, 188.

Stiftsbibliothek St. Gallen
Foto S. 22 (Cod. 22).

Zentralbibliothek Zürich
S. 37 (Ms. Rh. hist. 27 S. 149).

WALD
PFULLENDORF
IN DEM MADRAT
Herowangen.
Liggerstorff
Hoenfels
Ramspe
Alten
Selingen
Hoen bodmen
NELLEN BURG
STOCKACH
Bilafingen
HOE GOW.
Bondorff
Burgberg
AUF DEN EGGEN
Lenningen.
Sernatingen.
Süplingen.
Spechser
Aygeltingen
Orsingen
Langen Stain.
Goldbach VBERLINGEN
Walreys.
BODMEN
ACH
Wiel.
Walhausen
Steißlingen.
Hon burg.
Marckelfingen
Laugrain
Tettingen.
Ratzberg.
Aepperg.
ALMER
SPACH
Mülhausen.
Hoen krehen
Fridingen.
Beringen.
RATOLFCELL
ENGEN
REICHEN
Banckalza
Marbach.
Horn.
Welßhingen
Staufen.
Oberlingen im Riedt.
Hoenwyeel.
Worb.
Bollingen
Wangen.
Oberstada.
Newenhausen
Stoffeln.
Singen.
STEIN
Hiltzingen
Rosneck.
Arla
Frödenfels
Ramsen.
Wagenhausen.
Randeck.
Bußlingen
Bibara.
DIESSENHOFEN
Kirchen